유교의 정신치료와 명상

유교의 정신치료와 명상

심상호 지음

국학자료원

| 머리말 |

이 책은 유교의 심학心學부분을 다루었으며, 특히 『심경부주心經附註』를 중심으로 쓰여 졌다. 먼저 이 『심경부주心經附註』 책을 소개하고 강의를 해주신 고 최중석 선생님에게 감사를 드린다.

저자는 정신과 전문의로서 정신치료를 고 이동식 선생님에게 배웠다. 그리고 참선수행을 30년 정도 해오고 있다. 평소 동양철학에 대해 관심이 많은 편이었다. 중고등학교 시절 한자를 조금 배웠으나 많이 부족하였다. 그러나 짬짬이 노장사상이나 유교경전들을 읽었다. 이러한 배경으로 수년 전부터 정신치료를 후배들에게 지도할 때 동양의 도道는 무엇을 강의할까 생각하다가 『심경부주心經附註』 책이 떠올랐다. 강의하려고 다시 읽어보니 그동안 정신치료와 연결이 안 되었던 것들이 연결되기 시작했다. 그래서 즐거운 마음으로 강의를 하였지만 어설프고 미숙하였다. 그래도 들어준 후배들에게 감사한 마음이다. 덕분에 강의를 거듭할수록 더 많은 것을 알게 되었다. 그래서 책을 내서 마음을 공부하는 사람들에게 조금이라도 도움이 되었으면 하는 마음까지 갖게 되었다.

현재 우리나라에서 유교는, 지나치게 말하자면, 사장된 유물과도 같다. 유교의 발전은 고대로부터 동양의 여러 민족들이 기여하였으며, 송나라 때에 성리학으로, 마음의 학문으로 발전하였다. 현재까지 우리의 일상생활에 깊숙이 영향을 주고 있지만, 어떤 영향과 도움을 주는지 의

심이 든다. 물론 저변으로 우리의 풍습이나 여러 면에서 아름다운 부분들이 남아있는 것을 알지만, 특히 젊은 세대에게는 유교의 필요성을 제공하지 못하는 것 같다.

정신치료자로서 정신치료의 측면에서만 살펴볼 때, 기독교나 불교는 정신치료와 연관되어 많은 연구와 활용이 진행되고 있고, 기독교와 불교를 바탕으로 상담이나 정신치료를 제공하는 전문가들이 많이 있다. 그러나 유교를 공부하는 사람이 정신치료를 하는 경우는 드물다. 그래서 이 책을 통해 유교적 정신치료가 현대에 맞게 가능함을 보여줌으로써 유교를 전공하는 분들도 필히 서양의 정신치료를 함께 배워서 유교의 좋은 면을 살려서 현대에 맞게 대중들에게 도움이 되는 역할을 하였으면 한다.

저자의 생각은 유교가 정신치료의 측면에서 보면 명상, 마음의 변혁을 추구하는 정신분석적 정신치료, 정신건강을 강화시키는 요법 등 많은 좋은 측면들을 가지고 있다고 본다.

이 책에 있는 글들은 1990년대 초부터 현재까지 공부하면서 발표한 것들을 다시 정리하여 모은 것이다.

'The Change of Mind in I Ching(주역 혁괘에서 보는 마음의 변혁)'은 1996년 APAP(an Asian-Pacific chapter of IFP), Bali, Indonesia에서 초안을 발표하였다.

'십우도와 정신치료'에 대한 것들은 다음 학회들에서 발표하면서 글을 쓰게 되었다.

'Ten-Oxen-Pictures which depict the Process of Zen Practice and the Process of Psychodynamic Psychotherapy(십우도를 통해 보는 선수행 과정과 역동정신치료의 과정)'의 초안은 2002년 12th World Congress o f Psychiatry, Yokohama, Japan에서 그리고 'A Psychotherapeutic Und erstanding of the Kuo-an's Ten-Oxen-Pictures(곽암 십우도의 정신치 료적 이해)'의 초안은 2003년 3rd Asian pscific Conference on Psychothe rapy, 6th Pacific Rim Congress of Group Psychotherapy, Singapore에서 발표하였다.

감정에 대한 중요성에 대해서는 다음과 같은 발표들이 있었다.

'The Centrality of Nuclear Feelings in Zen Practice and Psychotherapy (선수행과 정신치료에서 핵심감정의 중심성)'의 초안은 2010년, 20th IFP World Congress of Psychiatry and Psychotherapy, Lucerne, Switzerland에 서 발표하였고, 'Confrontation of Nuclear Feelings in Psychotic Patient and Zen Practitioner(정신증 환자와 선 수행자에서 핵심감정의 직면)'의 초안 은 2011년 17th ISPS, Dobrovnik, Croatia에서 발표하였다. '조현병 환자 치료에서 감정의 역할'은 ISPS-KOREA 2013년도 제2차 학술세미나에서 초안을 발표하였고, 한국정신증심리치료학회지「Cure and Care」Vol.2, No.1, Feb.2016에 실렸다.

마음의 변혁과 관계되는 'The Change of Mind in Healing Process(치유 과정에서 보는 마음의 변혁)'의 초안은 2013년 18th ISPS Warsaw, Poland 에서 발표하였다.

'The Levels of Personality Maturation(인격성숙의 수준)'에 대한 초안은 2014년 21st IFP World Congress of Psychotherapy, Shanghai, China에서 발표하였다.

'The Growing Process of Mental Health on Psychotherapy(정신치료에 서 정신건강의 성장 과정)'의 초안은 2015년, WAPR, Seoul에서 발표하 였다.

'Human Maturation and Psychotherapists(인간의 성숙과 정신치료자)'은 2015년 19th ISPS, New York에서 발표하였다.

'유교에서의 명상'은 2019년 대한명상정신의학회 추계학술대회에서 발표하였고, 한국정신증심리치료학회지 「The Cure and Care」 vol.6, No.1 Aug. 2020 에 실렸다.

'정신건강의 향상의 길'의 글은 2022년 한국정신증심리치료학회지 「Cure and Care」에 실릴 예정이다.

나에게 가르침을 주신 분들은 다음과 같다. 정신치료 영역에서 송수식 선생님에게 수련을 받았고, 이동식과 최종진 선생님들로부터 교육분석과 수련을 받았으며, 참선 모임인 '선도성찰나눔실천회'의 법경, 법등, 철심, 도심 법사님들로부터 참선지도를 받았으며, 불교의 가르침은 종범과 현웅 스님들로부터 받았다. 동양철학은 류승국, 이동준, 김충렬, 이강수, 최중석 선생님들과 재야 도학자이신 박양찬, 유oo 선생님들의 강의를 들었다. 이 외에 많은 선후배, 동료들, 환자들로부터 배운 것이 많지만 다 열거할 수 없다. 많은 가르침을 받았으나 오히려 누가 되지 않길 바랄 뿐이다.

목 차

제4장 정신문제의 원인

제5장 마음의 변혁

제6장 유교의 정신치료 실제

제7장 유교에서의 명상

제8장 유교명상

제9장 정신건강 향상의 길

제1장 유교의 정신치료란?

1. 유교에서 심학心學의 발전

유교는 공자를 시조로 삼고 있지만 그 뿌리는 더 오래 전 고대로부터 있었으며 동북아시아의 여러 민족들의 조상들에 의한 사상으로 수천 년간 동양 사람들에게 큰 영향을 주면서 현재까지 이르고 있다. 당연히 인간의 심성心性에 대한 통찰이 수천 년 누적되어 있다. 마음에 대한 심오한 지혜를 가지고 있지만, 현대 사람들은 방법론적이고 과학적인 체계를 위주로 하는 서양의 심리학을 공부하면서 동양의 심학心學은 잊혀가고 있다.

유교는 중국 송宋 시대에 와서 장재張載, 소옹邵雍 등과 더불어 북송의 주돈이周敦頤로부터 시작하여—정이천程二川, 정명도程明道—양시楊時—나종언羅從彦—이동李侗—남송의 주희朱熹로 이어지면서 성리학性理學으로 집대성되었다. 성리학에는 심학心學을 주로 포함하고 있으며, 더 나아가 사회관계, 사물의 이치와 우주원리 등을 탐구한다.

유교의 사서 중 하나인 '대학'에 수기치인修己治人하는 8조목으로 격물格物—치지致知—성의誠意—정심正心—수신修身—제가齊家—치국治國—평천하平天下[1])가 있는데 이 순서에 따라 자기의 내면에서 천하까지 다스릴 수 있음을 기술하고 있다. 이 중에 수신修身 이하 격물格物, 치지致知, 성의誠意, 정심正心은 정신 내적intra-psychic 영역이고 수신修身은 자기self를 닦는 것이며 제가齊家, 치국治國, 평천하平天下는 외적현실external reality의 영역을 나타낸다. 따라서 여기서는 격물格物, 치지致知, 성의誠意, 정심正心, 수신修身까지의 영역을 심학의 중심으로 고찰할 것이다.

2. 유교심리학이란?

유교에서 말하는 심학心學은 현대에 맞게 말하면 유교심리학이라고 할 수 있다. 심학心學을 영어로 번역하면 psychology가 된다. 그러나 서양의 psychology가 동양으로 들어올 때 심학心學이라고 번역하지 않고 심리학으로 번역하였으며, 게다가 '심心'에 해당되는 용어를 '심心'이라고 사용하지 않고, '마음'이라고도 사용하지 않고, '정신' 또는 '의식'이라는 용어를 사용하고 있다. 이러한 부적절함으로 유교는 현대의 심리학과 연결이 끊기고, 과거 유물로서 만 머물고, 현대에 서양 심리학에서 말하는 '정신'과는 상관없는 것으로 되었다. 유교에서 말한 마음[심心]은 무관심하게 되었고, 과거와 현재의 연결을 잃은 것으로 추정된다. 정신분석적인 현대의 개념과 용어로 유교의 심리학 부분을 재조명하려 할 필요가 있다. 마음의 이치['성리性理'라는 단어는 '성性의 이치'로서 '마음의 이치'와 같은 말이다.]를 경험하면서 그 이치를 확실히 알면 유교도 현대에서, 심리학이나 정신의학에서 하는 상담이나 정신치료처럼, 심학을 바탕으로 정신적 고통을 치유해 줄 수 있는 능력을 현대의 현실에 맞게 펼칠 수

---

1) 大學 經 1章.

있다고 본다. 유교는 다른 종교에 비해 현실에 더 집중하였지만, 실제에서는 불교 심리학이나 기독교 심리학을 바탕으로 상담이나 정신치료를 하는 정신과 의사나 심리학자들이 많지만 유교를 바탕으로 정신치료를 시행하는 사람은 거의 없다. 유교에서는 경전의 내용들이 잘못 이해되어 현대에서 입증된 이치와 다른 것으로 쉽게 간주될 수 있기 때문에 가치가 왜곡되고 있으면서 재해석이 안 되고 방치되고 있는 것 같다. 예를 들어 유교 수행의 기본적 입장인 직내외방直內外方의 경우 마음이 먼저 바르게 되면 행동이 방정하게 된다는 뜻이지만 마음은 보이지 않고 행동만 보이니 마음은 바르게 되어있지 않으면서 행동만 바르게 하는 위선적인 태도가 나오게 되는데 이것을 유교라고 잘못 인식된다는 것이다. 유교 가르침의 참뜻을 알고 현대에 맞게 풂으로써 유교심리학이 현대 사회에 하나의 정신치료로서 기여되도록 할 필요가 있다.

3. 정신치료로서 유교심리학의 접목

유교는 현대의 심리학에서 다루는 내용의 많은 부분을 언급하고 있다. 보통 우리가 생각하기에는 유교가 외적인 형태를 중시하는 것 같지만, 실제로는 정신 내적인 부분을 강조하고 있다. 특히 성리학의 발달에 와서는 더욱 정신 내적인 부분들을 주로 언급하고 있다. 유교에서 가리키는 정신 내적 내용들을 정신분석적 정신치료의 용어로 가능한 정확히 표현하는 것이 필요하다.

유교 정신치료의 목적은 인격 변혁을 일으켜 근본적인 치료를 이루려고 한다. 소자邵子가 말하기를 "입으로 말하는 것은 몸으로 행하는 것만 못하고, 몸으로 행하는 것이 마음으로 다하는 것만 못하다. ....입에 허물이 없기는 쉬워도 몸에 허물이 없기는 어려우며, 몸에 허물이 없기는 쉬워도 마음에 허물이 없기는 어렵다."[2]고 하였는데, 결국 마음이 바뀌는 것이 제일 중요하다는 인식이다. 이것은 즉 인격의 변혁이 일어나야 근본적인 치료가 된다는 말이다. 인격의 변혁이 일어나지 않고 행동만 바뀐다면 상황에 따라 다시 재발할 수 있다. 유교는 일시적인 치료보다 근본적인 인격의 변혁을 요구하고 있다. 안회顔回가 선善하지 못하면 일찍이 알지 못한 적이 없었고, 알고는 일찍이 두 번 다시 행하지 않았다고 한다. 지식적인 차원이 아닌 깊은 감정적 통찰을 하였고, 확실한 훈습으로 마음의 변혁을 가져오지 않으면 그렇게 될 수 없는 것이다.

유교의 수신修身은 자기의 성숙을 넘어서, 자기를 초월한 인격으로 성인聖人이 되려는 목표를 가지고 있다. 이것은, 제4 심리학으로 불리는 초개아심리학transpersonal psychology이 인간의 필요와 이해보다 인간성이나 아이덴티티나 자기실현 등을 넘어서 우주에 중심을 둔, 초개인적이며 초인간적인 심리학이라는 관점에서 볼 때, 동양의 도道를 서양의 과학적 방법과 함께 기여하여 이루어진 유교심리학 또는 유교의 정신치료는 Maslow[3]가 말했듯이 동양의 지혜와 서양의 과학이 함께 기여하는 심리학이 제4 심리학으로 최고의 심리학이 될 거라는 것에 다른 어떤 영역보다 진정한 의미로 적용될 것이라고 본다.

유교의 정신치료인 수신修身은 치료자 없이 스스로 혼자하는 자가치

---

2) 邵子 曰, 言之於口, 不若行之于身. 行之于身, 不若盡之于心....... 無口過易, 無身過難. 無身過易, 無心過難. [心經附註 易 復初九 不遠復章]

3) *Harold I. Kaplan, M.D., Alfred M. Freedman, M.D., Benjamin J. Sadock, M.D. (1980): Comprehensive Textbook of Psychiatry/III. vol.1, 3rd edition, Williams & Wilkins Company, Baltimore, Maryland,* 890쪽.

료self-psychotherapy로서, 일종의 정신분석치료psychoanalytic psychotherapy, 심층심리학depth psychology 또는 역동정신치료dynamic psychotherapy라 할 수 있다. 유교 경전을 보고, 깨닫고, 정좌하고, 바른 행동을 하고, 궁리를 하면서 스스로 자기 내면을 철저히 알아차리고 챙기면서 자기의 인격을 변혁시키면서 성숙시켜 나가는 것이다. 치료 시간을 따로 치료자와 약속을 잡고 치료가 진행되는 것이 아니라, 평상시 경전을 읽거나 일하면서 항상 자기의 마음을 수행하는 평상심에 대한 수행이다. 스승이 필요할 수도 있지만, 이렇게 스스로 혼자 마음 수행을 할 수 있게 안내자 역할을 유교심리학이 제공할 수 있는 것이다. 이런 측면에서, 실생활을 겪으면서 구체적으로 어떻게 행하여야 되는지 스스로 판단할 수 있게 잘 기술되어 있는 유교 심리학을 응용하여 정신치료로서 다시 해석할 필요가 있다. 보통 정상이라고 불리는 사람이나 환자나 수행자나 정신치료자 구별 없이 모든 사람에게 적용될 수 있는 지침이 될 수 있다.

4. 정신분석적 치료와 유교의 수신修身은 같은 길 위에 있다.

정신분석치료에 해당하는 유교의 용어는 수신修身이라고 말할 수 있다. 유교는 자기를 더 나은 인격을 가진 사람이 되기 위하여 자기 마음을 닦는 것이고, 정신분석치료에서는 자기의 정신적 문제를 해결하여 정신건강을 회복하는 것이다. 결과적으로 둘 다 자기가 전보다 더 성숙된 사람이 되는 것으로 인격의 변혁을 일으키는 것이다. 마음의 변혁이나 인격 변화나 같은 것을 말하는 것이다. 둘 다 성숙되고 건강한 마음을 만드는 것으로 정신치료에서는 성숙되고 장애가 없는 것을 목표로 하지만 유교에서는 성숙된 인간인 군자君子를 넘어서서 자기마저 초월한 성인聖人이 되는 것이 목표이다.

대학 정심장正心章에 "수신修身은 그 마음을 바르게 함에 있다. 왜냐하면 마음에 성냄이 있으면 그 올바름을 얻지 못하고, 두려워하는 바가 있으면 그 올바름을 얻지 못하고, 좋아하는 바가 있으면 그 올바름을 얻지 못하고, 근심하는 바가 있으면 그 바름을 얻지 못하기 때문이라고 한다. 또한 마음이 있지 않으면 보아도 보이지 않고, 들어도 들리지 않으며, 먹어도 그 맛을 모르기 때문이라고 한다."4)고 하였다. 주자朱子는 여기에 설명을 덧붙이기를, "네 가지[성내고, 두려워하고, 좋아하고, 근심하는 것]는 모두 마음의 용用으로써 사람에게 없을 수 없는 것이지만 잘 살필 수 없다면, 욕구가 움직이고 정情이 이겨 그 용用의 행하는 바가 혹은 그 바름을 잃지 않을 수 없게 된다. 또 말하기를, 마음이 보존되지 않으면, 그 몸을 검속할 수 없다. 군자는 반드시 여기를 살펴 경敬으로써 곧게 하니, 그런 후에야 이 마음이 항상 보존되어 몸이 닦이지 않음이 없다.5)"고 하였다.

마음을 바르게 한다는 것은 마음을 일시적으로 바르게 하는 것이 아니라 수행을 하여 인격 변화를 가져온 결과로서 정신이 성숙되고 건강한 행동양식을 이루는 것을 말한다. 자기의 감정문제를 해결하여야 주체성

---

4) 所謂修身이 在正其心者는 身[心]有所忿懥면 則不得其正하며 有所恐懼면 則不得其正하며 有所好樂면 則不得其正하며 有所憂患이면 則不得其正이니라 心不在焉이면 視而不見하며 聽而不聞하며 食而不知其味니라 此謂 修身이 在正其心이니라. [大學 正心章]
5) 四者는, 皆心之用, 而人所不能無者, 然一有之, 而不能察, 則欲動情勝, 而其用之所行, 惑不能不失其正矣. 又曰, 心有不存, 則無以檢其身, 是以君子必察乎此, 而敬以直之然後, 此心常存, 而身無不修也. [心經附註 大學 正心章]

을 가지고 자존감을 회복하면서 남에 의하여 휘둘리지 않고 감정적으로 올바른 반응을 하고 자기를 상실하지 않고 자기가 자기 인생의 주인으로 자기의 삶을 온전히 살 수 있다는 것이다. 스스로 자기를 성찰하고 구별하고 선택하여 지켜나가는 마음의 주체가 있어야 한다. 이러한 자기 마음의 주체를 잃으면, 자기를 잃고, 주변에 휩쓸려서 감정을 행동화하거나, 피하여 억압하는 것들을 성찰하고 제어할 수 없는 것이다. 이렇게 마음의 주체를 세우고 잠시도 그 마음을 놓치지 않고 오로지 그 마음이 성찰을 계속 할 수 있게 하는 것이 경敬수행이라 할 수 있다. 이런 수행을 통해 마음을 바르게 되는 것이다. 마음이 바르게 되는 과정이 인격의 변혁까지 일으키는 정신분석적 정신치료 과정인 것이다. 마음이 바르게 되면, 본래 하늘로부터 받은 건강한 마음을 회복하는 것으로, 자기를 잃지 않고 주체적인 삶을 사는 것이다. 따라서 정신치료에 해당되는 내용은 마음을 바르게 하는 정심正心의 내용이 된다.

정심正心이 되려면 성의誠意를 해야 한다. 성의는 자기를 속이지 않는 것[무자기毋自欺]이라 하였다. 정신분석치료의 입장에서 볼 때 정신 불건강은 자신의 감정을 직면하기 힘들어서 자기를 속이는, 즉 억압하고, 방어하는 정신기제들을 사용하기 때문이다. 따라서 수신修身도 자기 마음에 떠오르는 자기만이 알고 남이 모르는 그러한 자기의 마음을 성찰하고[신독愼獨], 자기를 속이는 억압이나 행동화로 가지 않고[무자기毋自欺] 계속 끊임없이 자기 마음을 보는 훈습과 같은 과정이라 할 수 있다. 오랫동안 계속 유지될 때, 그리고 일상생활에서도 계속 유지될 때, 마음의 변혁이 생기는 것이다. 이 과정은 오래 걸리고 힘든 과정일 수 있다.

성의誠意는 격물格物과 치지致知가 선행되어야 한다. 어떠한 감정과 행동의 양식이 정신불건강이고 정신건강인가를 아는 것이 중요하다. 명확히 알아야 지적 통찰이 생기고 앞으로 어떻게 해야 할지를 올바르게 선택할 것이다. 확실히 알면 수행이나 정신치료의 길로 들어가게 되어있다는 것이다.

제2장 정신건강과 성숙된 인간

1. 정신건강과 정신불건강

정신건강에 대해 이동식은 "정신건강이란 인격의 성숙이요, 주체성이요, 독립이요, 자유이며 창조이다."[1]라고 말한다. 그러나 우리는 보통 정신과에서 말하는 정신이상이 없으면 "정신적으로 건강하다."라고 하고 정상이라고 한다. 그러나 진정한 의미로써 정신이 건강하고 정상이라고 하는 것은 관점에 따라 다르게 볼 수 있다. 일반적으로 정신적으로 정상이라 하는 것은 평균적인 정상을 말한다. 그러나 가치기준으로 보는 정상은 평균적인 정상이 아니라 절대적 가치를 기준으로 하고 있다. 이동식은 "환경에 적응을 못하면 불건강하고, 적응이 잘 되어 있으면 정상 내지 건강한 것으로 보는 것은 통계적인 대다수를 정상으로 보는 견해이고, 가치에 기준을 두는 건강개념과는 다른 것이다. 병적인 사회에 잘 적응을 하지 않고 자기동일성自己同一性, self identity, 주체성主體性을 견지堅持해 가는 사람이 건강한 것이다. 환경에 잘 적응해서 자기를 상실하는 사람을 건강하다고는 볼 수 없다. 그러므로, 오늘날 정신건강의 개념은 성

---

1) 이동식(2008): 도정신치료 입문. 한강수, 65쪽.

숙된 인격이고, 적응適應, adjustment이 아니라 인격내부와 외부와의 통정
統整, integration이며 주체성이 정신의 건강이라고 본다."2)고 하였다. 또
한 그는 "정신건강은 '성誠[유교에서 모든 덕德을 뒷받침하는 가장 기초
적이고 근원적인 것으로써 중시한 개념]'이고 '무자기毋自欺[스스로를 속
이지 않는다는 뜻]'고 '신기독愼其獨[그 홀로를 삼간다는 뜻]'이라야 된다.
그 뜻을 성실하게 한다는 것誠意은 자기가 자기를 속여서는 안 된다는 것
이다. 신경증이나 환자를 심부치료를 하여 환자가 어느 정도의 자각에
도달하면 '여태까지 이중장부를 하고 있었다. 자기기만이었다.' 이런 말
들을 한다."3)고 하였다. 즉, 자기 내면의 마음을 깨닫고 훈습을 계속해
나감으로써 점점 더 정신이 건강해지는 것이다. 또한 말하기를, "깨달음
을 놓친 순간 책임을 남에게 전가하게 되고 자기 마음인데 자기 마음인
줄 모르고 남이 그렇다고 투사投射를 해서 착각을 일으키고 갈등이 시작
되는 것이다. ……결국 인격 성숙의 차이다. 정신건강은 책임을 전가하
는가 않는가에 달려 있다고 볼 수 있고, 책임을 질 수 있는 힘이라고 말
할 수 있다."4)고 하였다. 또 말하기를, "정신건강이 지극히 좋은 사람은
『논어』에서 나오는 달사達士5)로서, 사람됨이 질박하고 마음이 곧아서
의義를 좋아하고 다른 사람이 하는 말을 잘 살펴서 얼굴빛도 잘 관찰하
고 항상 생각을 깊이하고 사람 앞에서 겸손해 하는 그런 경지에 달한 사
람이다."6)라고 하였다.

---

2) 이동식(1974): 한국인의 주체성과 도. 일지사, 47쪽.
3) 이동식(1974): 한국인의 주체성과 도. 일지사, 151~152쪽.
4) 이동식(1991): 현대인과 스트레스. 불광출판사, 43쪽.
5) 『논어論語』「안연顔淵」편: 夫達也者(부달야자)는 質直而好義(질직이호의)하며 察言
而觀色(찰언이관색)하여 慮以下人(여의하인)하나니; 대저 통달한 사람은 진실 정직하
고 의를 좋아하며, 말을 살펴 이행하고, 남의 표정을 살펴 깊이 생각해서 사람에게
내리나니.

『논어』와 『맹자』의 이루하장離婁下章에 나온 구절[有人於此, 其待我以橫逆, 則君子必自反也, 我必不仁也, 必無禮也, 此物奚宜至哉. 其自反而仁矣, 自反而由禮矣, 其橫逆由是也, 君子必自反也, 我必不忠. 自反而忠矣, 其橫逆由是也, 君子曰, 此亦妄人也已矣. 如此, 則與禽獸奚擇哉. 於禽獸又何難焉.]에 대해, 이동식은 "남이 욕을 하거나 말거나, 욕을 하면 '왜 욕을 하나? 내가 뭐 잘못한게 없나?' 자기반성을 해보고 있으면 인정하고, 없으면 '왜 그러나?' 물어보고, 물어봐도 안 되면 '좀 문제가 있구나.' 이러면 된다."[7]고 말하고 있다.

절대적인 순수한 의미로 정신이 최고로 건강한 사람은 성인聖人이라고 할 수 있다. 성인聖人이라 하면 우리가 도달할 수 없는 저 멀리 있는 별개의 존재로 생각한다. 그러나 유교의 가르침은 우리 모두가 성인聖人이 되도록 자세한 가르침이 있다. 원래 우리는 누구나 하늘의 품성을 갖고 태어났으며 제대로 성장하였으면 성인聖人으로 되었을 것이다. 성인聖人이 새로 만들어지는 것이 아니라, 본래의 품성인 성인聖人으로 회복하는 것이라고 말하고 있다. 정신불건강은 불건강한 요인이 따로 있는 것이 아니라 원래는 건강하였지만, 인간은 육체를 가지고 있으므로 육체의 영향으로 본성이 바른길로 발현이 안 되고 곁가지로 발현되는 것뿐이다. 성인聖人의 마음으로 회복하기 위해 유교의 가르침이 있지만, 현실적으로 당장 성인聖人이 되는 것은 힘드니까 단계적으로 우선 현인賢人이 되도록 힘쓰는 것이다. 현인賢人이란 군자君子로서 자기를 초월하는 단계 직전으로 충분히 성숙된 인격을 갖춘 사람이라고 할 수 있다.

---

6) 이동식(1989): 현대인의 정신건강. 한강수, 18쪽.
7) 이동식(2008): 도정신치료 입문. 한강수, 173쪽.

2. 인격성숙의 수준

보통의 사람들은 알게 모르게 불완전한 환경 속에서 태어나 자라면서 타고난 순수한 인격의 품성을 잃고 나름대로 불건강하고 미성숙된 인격을 형성하고 있다. 타고나길 기질적으로 훌륭한 경우도 있지만 특별히 정신치료나 수행을 하지 않는 한 불건강하다고 볼 수 있다. 정신치료나 수행을 하여서 마음의 변혁을 거쳐야 성숙된 인격을 갖게 되고, 그 과정에서 도달한 수준에 따라 인격성숙의 정도가 다를 것이다.

1) 유교에서 보는 인격수준

맹자는 선인善人, 신인信人, 미인美人, 대인大人, 성인聖人, 신인神人으로 6 단계로 분류하여 말하였다. 선인善人은 사람들이 좋아하고 바람직하게 여기는 것을 하는 사람이고, 신인信人은 착한 행위들을 실제 자기 몸에 갖추는 성실한 사람이고, 미인美人은 착한 행위로 충만한 사람이고, 대인大人은 안으로 선행이 충만할 뿐만 아니라 밖으로 빛을 발하는 사람이고, 성인聖人은 위대하면서도 위대하다는 흔적이 드러나지 않는 사람이고, 신인神人은 그 성스러운 덕이 헤아릴 수 없는 신묘한 경지에 이른 사람을 말한다.[8]

유교에서는, 보통 소인小人, 군자君子, 아성亞聖, 성인聖人이라고 부르는 수준을 말하고 있다. 관점에 따라 달라질 수 있겠지만, 맹자의 분류와 비교해볼 때 선인善人은 소인小人보다는 낮고 보통 착한 사람이고, 군자君子

---

8) 曰, 可欲之謂善, 有諸己之謂信, 忠實之謂美, 充實而有光輝之謂大, 大而化之之謂聖, 聖而不可知之謂神.「孟子」盡心 下.

는 선인善人을 포함할 수도 있지만 선인善人보다는 더 인격 수행이 된 사람으로 신인信人, 미인美人이 해당되고, 아성亞聖은 대인大人을 포함할 수도 있지만 대인大人을 성인聖人으로 포함할 수도 있고, 성인聖人에는 맹자의 성인聖人과 신인神人을 모두 말한다고 볼 수도 있다.

(1) 소인小人

『논어』에 나오는 소인小人에 대해 알아보자. '소인小人은 이익을 생각하고 이욕에 밝다.' '소인小人의 마음은 항상 근심과 걱정을 한다.' '소인小人은 교만하나 태연하지 못하다.' '소인小人으로서 어진 자는 없다.' '소인小人은 궁하면 그릇된 일이라도 하게 된다.' '소인小人은 남에게서 명예를 구한다.' '소인小人은 큰일은 맡을 수 없으나 작은 일은 알아서 할 것이다.' '소인小人은 천명天命을 알지 못하여 두려워하지 않기 때문에 대인大人을 가볍게 여기고, 성인聖人의 말씀을 희롱한다.' '소인小人은 도道를 배우면 부리기 쉽다.' '소인小人은 용맹이 있고 의義가 없으면 도적질을 하게 된다.' 이상에서 기술한 소인의 특성들은 현대의 건강하지 못한 보통사람들이 많은 부분 공유하고 있는 특성들이다.

(2) 군자君子

군자란 성인의 경지에는 이르지 못했지만 인간적으로 충분히 성숙된 사람이라고 볼 수 있다. 김성태는 성숙인격의 특질들에 대한 연구들을 요소적으로 분류하여 다시 클러스터로 묶어보니 주체성, 자기수용, 따뜻한 대인관계, 자기통일, 문제중심성으로 요약할 수 있었다고 하며 각각에 대한 설명들을 한 것9)을 여기서는 필요한 부분만 요약하여 간단히 살펴보자.

주체성은 자기동일성과 거의 같은 뜻으로 쓰이며, Erikson에 의하면 자아주체감sense of ego identity을 말한다. Dignan의 의하면, 주체성이란 자아상과 사명을 정확하게 파악하고, 그때그때 해야 할 과업과 장래문제에 일관성 있게 확고히, 그러면서 신축성 있게 대처하는 태도라 한다.

자기수용에 대해 Dignan은 현실을 있는 그대로 파악할 수 있으며, 그 속에서 자기의 위치를 객관화시켜서 볼 수 있고, 이러한 현실과 자기를 있는 그대로 받아들이는 것을 말한다. Allport에 의하면 누구나 충동적인 욕구에 사로잡히고 직접적인 공포와 궁극적인 죽음을 무서워 하지만 그러나 이들을 수용함으로써 정서적 흥분을 처리하여 안전성을 유지해 나간다고 한다. 좌절을 이겨내고 흥분하는 스스로를 꾸짖으며, 자기의 흥분과 부실을 인정하면서 때를 기다리거나 장애물을 우회하여 가며, 필요불가피한 것이라면 후퇴도 서슴지 않는다고 한다. 남의 신념과 감정을 고려하면서 자기의 신념과 감정을 표출하는 자제심을 지니게 된다고 한다. 자각이나 인지가 일반적으로 효율적이고 정확하며, 이는 있는 그대로 현실적으로 파악을 하지 자기의 요구나 환상에 맞추어 현실을 왜곡시켜 보지는 않기 때문이라 한다. Maslow에 의하면, 스스로를 거침없이 받아들일 수 있고 유감이나 불평 없이 자기 자신의 본성을 받아들이면서, 이것을 한 사실로서 심각한 생각이 없이 받아들일 수 있다고 보는 것이다. 바꿀 수 없는 존재적인 것은 사실 그대로 받아들이고, 노력하면 바꿀 수 있는 당위적인 것은 힘을 다해 고쳐나가 이 존재적인 것과 당위적인 것 사이의 모순이 많지 않게 노력하는 것이라고 한다.

---

9) 김성태: 경과 주의. 1982, 고려대학출판부, 203쪽.

따뜻한 대인관계에 대해 Fromm은 생산적인 대인관계인 사랑을 말하고 있으며 이것은 자신과 세계를 결합시키며, 동시에 통일된 완전한 모습과 개별성의 감정을 지니려는 요구를 함께 충족시키려는 정열이라고 보았다. 이러한 생산적 사랑의 특질로 4 가지를 내세웠다. 상대의 발전과 행복에 관심을 가지고 이를 돕기 위하여 자기의 있는 힘을 다하는 노고의 집중이 그 하나이며, 상대의 문제를 바로 자기의 문제로 느끼고 다루는 책임감이 또 하나의 특질이며, 세 번째로 상대의 개별성과 특이성을 있는 그대로 인정하는 존경심이 있어야 하고, 끝으로 상대의 사람됨을 객관적으로 정확하게 파악할 수 있는 상대에 관한 지식을 지녀야 한다는 것이다. Maslow는 인류가 단일 가족이며 각 개인은 그 구성원으로 보기 때문에 타인에 대한 깊은 동일시감정을 나타낸다고 하며, 이러한 기본적인 친밀관계를 느끼는 것을 친근감이라고 이름 지었다. 또한 민주적 성격구조를 지니고 있어 계층, 학력, 이념, 민족의 차이에 구애됨이 없이 누구에게나 우호적으로 대한다고 하였다. Allport는 친근감과 자비심을 지닌다고 한다. 또한 대인관계에서 아량이 있고 민주적 성격구조를 지니고 있고, 상대에게 의무 같은 속박을 주어서는 안 되고 상대가 잘되게 하는 것만을 원하고 주는 것이라고 한다.

자기통일에 대해 Riesman 등은 자주적 인간의 유형을 말하였다. 분명한 인생목표를 내재화시켜 지니고 있고, 변화하는 세계에 꿋꿋하게 대응할 수 있게 훈련되어 있다고 한다. Allport는 스스로를 객관화시켜 볼 수 있는 능력을 내세웠다. Cattell은 여러 가지 행동목표들이 조화된 단일인 생목표로 통일된 사람됨을 뜻한다고 하였다.

문제중심성에 대해 Erikson은 과제가 있으면 열중하고 몰입하는 습성이 두드러지게 나타난다는 것이라 하였다. Maslow는 문제에 집중하는 문제중심화되어 있으며, 이기적인 문제라기보다는 책임과 의무로 느끼는 과제인 경우가 많고, 이런 과제는 비개인적인 것, 인류의 복리를 위한 것, 국가나 가족의 이익에 관련된 것들이라 한다. Allport는 정확성과 기술에 덧붙여서 일에 스스로를 몰입시키는 능력을 첨가할 것을 주장하였다. 일 자체에만 몰입하는 것을 말한다고 하였다.

(3) 논어에 나오는 군자君子에 대한 기술

1. **몸가짐**으로써, '먼저 그 말을 행하고 뒤에 말이 따른다.'(위정), '군자는 말을 더듬으나 행하는 데에는 민첩하고자 한다.'(리인), '몸가짐은 공경하게 대하고, 사납고 거만하지 않고, 얼굴빛은 믿음직하게 하고, 말을 함에는 비루하고 어긋남을 멀리할 것이니……'(태백), '군자는 의로써 바탕을 삼고 예禮로써 행하며, 겸손으로써 태도를 나타내고, 믿음으로써 이루는 것이니, 이러면 군자라 할 것이다.'(위령공)라는 것들이 있다. 말보다는 실천적인 행동을 강조하고 있고, 대인관계에서 진심으로 공경하는 태도로 임하며, 이치에 맞고 정당해야 함을 말하고 있다.

2. **배우고 수행하는 태도**로써, '군자는 생각하는 것이 아홉 가지 있는데, 봄에는 밝음을 생각하며, 들음에는 총명함을 생각하며, 얼굴빛에는 온순한 것을 생각하며, 모양에는 공손한 것을 생각하며, 말에는 충성을 생각하며, 일에는 공경을 생각하며, 의심에는 물을 것을 생각하며, 분한 것에는 어려운 것을 생각하며, 얻는 것을 보면 의義를 생각하는 것이다.'

(계씨) 이것은 일상생활에서 부딪치면서 최선의 기준을 세워놓고 끊임없이 자기 마음을 들여다보게 하는 것이다. 기준이 없이 자기 마음을 들여다보는 명상보다 더 효율적일 수도 있다. '자기만 못한 이를 벗하지 말 것이요, 허물이 있거든 고치는 것을 꺼리지 말 것이다.'와 '군자는 먹는데 배부르기를 구하지 아니하고, 거처하는데 편안한 것을 구하지 아니하며, 일에 민첩하고 말은 삼가며, 도道가 있는 곳에 나아가 자기의 잘못을 바르게 하면 배움을 좋아한다고 할 것이다.'(학이) 수행을 하여 마음을 바르게 하는 인격수양을 최우선으로 하고 있다. '군자는 평생을 마치도록 이름이 일컬어지지 못하는 것을 싫어한다.'(위령공) 수행을 게을리하여, 노력하지 않아, 좋은 결과를 얻지 못함을 싫어하는 것이다.

3. **편안한 마음**으로써, '군자의 마음은 평안하고 넓으며, 소인의 마음은 항상 근심과 걱정을 한다.'(술이), '군자는 근심하지 아니하고 두려워하지 않는다.'(안연), '군자는 태연하나 교만하지 아니하고, 소인은 교만하나 태연치 못하다.'(자로), '군자가 공경하여 잃는 것이 없으며, 사람으로 더불어 공손하여 예禮가 있으면 사해 안에 다 형제이니 군자가 어찌 형제 없는 것을 근심하리오?'(안연)의 기술들을 볼 수 있다. 그러나 '미워하는 것이 있으니, 사람의 악한 것을 드러내는 자를 미워하며, 하류에 거하여 윗사람을 비방하는 자를 미워하며, 용맹하나 예禮가 없는 자를 미워하며, 과감하나 통하지 않는 자를 미워한다.'(양화)도 있다. 이것은 이치에 맞는 건강한 감정들을 가진다는 것이다.

4. **주체성**으로서, '군자는 능한 것이 없음을 병으로 여기고, 사람이 나를 알아주지 않는 것을 걱정하지 않는다.', '군자는 자기의 몸을 위하여

덕행을 강구하고, 소인은 남에게서 명예를 구한다.', '군자는 몸가짐을 씩씩하게 하되 다투지 아니하며, 무리와 화목하되 편당하지 않는다.', '군자는 곧은 도리를 지키되, 옳고 그름을 가리지 않는다.'(위령공)와 같은 기술들이 있다. 유교는 자기의 인격체를 좋게 만들기 위한 학문으로 자기를 위한 학문이다. 자기가 확고히 서 있으므로 남의 눈치를 보지 않고 소신대로 자기 삶을 살아나가는 것이다.

   5. **삶의 이치를 터득한 것**으로서, '군자는 덕을 생각하고 소인은 땅을 생각하며, 군자는 법을 생각하고 소인은 이익을 생각하게 된다.'와 '군자는 의에 밝고, 소인은 이욕에 밝다.'(리인) '천명을 알지 못하면 군자가 될 수 없고,'(요왈)에서 보는 바와 같이 하늘의 이치를 세상에 구현하는 것이다.

   6. **어진 마음**을 가지는 것으로서, '오직 어진 자라야 능히 사람을 좋아할 수 있고 사람을 미워할 수 있을 것이다.'와 '군자가 어진 것을 버리면, 어찌 군자라는 이름을 이루겠는가? 군자는 밥 먹는 동안이라도 어짐에 어김이 없는 것이니, 급한 때라도 반드시 이렇게 하고, 어려운 때에 있어서도 반드시 이렇게 하는 것이다.'(리인), '어진 자는 어려운 일을 먼저하고 얻는 것을 뒤에 하면, 어질다고 말할 것이다.'(옹야), '어진 자는 자기가 서고자 하여 사람을 세우며, 자기가 달達하고자 하여 사람을 달達하게 한다. 능히 가까운 데서 터득하여 미루어 가는 것은 인仁하는 방법이라 할 수 있다.'(옹야), '어진 자는 그 말을 참고 어렵게 할 것이다.'(안연), '군자로서 어질지 못한 자는 있지만, 소인으로서 어진 자는 있지 아니하다.'(헌문), '뜻있는 선비와 어진사람은 삶을 구하여 어진 것을 해하는 일

이 없으며, 그 몸을 죽여서 어진 것을 이루는 것이다.'(위령공), '군자가 도道를 배우면 사람을 사랑하고,'(양화), '군자는 자기 친척을 버리지 아니하며, 대신大臣으로 하여금 써주지 않는 원망을 품게 하지 아니하며, 옛 벗이 큰 사고가 없거든 버리지 아니하며, 한 사람에게 모든 것이 갖추어진 자를 구하지 않는다.'(미자)의 기술들이 있다. 어진마음은 본래 모든 사람들이 타고난 것이지만 사욕私慾에 의해 나타나지 않으므로 마음 수행을 하여 어진마음을 회복할 수 있다. 군자는 어진마음을 회복하려는 사람이다. 어진마음과 완전히 하나가 된 경지가 성인聖人이라 할 수 있다. 이 어진마음은 기독교의 사랑, 불교의 자비심과 같은 것이라 본다.

7. **공정한 일처리와 삶**으로서, '군자는 한 곳에만 쓰는 그릇이 되지 않는다.'와 '군자는 두루 하고 편벽되지 않으며, 소인은 편벽되고 두루 하지 않는다.'(위정), '군자는 섬기기는 쉬우나 기쁘게 하기는 어려우니, 기쁘게 하는 도로써 아니하면 기뻐하지 아니하고, 사람을 부림에 미쳐서는 기량대로 할 것이다. 소인은 섬기기는 어려우나 기쁘게 하는 것은 쉬우니, 기쁘게 함은 비록 도로써 아니하여도 기뻐하고, 그 사람을 부림에 미쳐서는 갖춤을 구한다.'(자로), '군자는 몸가짐을 씩씩하게 하되 다투지 아니하며, 무리와 화목하되 편당하지 않는다.', '군자는 말로써 사람을 들어 쓰지 않으며, 또 좋지 못한 사람이라고 해서 그 말까지 폐하지 않는다.', '군자는 작은 일로 그 진가를 알 수 없으나 큰일을 맡을 수 있고, 소인은 큰일을 맡을 수 없으나 작은 일은 알아서 할 것이다.', '군자는 곧은 도리를 지키되, 옳고 그름을 가리지 않는다.'(위령공)와 같은 기술들이 있다. 군자는 자기문제가 해결되었기 때문에 사적인 삶보다는 남을 위한 공적인 삶을 살아간다. 하늘의 이치를 땅에서 이루는 것이다. 이상에서

보듯이 성숙한 인격을 대표하는 군자에 해당되는 특질들을 보면 유교나 서양의 학자들이 말하는 것들이 내용적으로 거의 같음을 볼 수 있다.

(4) 아성亞聖과 성인聖人

성인聖人이란 공자가 말한 나이 70세에 이르러 '종심소욕불유구從心所欲不踰矩'의 경지로서 의식적인 노력을 하지 않아도 저절로 존재 자체가 도리에 어긋나지 않으며 자비, 인仁, 사랑으로 널리 세상을 구제하는 사람이다. 또한 하늘의 이치를 몸으로 구현한 사람이다. 그래서 만물과 소통할 수 있는 사람이다. 공자, 노자, 석가모니, 예수 같은 사람들이다. 여기에 조금 못 미치는 사람을 아성亞聖으로서 안회와 같은 사람이라 할 수 있다.

2) 로저스가 연구하여 기술한 인격수준

로저스는 정신치료를 받는 환자들이 치료과정동안 마음을 변화시켜서 이전보다는 나은 인격을 갖게 되는 성숙과정을 밟는 것을 연구하였다. (제5장 마음의 변혁 참조)

3) 불교에서 보는 인격수준

불교에서는 보살의 수행단계로서 52위位를 말하고 있다. 십신十信, 십주十住, 십행十行, 십회향十廻向, 십지十地, 등각等覺, 묘각妙覺이 있으며, 1위－10위는 십신이고, 11위－20위는 십주이고, 21－30위는 십행이고, 31－40

위는 십회향이고, 41−50위는 십지이고, 51위는 등각이고 52위는 묘각이다. 각각에 대한 간단한 설명은 다음과 같다.

십신十信: 부처님의 가르침을 믿는 계위로서 불교수행의 입문 단계이다.
십주十住: 이치적으로 이해한 계위로서 지식적으로 통달한 단계이다. 십해十解라고도 한다.
십행十行: 자리이타自利利他을 실천하고 중생교화에 실천과 정진을 하는 계위이다.
십회향十廻向: 자기가 쌓은 공덕을 다른 대상에게 돌려주는 계위로서 이상적인 보살행을 실천하는 단계이다. 업보의 전환이 일어나는 수준이다.
십지十地: 대지가 만물을 널리 유익하게 하는 것과 같은 경계이다.
등각等覺: 정등각正等覺 또는 정각正覺이라고도 한다. 완전히 깨어 있는 경계이다.
묘각妙覺: 부처와 같은 경계이다.

대승기신론 소·별기에 보면 보살의 수행계위 52위를 4위로 요약하였다. 첫 번째 계위는 '범부 정도의 사람'으로서 십신十信에 해당되며, '앞의 생각에서 악惡이 일어남을 알았다.'는 경지이다. 두 번째 계위는 '이승二乘[소승과 대승]의 관지觀智[진리를 살펴보는 바른 지혜]와 초발의初發意보살[초주初住] 정도의 사람'으로서 삼현三賢보살[십회十解 또는 십주十住, 십행十行, 십회향十廻向을 포함]의 계위이다. 생각의 이상異相[탐貪, 진瞋, 치癡, 만慢, 의疑, 견見]을 깨달아 생각에 이상異相이 없으니, 이는 추분별집착상麤分別執着相[거친 분별로 집착하는 모습]을 버렸기 때문이며, 따라서 상사각相似覺[깨달음과 비슷함]이라 한다. 세 번째 계위는 이공二空[아공과 법공]을 통달한 경지로서 법신法身보살[십지十地보살]의 계위이다. 생각의 주상住相[아치我痴, 아견我見, 아애我愛, 아만我慢]을 깨달아 생각에 주상住相이 없으니, 이는 분별추념상分別麤念相[분별하는 거친 망념의 모습]을 여의였기 때문이며, 따라서 수분각隨分覺[본각에 가까워지는 깨달음]이라 한다. 무분별심이 있어서 모든 부처의 지용智用과 더불어 상응하여 오직 법력에 의하여 저절로 수행하게 되어 진여를 훈습하여 무명無明을 멸하는 경지이다. 네 번째는 '보살지菩薩地가 다한 사람들'로서 구경각究竟覺[망념을 다 끊어서 일념一念에 상응하는 경지]이라 한다. 방편을 만족시켜서 일념이 상응하고 마음의 처음 일어나는 상相을 깨달아 마음에 초상初相이 없으니, 이는 미세념微細念[업상業相, 전상轉相, 현상現相]을 멀리 여의였기 때문이다. 심성을 보게 되어 마음이 곧 상주常住한다. 여기서 충분히 성숙된 사람을 뜻하는 군자에 해당되는 계위는 삼현보살의 계위라 할 수 있다.

4) 선불교의 십우도에서 보여주는 인격수준

선불교에서 깨달음으로 나아가는 데 있어서 마음의 변화과정을 십우도로 표현한 것이 있다. (제5장 마음의 변혁을 참조)

5) 저자는 인격이 성숙되어 가는 발달의 단계들을 정신치료적 입장에서 다음과 같이 임의로 6단계로 나누어서 위에서 말한 수준들과 비교하여 보았다.

(1) 자기의 마음을 보기 시작하는 단계

수도나 정신치료의 시작은 외부가 아니라 자기 마음 안에서 문제를 해결하기 위한 노력을 시작하는 것이다. 이를 위해서는 정신치료나 수도에 대한 믿음을 가져야 한다. 즉 유교적 관점으로 이야기하면 군자의 길을 가야겠다는 의지이고, 불교에서는 보살의 길을 가겠다는 발심이다. 정신치료에서는 현재 고통이 나의 내면의 문제로 정신치료의 동기를 가지는 것이다. 십우도의 심우, Rogers의 stage 2, 보살계위 중에 십신+信이 각각 여기에 해당된다고 본다.

(2) 지적으로 나의 문제를 깨달은 단계

이론적으로 혹은 지식적으로 자기의 문제를 확실히 아는 단계이다. 서적이나 다른 사람의 설명을 듣고 공부하면서 현재 고통의 결과들이 지나고 보니 내가 만든 것임을 인식하는 단계이다. 이런 면에서 보살계위 중에 십해(십주)보살, 십우도에서 견적, Rogers의 stage 3가 각각 여기에 해당된다고 할 수 있다.

(3) 나의 문제의 실체를 바로 지금 깨닫고, 붙들고 그리고 극복해 나가는 단계

정신치료나 수도가 한창 진행되는 단계이며 오랜 세월이 걸릴 수 있

다. 이 과정을 수행하기 위해서는 상당한 노력과 고통이 수반될 수 있다. 자기 안에 있는 보기 싫은 것을 직면하고 인정하고 극복해야 하는 과정이라고 볼 수 있다. 이런 면에서 십우도의 견우, 득우, 목우가 여기에 해당하고, 보살 52위 중에는 십행 보살이 해당되고, 그리고 Rogers의 stage 4-6가 각각 여기에 해당된다고 할 수 있다.

(4) 나의 문제의 실체를 극복하여 성숙된 인간으로서 자유와 해방을 느끼는 단계

자신의 문제가 해결되어 더 이상 갈등이 없고 자유로움을 느끼게 된다. 사실 이러한 인격 수준이 되는 사람은 흔치 않다고 본다. 서양 정신치료의 최종 목표는 여기까지라고 봐야 할 것이다. 십우도의 기우귀가, 보살 52위 중에는 십회향보살, Rogers의 stage 7, 그리고 유교에서 말하는 군자가 각각 여기에 해당된다고 본다.

(5) 정신치료를 넘어서는, 자기마저 초월하는 단계

자기마저 초월하는 단계로 나라는 것이 없어지는 단계이며 그의 삶은 남과 세상을 위한 삶이 된다. 서양 정신치료를 넘어서는 경지로서 transpersonal한 상태로서 수도과정에서만 언급되는 경지이다. 보살단계 중에 십지보살, 십우도의 망우존인, 유교에서 아성(인인), 서양 심리학적 개념으로 transpersonal한 경지가 각각 여기에 해당된다고 본다.

⑹ 부처나 성인의 경지에 들어섬

의식적인 노력을 하지 않아도 저절로 존재 자체가 도리에 어긋나지 않으며 자비, 인, 사랑으로 널리 세상을 구제한다. 여기에는 보살 52위 중에 51과 52위, 십우도의 8−10도(인우구망, 반본환원, 입전수수), 그리고 유교에서 말하는 성인, 불교에서 말하는 부처, 그리고 기독교에서 말하는 성인이 해당된다고 볼 수 있다.

위의 단계들은 아래 표1에 요약해 놓았으며, 저자가 인위적으로 구성해본 것으로 실제 인격 성숙의 각 단계를 이처럼 정확하게 구분하기는 어려울 것이며 또한 많은 이견들이 있을 수 있다. 하지만 인격 성숙의 단계를 위와 같이 가정해봄으로써 인격의 성숙 과정에 대한 이해를 더 분명히 할 수 있고 정신치료자로서 인격 성숙을 향한 도상에서 우리의 위치를 돌아 볼 수 있으며 한 인간으로서 우리가 어떻게 살아갈지에 대해 더 분명한 안내를 할 수 있다고 생각한다.

3. 결론

1. 정신치료에서 치료자가 도달할 수 있는 최고의 인격 성숙의 수준은 자기실현을 달성하는 4번째 단계라고 볼 수 있다.
2. 이 4번째 단계는 수도에서의 십회향보살, 귀우귀가, 그리고 군자의 수준과 얼추 비슷하다.
3. 수도에서는 정신치료의 최종 단계인 개인의 완성을 넘어서는 단계인 부처나 성인 그리고 바로 그 전 단계인 십지보살, 망우존인 및 아성(인인ㄷㅅ)의 단계가 있다.

4. 정신치료자는 자기 개인의 완성self realization을 넘어서 부처나 성인의 경지에 도달해야겠다는 목표를 가져보는 것은 어떨까? 성직자들과 마찬가지로 정신치료자들도 수도를 통해 보다 높은 단계의 인격 성숙을 향해 나아감으로써 정신치료로 환자 한 명의 성숙을 돕는 것은 물론이고 더 나아가 인류와 세상의 성숙을 도모하는데도 책임이 다 해야 하지 않을까 생각해 본다.

마음의 변화	십우도	52위	유교	Rogers	정신치료
1. 자기의 마음을 보기 시작	심우	십신		stage2	정신치료의 시작
2. 지적으로 나의 문제를 깨달음	견적	십주		stage3	지적 통찰
3. 나의 문제의 실체를 바로 지금 깨닫고, 붙들고, 그리고 극복함	견우 득우 목우	십행		stage 4−6	감정 통찰과 훈습
4. 나의 문제의 실체를 극복하여 성숙된 인간으로서 자유와 해방을 느낌	기우귀가	십회향	군자	stage7	자기실현
5. 자기마저 초월하는 과정	망우존인	십지	아성		transpersonal
6. 부처나 성인의 경계에 들어섬	인우구망 반본환원 입전수수	51위 52위	성인		

제3장 마음이란?

유교의 심학心學과 정신분석치료에서 공통으로 초점이 되는 것은 마음이다. 유교에서는 마음이라는 용어를 사용하고 정신분석치료에서는 정신이라는 용어를 사용할 뿐 같은 대상이다. 마음에 대한 정신분석적 개념으로는 구조적으로 의식, 전의식, 무의식으로 나누고, 작용으로는 이드, 자아, 초자아로 나누어 설명한다. 동양의 마음에 해당되는 서양의 용어로써는 heart, soul, spirit, 또는 mind로서 정확하게 일치하는 단어는 없다. 그래서 C. G. Jung은 가장 근접한 용어로써 psyche를 사용했다. 유교의 마음에 대한 기술로써, 정복심의 심학도, 율곡 이이의 인심도심도, 마음의 비움이 본래 마음이라는 것, 마음의 작용, 마음의 본질에 대해서 알아보자.

1. 정복심程復心의 심학도心學圖

심학도心學圖는 정복심程復心이 마음 수행에 대한 글들을 모아놓은 진덕수의 심경心經을 정리하여 하나의 그림으로 표현하였다. 마음에 관해 아래 그림으로 표현한 정복심程復心의 심학도心學圖[1]를 보면 마음의 본질로 허령虛靈, 지각知覺, 신명神明이 적혀 있다. 텅 비고 신령스러우며, 훤히 뚫고 나가 온갖 이치를 갖추고서, 만 가지 일과 사물에 응한다. 외적인 자극이 없고 아무것도 안 하고 있을 때(미발未發)에 비어 있으면서 신령하고, 지각 기능이 있고, 신령神靈하면서 맑은 상태에 있다. 이런 상태를 선불교에서 '성성적적星星寂寂'하다고 표현하듯이 유교에서는 '적연부동寂然不動'하다고 하며 이런 상태가 마음의 본체本體 또는 천하지대본天下之大本이라 한다. 마음이 사물에 감응하여 외부에 발현(이발已發)할 때 희노애락애오욕喜怒哀樂愛惡欲의 7가지 감정으로 나타나며 이런 상태를 마음의 작용이라 한다.

마음에는 인심人心과 도심道心의 두 가지 특성이 있다.[2] 인심은 형체와 기形氣에서 생겨난 것이다. 좋아하고 즐거워하며, 분을 품고 성냄이 있다. 욕심에 쉽게 흐를 수 있어서 위태롭다고 하며, 잠깐이라도 방심하면 온갖 사특邪慝함이 따른다. 도심은 타고난 본성(성명性命)에서 근원根源한 것이다. 의롭다義라고 하고, 어질다仁라고 하고, 치우치지 않음中이라 하고 바름正이라 한다. 이치는 형체가 없으니 은미隱微하다고 한다. 터럭 끝 같은 싹이 터, 혹 잃어버리면 그것은 보존하기 어렵다. 이 둘 사이는 원래 틈을 용납하지 않는다. 즉 하나의 마음이다. 인심과 도심은 원래 하나이다. 도심이 인심으로 나타나는 것은 몸의 영향을 받아서이다. 몸을 갖고 태어나서 하나의 개체로서 자기self라는 것이 생기고, 인욕이 생기게 된다. 몸에 조화를 이루어 인심이 도심의 작용으로 건강하게 표출되면 건강한 인격의 군자君子나 성인聖人이 되는 것이다.

---

1) 최중석(1998): 심경부주(역주). 초판, 서울, 국학자료원, 26쪽.
2) 帝曰, 人心惟危, 道心惟微, 惟精惟一, 允執厥中. [心經附註 書 大禹謨 人心道心章]

양심良心과 적자심赤子心은 인심人心에 해당된다. 적자심赤子心은 어린 아이의 마음으로 아직 인욕人欲에 빠지지 않은 양심이다. 인심은 인욕人欲에서 느껴지는 것이다. 본심本心과 대인심大人心은 도심道心에 해당된다. 대인심大人心은 의리義理가 모두 갖추어진 본심이다. 도심은 의리에서 느껴지는 것이다. 실제로 두 가지 마음이 따로 있는 것이 아니라 한 마음이 이리 저리로 되는 것이다.3)

경의 오른쪽: 혼자 있을 때 삼가 마음의 욕망을 이기며, 마음을 항상 두고 살피어 방심하지 않는 것. 그래서 바른 마음을 가지고 더 이상 마음을 동요하지 않게 하는 것. 육신의 욕망에서 마음을 지키는 길.

경의 왼쪽: 항상 조심하여 경계하고 두려워하여 마음을 잡아 보존하고, 깨어있음을 통해 마음을 기르고 마음을 다하는 것. 그리하여 마음이 하고 싶은 대로 해도 법도에 벗어나지 않는 것. 마음이 가진 본래의 선함을 발휘하는 것.

허령虛靈: 텅 비어 있고 영묘한 것으로 불교에서의 공空과 비슷함

지각知覺: 알아서 깨닫는 작용

신명神明: 신령스럽고 이치에 밝은

본심本心: 본래 지니고 있는 마음

대인심大人心: 노력해서 도달할 수 있는 대인의 마음

도심道心: 순수하고 선한 마음

---

3) 程氏復心曰, 赤子心是人欲未汩之良心, 人心, 卽覺於欲者. 大人心, 是義理具足之本心, 道心, 卽覺於義理. 此非有兩樣心. (心學圖) 최중석(1998): 심경부주(역주). 초판, 서울, 국학자료원, 26쪽.

양심良心: 타고난 선량한 마음

적자심赤子心: 갓난아이의 순수하고 맑은 마음

인심人心: 육체를 지님으로 인해서 발생할 수 있는 마음

유정유일惟精惟一: 오직 精密하게 살피고 오직 專一하게 지킴.

정精: 人心과 道心 사이를 살펴서 섞이지 않게 하는 것

일一: 본심의 바름을 지켜서 떠나지 않게 하는 것

택선고집擇善固執: 선을 택하여 굳게 지킨다.

택선擇善: 정밀精密, 박학博學, 심문審問, 근사 謹思,

명변明辯, 명선明善, 격물치지致知格物

고집固執: 전일專一, 독행篤行, 성신誠身, 성의意誠

심心, 일신주재一身主宰: 마음은 일신을 주재한다.

경敬, 일심주재一心主宰: 경敬은 일심을 주재한다.

경敬이란 '도심道心이 항상 일신의 주主가 되게 하고, 인심人心이 매번 명령을 듣도록 하여, 인심의 위태함이 편안해지고 도심의 은미함이 드러나서, 움직이거나 고요하거나 말하거나 행동함에 지나치거나 미치지 못하는 차이가 없게 된다.'[4]

(1) 경敬공부의 내용 : 경敬의 왼쪽

계구戒懼: 경계하고 두려워하라. 그 보이지 않는 곳에서 경계하고 삼가하며, 그 들리지 않는 곳에서 두려워한다. 단지 어두워지지 않도록 하는 것이다. 마치 상제가 지켜보고 있는 것 같아서 나의 몸과 마음이 자연히 경건해지는 것이다. 항상 깨어있음과 공경하는 몸과 마음의 자세를 가지는 것이다. 현실을 바르게 지각하고 대응할 수 있게 한다.

---

4) 必使道心, 常爲一身之主, 而人心每聽命焉, 則危者安, 微者著, 而動靜云爲, 自無過不及之差矣. [心經附註 書 大禹謨 人心道心章]

조존操存: 마음이란 잡으면 보존되고 버리면 없어진다. 한번 잡으면 곧 여기에 있는 것이다. 의식하면 있는 것이다. 숨 쉬는 것과 같다. 항상 마음을 끌어와 여기에 있게 하는 것이다. 마음의 주主가 항상 세워져 있다.

심사心思: 마음은 생각하는 기능을 잠재적으로 가지고 있다. 마음이 발發하지 않았을 때 상태를 분명히 체인體認하는 것이다. 그래서 자극이 오면 이치에 맞게 변화에 응할 수 있는 것이다.

양심養心: 마음을 기르는 것이다. 정신을 건강하게 하는 것이다. 기氣가 살아나는 것이다. 이치를 깨닫고 마음을 하나로 하면서, 욕심을 버리고 마음을 비우고 휴식을 취함으로써 본연의 건강한 마음이 자라게 하는 것이다.

진심盡心: 마음을 다하는 것이다. 완전히 될 때까지 끝까지 진심을 다한다. 그래서 무욕無欲, 무아無我를 이루는 성인聖人의 경지까지 나아가는 것이다.

칠십이종심七十而從心: 나이가 70세가 되어 나의 마음대로 하여도 천리에 어긋나지 않는 경지이다.

(2) 경敬의 오른쪽

신독愼獨: 홀로 있음을 삼가라. 마음이 고요한 상태에서 처음 올라오는 것을 본다. 자기 마음을 성찰省察하는 것이다. 숨겨진 것보다 더 드러나는 게 없고, 작은 것보다 더 드러나는 게 없는 것으로, 스스로 남들은 모르고 나만 알 수 있는 것이라고 기만하는 것이 없도록 하는 것이다. 자기 마음을 억압하지 않는 것이다. 남은 다 아는데 자기만 모르는 것이다. 감추려 하면 더 드러난다. 무의식의 동기를 잘 성찰하는 것이다.

극복克復: 자신의 욕심을 이겨내어 예禮로 돌아가라. 구체적으로 예가 아니면 네 가지를 하지 말라고 한다. 보고, 듣고, 말하고, 움직이는 이 네 가지에서 명상을 유지하는 것으로, 마음이 주재를 항상 하여, 사물에 휘둘리지 않아야 한다. 간사한 소리와 어지러운 색을 총명에 머물게 하지 않고, 음란한 음악과 간특한 예법을 심술에 접하지 않게 하는 것이다. 실제 보고 듣는 것이 없는 것이 아니라 제대로 보고 듣고 말하고 행동하는 것이다.

심재心在: 마음이 있지 않으면 보아도 보이지 않고, 들어도 들리지 않는다. 마음의 주主가 있어야 한다. 주主가 있으면 근심과 사악함이 들어 올 수 없고, 주主가 없으면 사물이 빼앗는다. 사물이 나의 마음의 주인이 된다.

구방심求放心: 잃어버린 마음을 찾아라. 늘 전전긍긍하면서, 고요함을 보존하고, 움직임을 살펴서, 깊은 못에 임하듯이, 살얼음 밟듯이, 쟁반의 물을 받들 듯이 하여, 마음의 주主를 조금도 놓아버리는 게 없게 하는 것이다.

정심正心: 마음을 바르게 하라. 성의誠意 후에 정심이 된다. 성의誠意란 자신을 속이지 않는 것이라 하며, 성誠은 헛된 말을 안 하는 것이고, 꽉 채운다는 뜻이다. 주자周子는 성인聖人의 근본이라 했다. '꽉 채워졌다'라는 것은 이치가 마음을 꽉 채워서 스스로 속이지 않는 것이다. 虛[욕심이 싹트지 않는 것]—實[마음속에 주主로 삼는]이다. 바름을 해치고 선함을 잃어버리는 것은 감정이 쌓여 있기 때문이다. 분忿, 치恥, 공恐, 구懼, 락樂, 우환憂患이 있으면 바름을 얻을 수 없다. 즉, 정서적 문제를 해결해야 한다. 로저스가 말하는一致, congruence 또는 誠實性, genuineness, 융이 말하는 치료자의 모든 것은 성실해야 한다는 것, 그리고 호오나이가 말하는 무자비한 정직성ruthless honesty은 모두 자기를 속이지 않는 성의誠意를 말한다.

사십부동심四十不動心: 40세가 되어 마음이 유혹해도 흔들리지 않는 경지이다. 이것은 주체성identity의 확립이다. 자기실현self-realization을 이룬 경계이다. 최고의 자존감을 회복한 상태이다.

2. 율곡의 인심도심도人心道心圖

율곡 이이의 인심도심도

性: 天理가 사람에게 부여된 것.
心: 性 + 氣 = 一身에 主宰된 것.
情: 心이 사물에 감응하여 외부에 발현된 것.
性은 마음의 본체, 情은 마음의 작용.
心은 未發과 已發의 총합.
마음은 性과 情을 통괄한다.

矯氣質

율곡에 의하면 사단四端은 도심道心 가운데 선善만을 뜻하며, 칠정七情은 인심人心과 도심道心의 선악善惡을 합한 것으로 보았다. 율곡은 칠정七情에서 도심道心과 인심人心이 모두 나오므로 칠정七情이 사단四端을 포함하고 있다는 논리를 펼쳤다. 사람은 태어날 때 기질이 리理를 싸고서 사람과 함께 생겨나니 이것을 본성이라고 한다. 리理가 반드시 기질에 깃든 뒤에야 본성이 된다. 기질 속에 있는 리理만을 가리킬 때는 본연지성本然之性이라고 말하지만, 본연지성本然之性만 있는 경우란 실제로는 없다. 본성이란 리理와 기氣가 합해진 것이다. 그래서 모든 인간은 태어날 때부터 기질의 제약에 놓이며, 맑고 흐리고 순수하고 잡된 기질의 차이가 인간의 차이를 결정한다. 리理는 본연의 리理가 기氣를 탄 리理[승기지리乘氣之理]가 됨으로써 리理 본래의 완전성이 왜곡된다. 따라서 율곡은 교기질[기질을 바로 잡는 것]을 주장하였다. 기氣는 흐리기도 하고 잡되기도 하여, 궁리窮理 거경居敬 력행力行을 통해, 자신의 기질을 변화시켜 본래의 성性을 회복하여 성인聖人이 될 수 있다고 한다.

3. 마음의 비움 상태가 본래의 마음이다.

본래의 마음은 적연부동寂然不動하고 허령지각虛靈知覺하다. 명상에서 말하는 순수의식 상태로서 천하지대본天下之大本이라고 한다. 마음의 허령지각이 항상 엄숙하여 어지럽지 않고 밝게 빛나서 어둡지 아니하면, 고요해서는 이치의 본체가 보존되지 않음이 없고, 감응해서는 이치의 작용이 행하지 않음이 없다. 그러나 몸을 가지고 있어서 마음의 허령지각이 기氣에 쌓이지 않을 수 없고, 또 욕欲에 움직이지 않을 수 없으니, 마음의 체용體用이 이것을 따라 어둡고 어지러워진다. 이것이 경敬하지 않을 수 없는 까닭이다. 수신修身은 결국 본래 마음을 회복하는 것으로, 이 본래 마음을 회복하고 기르는 방법이 경敬공부이다. 이 순수의식을 기르는 방법으로 敬공부를 제시한다. 마음을 경敬으로써 곧게 하고 보존하고 자기를 검속하면서 자기를 닦을 수 있다. 정자程子는 '경敬으로써 안(마음)을 곧게 하여, 이 뜻을 함양해야 한다. 안을 곧게 함直內이 근본이다.'5)라고 하였다. 경敬공부를 통하여 마음의 순수한 의식 상태를 유지하는 힘을 기르는 것이다. 안을 곧게 한다는 것은 마음을 비우는 것과 같다. 마음에 한 물건도 없이 비워져야만 사물이 나타날 때, 있는 그대로 투사 없이 지각할 수 있다. 정신치료에서 치료자의 마음이 비어 있어야 환자의 말에 왜곡 없이 정확한 공감이 가능하다고 하는 것과 같다. 유교에서도 같은 의미로서 '마음이 비어 있어야 자신이 사물에 응할 때 바르게 발현될 수 있는 전제조건이 된다.'는 것이다. 정신치료에서 치료자의 자기 마음을 정화해야 마음이 비워지는 것이다. 주자朱子가 "경敬으로써 안을 곧게 하면 의로써 밖을 방정하게 할 수 있다."6)고 말했듯이 마음을 곧게 하

---

5) 敬以直內, 涵養此意. 直內是本. [心經附註 易 乾九二 閑邪存誠章]

는 것이 중용의 도를 행하는 전제조건이다. 어디에도 휘말려서 치우치지 않는 반응을 할 수 있는 것이다. 주역의 곤괘에서 "敬과 義가 서서 덕이 외롭지 않다."[7]고 하였듯이, 마음을 비우는 것과 건강한 감정과 행동 양식은 서로 힘을 보태주는 효과를 가진다고 할 수 있다.

4. 마음의 작용

이천선생이 말하기를. "정情이 이미 성하고 더욱 끓어 그 본성이 깎인다. 그러므로 깨달은 자는 그 정情을 단속하여 중中에 합치하게 하고 그 마음을 바루고 그 본성을 기른다. 그러나 반드시 먼저 마음에서 밝혀 갈 곳을 안후에 힘써 행하여 이를 곳을 구하는 것이다."[8]라고 하였다. 즉, 안델센의 '미운오리 새끼'의 동화에서 비유하는 바와 같이, 사람은 원래 노이로제나 정신병이 없이 순수했는데, 특히 어렸을 때의 잘못된 경험으로 자존감을 잃고, 인격이 왜곡되고 세상을 있는 그대로 못 보게 되었다. 그것은 감정의 장애로 인하여 그렇게 됐기 때문에 감정을 정화하여 조화를 이루게 되면 본래의 건강한 마음을 회복한다는 것이다. 이런 마음을 유지하고 함양하면 대상에 휩쓸리지도 억압하지도 않고 중용中庸으로 살 수가 있다. 그러려면 자기를 속이지 않는 철저한 자기 마음에 대한 통찰과 훈습을 계속 유지하여야 하고, 오래 지속하면 마음이 바르게 되고 건강한 감정과 행동 양상으로 삶을 살게 되는 것을 말한다.

---

6) 敬以直內 便能義以方外. [心經附註 易 坤六二. 敬以直內章]
7) 敬義立而德不孤. [心經附註 易 坤六二. 敬以直內章]
8) "情旣熾而益蕩, 其性鑿矣. 故覺者, 約其情, 使合於中, 正其心, 養其性而已. 然必先明諸 心, 知所往然後, 力行以求至焉." [心經附註 論語 顏淵問仁章]

사물이나 대상에 부딪치기 전에는 마음이 움직이지 않는 미발未發 상태에서 적연부동寂然不動, 즉 고요하지만 깨어있는 [성성적적星星寂寂] 상태를 유지한다. 사물이나 대상이 나타났을 때, 마음은 작용을 하여서 이발已發 상태가 되며, 마음이 바른 상태로 유지하고 있었다면, 현실에 딱 맞게 중용中庸으로 응할 수 있게 된다. 즉, 투사 없이 대상을 보게 되며, 분한分限에 따라 응할 따름이 된다. 세상을 있는 그대로 투사 없이 보게 되며, 건강한 감정과 행동 양식으로 행하게 된다. 마음이 정심正心이 되어 있어야 제대로 건강한 감정과 행동 반응을 하게 된다.

주자朱子가 "경敬 공부로 안으로 욕망이 싹트지 않게 하고 밖의 유혹이 들어오지 않으니 ……"[9]라고 언급했듯이, 경敬공부는 마음을 주재하는 방법으로서, 마음을 정화되고 건강한 감정과 행동 양식을 가지는 정심正心을 이루게 한다. 이러한 경지에서는 마음속에 깨끗한 마음을 막는 한 가지의 일도 없게 된다. 일을 할 때는 일에 전일하게 되고 일이 없으면 마음속에 일이 남아 있지 않게 된다. 따라서 집착하거나 놓쳐버리지 않게 된다. 이러한 무사無事의 마음은 동래여씨東萊呂氏가 말한 "이른바 일이 없다는 것은 일을 버리는 것이 아니다. 단지 이것을 보기를 마치 일찍 일어나서 저물면 자고, 배고프면 먹고, 목마르면 마시는 것처럼 하여, 종일하여도 일찍이 하는 것이 아니다. 대저 가슴 속을 항상 평안하고 즐겁게 하면 일이 닥쳐 응대함에 저절로 모두 절도에 맞아, 마음이 편안하고 몸이 살찌게 되어, 백 가지 질병이 모두 없어질 것이다."[10]라는 것과 같다. 또한 주자가 "이 마음에 아직 사물이 있지 않을 때 먼저 주장함이 있

---

9) 敬則內欲不萌, 外誘不入. [心經附註 大學 正心章]
10) 東萊呂氏曰, 所謂無事者, 非棄事也. 但視之, 如早起晏寢, 飢食渴飮, 終日爲之, 而未嘗爲也. 大抵胸次, 常令安平和豫, 則事至應之, 自皆中節, 心廣體胖, 百疾俱除. [心經附註 大學 正心章]

어서 내가 어떤 식으로 처리하려 한다고 말한다면 이것은 곧 바르지 않은 것이다."[11]라고 말한 것과 같다. 마음에서 인욕人欲을 경敬으로 다스리면 평상시 모든 행동이 어떤 것에 사로잡혀 애써하는 것이 아닌, 무위無爲로 자연스럽게 건강한 반응으로 행하게 되고, 마음에 갈등이 없게 된다. 또한 선입관이나 투사 없이 사물을 있는 그대로 지각하여 일의 처리에도 바르게 처리하게 된다. 장자張子가 "정定한 후에 광명이 있으니, 만약 늘 옮겨 바뀌 일정함이 없으면 어떻게 광명할 수 있겠는가? 역易에 대저 간艮으로 그침止을 삼으니, 그치는 것이 광명이다. 그러므로 대학에 정定하여 능히 생각함에 이를 수 있다고 한 것이니, 사람이 마음이 많으면 광명할 길이 없다."[12]라고 말했듯이, 적연부동한 본래의 마음이 살아 있으면, 마음이 잡념이 없이 집중되어 있어서 사물에 대응하는 데에 제대로 반응하게 되어, 어떤 일이든지 하늘의 이치에 맞게 된다.

인산 김씨의 "성낼 때를 당하여 성내지만, 성내어도 옮기지 않고, 두려워할 것을 당하여 두려워하되, 두려워하면서도 겁내지 아니하고, 좋아할 만한 것을 좋아하되, 좋아하면서도 욕심내지 않고, 근심할 만한 것을 근심하되, 근심하면서도 상하지 않게 된다."[13]는 이 말은 구체적이면서 마음에 와닿는다. 자기의 마음을 있는 그대로 인정하면서 현실에 맞게 어떻게 자신의 감정에 휩쓸리지도 억압하지도 않고 감정을 건강하게 처리하는가를 말하고 있다.

---

11) 這心, 未有物之時, 先有箇主張, 說道我要如何處事, 便是不正. [心經附註 大學 正心章]
12) 定然後, 有光明. 若常移易不定, 何由光明. 易大抵以艮爲止, 止乃光明. 故大學, 定而至於能慮. 人心多, 則無由光明. [心經附註 大學 正心章]
13) 仁山金氏曰, 忿懥恐懼好樂憂患四子, 喜怒哀樂之發, 乃心之用, 而人所不能無子, 則何惡於是, 而便以爲不得其正哉. 蓋當怒則怒, 怒以不遷. 當懼則懼, 懼而非懼. 可好則好, 好而非欲. 可憂則憂, 憂而非傷. 是爲得此心體用之正, 而非可以有無言之也. [心經附註 大學 正心章]

마음의 작용으로 마음은 예禮와 악樂으로써 건강하게 될 수 있다고 한다. 악기樂記에 "마음의 악樂을 이루어 마음을 다스리게 되면, 조화롭고 미더운 마음이 유연油然하게 생기고, 유연하면 즐겁고, 즐거우면 편안하고, 이것이 오래가면 하늘처럼 말을 하지 않으나 미덥고, 신神처럼 성내지 않으나 위엄이 있게 된다."14)고 말하고 있다. 즉, 음악으로 마음을 다스릴 수 있다. 음악을 통하여 조화롭고 미더운 마음이 유연하게 생기고, 유연하면 즐겁고, 즐거우면 편안하고, 이것이 오래가면 하늘처럼 말을 하지 않으나 미덥고, 신神처럼 성내지 않으나 위엄이 있게 되는 경지에 이를 수 있다고 한다. 또한 악기樂記에 "예禮를 이루어 몸을 다스리면 장엄하고 공경스럽고, 장엄하고 공경스러우면 엄숙하고 위엄이 있게 된다."15)고 말하고 있다. 즉, 경건한 태도와 행동으로 나태하지 않고 인욕에 빠지는 것을 막아서 마음을 다스리는 데 도움이 된다.

성인聖人의 마음 작용은 공자의 경우에서 볼 수 있다. 논어에 "공자는 네 가지를 끊어서, 뜻함도 없고, 기필함도 없고, 고집함도 없고, 자기를 두는 것도 없었다."16)고 한다. 인욕人欲으로 일어나는 마음을 끊고 본래의 마음을 완전히 회복하였음을 보여준다. 나이 70세에 '종심소욕불유구從心所欲不踰矩'의 경지에 도달하였듯이, 병적인 동기, 여태 해오던 잘못된 양식, 이것을 반복하는 것, 사욕에서 조금이라도 벗어나지 못함을 끊고, 마음 작용이 자신이 마음대로 하여도 하늘의 이치에 벗어나지 않고 무위無爲로써 자연自然스럽고, 마음이 해방되었음을 말한다.

---

14) 致樂以治心, 則易直子諒之心, 油然生矣. 易直子諒之心生, 則樂. 樂則安, 安則久, 久則天, 天則神.天則不言而信, 神則不怒而威. 致樂以治心者也. [心經附註 樂記 禮樂不可斯須去身章]

15) 治禮以治心躬,則莊敬,莊敬則嚴威. [心經附註 樂記 禮樂不可斯須去身章]

16) 子絶四, 毋意, 毋必, 毋固, 毋我. [論語 子絶四章]

5. 마음의 본질

맹자는 말하길, "물에는 원래 동쪽으로 흐르는 물, 서쪽으로 흐르는 물이라는 구분이 없다. 그러나 물에 원래 위로 흐르는 것, 아래로 흐르는 것이라는 구분도 없는가? 인간의 본성이 선善한 것은 물이 아래로 흘러가는 것과 같다. 사람은 선량하지 않은 사람이 없으며, 물은 아래로 흘러가지 않는 물이 없다. 지금 만일 물을 손바닥으로 쳐서 튀어 오르게 한다면 사람의 이마 위로 넘어가게도 할 수 있고, 또 물길을 막아서 역류시킨다면 산 위로까지 끌어 올릴 수도 있을 것이다. 그러나 그것이 어찌 물의 본성이겠는가? 이것은 단지 외부적인 힘에 의해서 그렇게 되는 것일 뿐이다. 사람도 외부적인 조건에 의해 악한 짓을 할 수 있지만, 그 본성은 역시 물의 경우와 같은 것이다."[17]라고 했듯이 인간의 본성의 주체인 마음이 원래 선善하다고 하겠다. 또한 그 단서로서 다음과 같이 말했다. "가령 지금 어떤 사람이 어린아이가 우물 안으로 떨어지려는 것을 보았다고 하자. 그는 깜짝 놀라 동정하는 마음이 일어나게 될 것이다. 그러한 마음은 천성에서 나온 것이지, 어린아이를 구해준 인연으로 그 아이의 부모와 교제를 맺기 위해서가 아니다. 또 어린아이를 구해준 일로 마을 사람들이나 친구들로부터 칭찬을 받기 위해서도 아니고, 어린아이가 죽는 것을 보고도 구해주지 않았다는 비난을 듣게 될 것이 싫어서도 아니다. 이것을 통해 본다면, 남을 동정하는 마음이 없다면 사람이 아니고, 수치를 느끼는 마음이 없다면 사람이 아니며, 사양하는 마음이 없다면 사람이

---

17) 性猶湍水也 決諸東方則東流 決諸西方則西流. 人性之無分於善不善也 猶水之無分於東西也. 水信無分於東西 無分於上下乎. 人性之善也 猶水之就下也. 人無有不善 水無有不下. 今夫水 搏而躍之 可使過顙 激而行之 可使在山. 是豈水之性哉. 其勢則然也. 人之可使爲不善 其性亦猶是也. [孟子, 告子上]

아니고, 옳고 그른 것을 구분하는 마음이 없다면 사람이 아니다. 동정하는 마음은 인仁의 단서이고, 수치를 느끼는 마음은 의義의 단서이며, 사양하는 마음은 예禮의 단서이고, 옳고 그름을 구분하는 마음은 지智의 단서이다. 인간이 이 네 종류의 단端을 소유하고 있는 것은 마치 사람에게 손과 발의 사지가 있는 것과 같다."[18] 따라서 맹자는 인의예지仁義禮智가 본래 타고난 마음이라는 것이다. 그리고 맹자는 이 본래의 마음을 상실하는 것에 대해서 다음과 같이 비유를 들어 말했다. "제나라 수도 남쪽에 있는 우산牛山의 나무들이 옛날에는 무성하여 보기에 좋았으나, 큰 도시의 교외에 있기 때문에 많은 사람들이 도끼로 마구 베어가니, 그 무성함이 어찌 그대로 남아 있을 수 있겠는가? 그 산에도 풀과 나무가 밤낮으로 자라나고, 비와 이슬이 촉촉이 적셔주어 새싹이 움트지 않는 것은 아닐 테지만, 그것들이 자라나는 족족 소와 양들이 다 뜯어먹었으므로 저렇게 벌거숭이가 된 것이다. 사람들이 벌거숭이가 된 우산의 모습을 보고, 저 산에는 원래부터 큰 나무들이 없었다고 생각하지만, 그것이 어찌 산의 본래 모습이겠는가? 사람에게 있어서도 어찌 본래 인의仁義의 마음이 없었겠는가? 사람이 자신의 선량한 양심을 잃어버린 것은 마치 도끼로 나무를 잘라버린 것과 같으니, 날마다 그것을 잘라버리는데 그 아름다움이 그대로 보존될 수 있겠는가? 양심을 상실한 사람에게도 밤낮으로 자라나는 선량한 마음이 있고, 새벽녘 외부의 사물과 접촉하기 이전에는 맑은 기운이 있으나, 그의 좋아하고 싫어하는 마음 가운데는 양심과 가까

---

18) 今人乍見孺子將入於井 皆有怵惕惻隱之心 非所以內交於孺子之父母也 非所以要譽於鄉黨朋友也 非惡其聲而然也. 由是觀之 無惻隱之心 非人也 無羞惡之心 非人也 無辭讓之心 非人也 無是非之心 非人也 惻隱之心 仁之端也 羞惡之心 義之端也 辭讓之心 禮之端也 是非之心 智之端也 人之有是四端也 猶其有四體也. [孟子, 公孫丑上]

운 부분은 매우 적은 것이다. 그런데 그가 낮에 하는 소행은 또다시 조금 남은 그 양심마저 없애버린다. 그러한 일이 반복되다 보면 밤 사이 자란 조그마한 양심마저도 자연히 남아있을 수 없게 되는데, 사람들은 그의 금수 같은 행동을 보고 그에게 본래부터 선량한 바탕이 없었다고 생각한다. 그러나 그것이 어찌 그 사람의 본바탕이겠는가?"19)

이렇게 인간은 누구나 본래 선한 마음을 다 갖고 있는 것이다. 이 마음을 보존하고 함양하면 정신건강이 되고, 해치면 정신불건강이 되는 것이다. 본인 자신에 달려있다.

---

19) 牛山之木嘗美矣 以其郊於大國也 斧斤伐之 可以爲美乎. 是其日夜之所息 雨露之所潤 非無萌蘖之生焉 牛羊又從而牧之 是以若彼濯濯也. 人見其濯濯也 以爲未嘗有材焉 此 豈山之性也哉. 雖存乎人者 豈無仁義之心哉. 其所以放其良心者 亦猶斧斤之於木也. 旦旦而伐之 可以爲美乎. 其日夜之所息 平旦之氣 其好惡與人相近也者幾希 則其旦晝之 所爲 有梏亡之矣. 梏之反覆 則其夜氣不足以存 夜氣不足以存 則其違禽獸不遠矣. 人見 其禽獸也 而以爲未嘗有才焉者 是豈人之情也哉. 故苟得其養 無物不長 苟失其養 無物 不消. [孟子, 告子上]

제4장 정신문제의 원인

1. 정신장애는 감정의 장애이다

1) 유교의 견해

유교의 견해에서 보면, "사람은 원래 천지가 정精을 모아 오행五行의 빼어난 것을 얻어 생겼다. 그 근본은 참되고 고요하다. 아직 발發하지 않을 때는 오성五性인 인의예지신仁義禮智信이 갖추어져 있다. 형체가 이미 생겨남에 외부의 사물이 그 형체와 접촉하여 그 중中을 움직인다. 그 중이 움직여 칠정七情이 나오게 되니 희노애락애오욕喜怒哀樂愛惡欲이 그것이다."[1] 사람은 본래 존귀한 존재이다. 하늘의 이치를 몸 안에 다 구비하고 있다. 선하다 악하다 구별이 없다. 그러나 몸을 가지고 있음으로 사물에 접촉하여 감정이 일어나고 몸의 영향으로 사욕私欲이 생기고 이러한 영향으로 지나치거나 부족한 감정반응으로 작용이 일어나게 되어 정신장애를 가져오게 된다. "정情은 본래 선善한 것이지만, 발發하여 중절中節

---

1) 伊川先生曰, 天地儲精, 得五行之秀者, 爲人. 基本也, 眞而靜. 其未發也, 五性具焉. 曰仁義禮智信. 形旣生矣, 外物觸其形, 而動其中矣. 其中動, 而七情出焉. 曰喜怒哀樂愛惡欲. [心經附註 論語 顔淵問仁章]

하지 아니하여 이에 선善하지 않음으로 흐른다. 마음이 바르지 않음이 없고, 본성이 선하지 않음이 없을진대, 바름을 해치고 선함을 잃어버린 것은 정情이 누累를 끼치기 때문이다."2) 감정은 마음의 작용으로 정상적으로 발생하는 것이다. 마음이 바르면 발생하는 감정도 바르게 표출되지만, 몸을 가지고 있으므로 몸의 영향으로 '나'라는 마음이 생기고, 나의 잘못된 영향으로 인하여 바른 감정으로 표출되지 않게 된다.

"사람은 이 몸을 가지고 있다. 그러므로 이목구체耳目口體의 사이에 사욕私欲의 누累로 인하여 이치에 어긋나서 대저 인仁을 해치지 않을 수 없게 된다. 어질지 아니하면 그 한 몸조차도 주인이 될 수 없으니, 사물의 사이에 거꾸러지고 어지럽게 섞여 더욱이 이르지 않는 곳이 없을 것이다."3) 인심人心은 인간이 몸을 가지고 있으므로 이 몸으로 인해 생기는 것으로, 인심이 없을 수 없다. 이 몸으로 하나의 개체가 이루어지고 이 개체는 생존을 바탕으로 인욕人欲이 생겨나고 하늘의 이치를 벗어나게 된다. 즉, 몸을 가지고 있기 때문에 감정문제가 일어날 수밖에 없다. 즉, 몸을 가지고 있기 때문에 사욕인 욕동이 생기고 쌓여서 불건강한 감정과 행동 양식이 몸에 배게 된다. 인간은 어려서 혼자 해결할 수 없는 시기에 부족하거나 지나치게 영향을 받으면, 이에 따른 인욕人欲의 감정들이 강하게 발생하고, 감정에 휘둘리어 감정의 지배를 받게 되고, 자기상실이 일어난다. 그리고 현실에 맞지 않게 감정에 반응하게 되고, 반복되어 인격으로 굳어지게 된다. 유아기에 형성된 불건강한 감정과 행동 양식으로 인한

---

2) 蓋情本善, 發不中節, 乃流於不善. 心無不正, 性無不善, 所以害其正, 喪其善者, 爲情所累也. (西山眞氏) [心經附註 論語 顏淵問仁章]

3) 然人有是身, 則耳目口體之間, 不能無私欲之累, 以違於理, 而害夫仁. 人而不仁, 則自其一身, 莫適爲主, 而事物之間, 顚倒錯亂, 益無所至矣. [心經附註 論語 顏淵問仁章]

성숙하지 않은 모습은 유교에서 말하는 예禮와 의義에 어긋나는 모습이라고 할 수 있다.

악기樂記에 '군자는 정욕情欲을 제거하여(반정反情) 그 뜻을 화평하게 하고, 좋은 것을 비교하여(비류比類) 그 행동을 이룬다. 간사한 소리와 어지러운 색을 총명에 머물게 하지 않고, 음란한 음악과 간특한 예법을 심술心術에 접하지 않으며, 게으르고 태만하여 사특하고 치우친 기운을 신체에 베풀지 않아서, 이목구비耳目口鼻와 심지백체心知百體로 하여금 모두 유순함과 올바름으로 말미암아 그 의義를 행한다.'4)라고 하였다. '공씨는 반정反情은 정욕情欲을 제거하는 것이요, 비류比類는 선한 종류를 본뜨는 것이라고 말하였다.'5) 여기서 '정욕情欲을 제거하여(반정反情) 그 뜻을 화평하게 한다.'는 것은 감정을 잘 다스리는 것으로 욕동desire을 다스리는 것이며, 그렇게 하여서 마음에 걸리는 것이 없어지는 감정정화를 이룬다는 것이다. 또한 '좋은 것을 비교하여(비류比類) 그 행동을 이룬다.'는 것은 마음이 정화되면 대상을 있는 그대로 지각하여 현실상황에 맞게 건강한 행동 반응을 할 수 있다는 것이다. 동회택 진씨는 말하기를 "반정反情은 성정性情의 바름을 회복하는 것이니, 정情이 그 바름을 잃지 않으면 의지가 화和하지 않음이 없다. 선한 종류에 비교해 봄은 선악의 종류를 구별하여 나누는 것이니, 악한 종류에 들어가지 않으면, 행동이 이루어지지 않음이 없다. 머물지 않고, 접하지 않고, 베풀지 않음은 '논어'의 사물四勿이라 함과 같으니, 모두 정욕情欲을 제거하고 선한 종류에 비교해 보

---

4) 君子, 反情以和其志, 比類以成其行, 姦聲亂色, 不留聰明. 淫樂慝禮, 不接心術, 怠慢邪僻之氣, 不設於身體, 使耳目鼻口, 心知百體, 皆由順正, 以行其義. [心經附註 樂記 君子反情和志章]
5) 孔氏曰, 反情, 反去情欲也. 比類, 比擬善類也. [心經附註 樂記 君子反情和志章]

는 일이다. 이와 같으면 백체百體가 명을 따라 의義를 좇을 것이니, 이 한 구절은 배우는 자의 수신의 요법이다."⁶)라고 하였다. 감정에 휘둘리지 않고 스스로 자신을 관찰하면서 받아들이고 견디면서 감정을 지배할 수 있게 하는 것이다. 감정이 정화되면 신경증적 욕동이 줄어들고 건강한 현실에 맞는 감정과 행동 반응을 하게 되는 것이다. 감정이 정화되면 현실을 보고 듣는 지각활동이 건강하게 작용하게 된다. 또한 불건강한 말과 행동들에 대해 지속적인 통찰과 훈습을 통하여 교정되어서 건강한 삶을 영위할 수 있는 것이다. 지식적인 것이 아니라 자신의 몸을 통해 경험으로 이루어나가야 한다는 것이다.

2) 선禪수행에서도 감정을 해결하는 것이 핵심이다.

선불교의 선사禪師들의 어록들을 살펴보자. 「삼조三祖 승찬僧璨은 신심명信心銘에서 "단막증애但莫憎愛 통연명백洞然明白"이라 하였고, 우두선牛頭禪의 종의宗意에 따르면 "망정忘情"으로 수행을 삼는다고 하였다. 대주혜해大珠慧海는 "단무증애심但無憎愛心"이면 "자연해탈自然解脫"이라 하였고, 대혜종고大慧宗杲는 서장書狀에서 "단진범정但盡凡情 별무성해別無聖解"라 했다. 그리고 또한 곽암 십우도의 제8도 서序에서도 "범정탈락凡情脫落 성의개공聖意皆空"이라는 표현을 볼 수 있다.」⁷) 또 대혜종고大慧宗杲는 서장書狀에서 애응지물礙膺之物을 제거하면 깨닫는 상태가 된다고 했다.⁸) 이

---

6) 東匯澤陳氏曰, 反情, 復其情性之正也. 情不失其正, 則志無不和. 比類, 分次善惡之流也. 不入於惡類, 則行無不成. 曰, 不留不接不設, 如論語四勿之謂. 皆反情比類之事. 如此則 百體從令, 而義之與比矣. 此一節, 乃學者, 修身之要法. [心經附註 樂記 君子反情和志章]
7) 이정국, 심상호, 안병탁 : 곽암 십우도에서 소의 정신치료적 의미에 대한 소고. 한국정신치료학회지, 제15권, 제1호, 32쪽.
8) 礙應之物既除, 方知夢時便是寤時底. [大慧宗杲: 書狀, 答向侍郎]

러한 모든 서술들은 감정들을 해결함이 수행임을 말하고 있다. 애착과 증오의 감정이 없게 되면 마음이 걸리는 게 없이 자유롭고 세상의 돌아가는 이치가 명백히 보이는 것을 말한다. 중생 또는 범부의 정신불건강한 감정을 해결하라는 것이다.

보조국사普照國師는 '진심험공眞心驗功'에서 '진심을 징험하려면 먼저 평상시 미워했거나 사랑하던 대상을 가져다 때때로 면전에 있다고 생각해 보아 만일 여전히 미워하거나 사랑하는 마음이 일어나면 도道의 마음이 아직 성숙하지 못한 것이요, 만일 미워하거나 사랑하는 마음이 일어나지 않으면 그것은 도道의 마음이 성숙한 것이다. 그러나 그렇게 성숙하였더라도 그것은 아직도 미워하거나 사랑하는 마음이 저절로 일어나지 않는 것은 못된다. 또다시 마음을 징험하되, 미워하거나 사랑하는 대상을 만났을 때 특히 미워하거나 사랑하는 마음을 일으켜 그 대상을 취하게 하여도 그래도 마음이 일어나지 않으면, 그 마음은 걸림이 없어 마치 한데에 놓아둔 흰 소가 곡식을 해치지 않는 것과 같은 것이다.'[9] 라고 했다. 성숙되었는지 아닌지의 검증으로, 결국 애증의 감정 대상에 접했을 때의 자기 마음을 관찰하여 마음이 얼마나 영향을 받고 걸리는가를 보라는 것이다. 선수행에서 깨달음의 과정을 잘 묘사한 곽암의 십우도를 보자. 곽암은 12세기 중국 송나라 때 선사로서 당시 간화선이 크게 융성하였던 시기로 선수행에서 깨달음에 이르는 과정을 소를 찾고 기르는 10개의 그림과 각 그림마다 서序와 송頌을 붙여서 일반 대중에게 쉽게 수행의 과

---

9) 若驗此眞心時 先將平生所愛底境 時時想在面前 如依前起憎愛心 則道心未熟, 若不生憎愛心 是道心熟也. 雖然如此成熟 猶是自然不起憎愛. 又再驗心 若遇憎愛境時 特然起憎愛心 令敢憎愛境界 若心不起是心, 無礙如露地白牛不傷苗稼也.

정을 비추어 볼 수 있도록 만들었다. 십우도의 제3도 '견우'를 보면, 상당히 애쓴 결과 드디어 소를 처음 본다. 그러나 전체가 아닌 일부이다. 그리고 지속되는 것이 아니고 아주 잠시이다. 이 순간 작은 깨달음이 있어서 곽암의 서, 송에서는 편안하고, 따뜻한 느낌으로 묘사했다. 그러나 제4도 '득우'를 보면, 찾은 소는 매우 완고하고 야성이 그대로 남아있고 고삐나 채찍이 필요한 검은 소이다. 제5도 '목우'에서는 자신의 마음이 어느 정도 극복이 되어 고삐와 채찍이 거의 필요 없는 상태를 나타낸다. 한국의 대부분의 절에서 볼 수 있는 벽화에 제5도의 소는 반은 검게 반은 희게 그렸다. 이동식[10]은 "불가에서는 처음에 보는 소는 검은 소라고 한다. 수도를 하면 검은 소에 흰 점이 하나 생겨 흰 부분이 확대되고 나중에는 흰 소가 된다고 한다. 이것은 앞서 말한 로저스의 치료과정의 기술에서 말하는 부정적 감정이고 정신분석에서 말하는 핵심적 역동, 핵심적인 감정이다."라고 말하였다. 융 학파의 J. Marvin Spiegelman[11]은 제3도에서 보는 소는 '그림자'로서 우리 자신의 어두운 면이라고 했다. 그리고 그 소는 우리 자신을 발견하는 항해를 하여서 발견하는 우리 자신에게 너무 고통스럽고 슬프게 하는 것일 뿐만 아니라 자기Self이며, 우리 자신의 개인적인 소일 뿐만 아니라 집단적인 소이며 또한 하나님의 어두운 측면이라고 설명했다.

　이상과 같이 선수행에서 수행하는 대상은 주로 집착으로 작용하는 애증이나 범정凡情으로 표현되는 감정들이다. 즉, 감정을 잘 다스리게 하는 것이 수행이나 정신치료라 할 수 있다.

---

10) 이동식(1974): 한국인의 주체성과 도. 일지사, 161쪽.

11) *Buddhism and Jungian Psychology: J. Marvin Spiegelman, Mokusen Miyuki, Falcon Press, Phoenix, Arizona, U.S.A. 1987.*

3) 서양의 정신치료[12]

서양의 정신치료 분야에서도 감정을 삶의 핵심이라 보았고, 인욕人慾에 의한 감정의 장애를 정신장애의 원인으로 보고 있다. Michel Henry(1993)[13]가 'life is affection'이라고 하였듯이 감정은 인간의 정신생활의 핵심이다. Eugen Bleuler(1905)[14]도 "Affectivity is the basis of life."라는 말을 남겼다. William James(1890)[15]는 느낌을 통하여 우리가 사물을 체득할 수 있지 그것들에 대해 단지 생각만으로 알 수 없고, 느낌이 인지와 생각의 배아胚芽이고 출발점이라고 했다. 우리가 살아있다는 것은 감정이 살아있는 것이다. "감정이 억압되어 느끼지 못하고 속으로 들어가면 병이 되는 것이다. 기가 죽는다는 것도, 주체성 상실도, 자존감이 낮아지는 것도 모두 감정이 살아나지 못한 결과이다."[16] 감정이 살아있지 못하다는 것은 인욕적인 욕동이 생기고 이런 감정에 휘둘리게 되거나 억압하는 결과이다.

「감정을 다루는 것, 이것은 또한 서양의 정신분석적 정신치료의 필수 불가결한 요소이다. Fine은 그의 "A History of Psychoanalysis"에서, "비록 정신분석은, 신경증의 원인으로서 감정의 맺힘strangulation을, 그리고 치료로써 그 감정의 풀어짐liberation을 강조하는, 감정의 이론으로 시작

---

12) 이 부분은 '심상호: 조현병 환자 치료에서 감정의 역할. 한국정신병심리치료학회지, 제2권, 제1호, 2016년 2월'의 내용을 교정하여 실었습니다.

13) *Henry M(1993): The Genealogy of Psychoanalysis. Stanford California, Stanford University.*

14) *Bleuler E(1905): Consciousness and association(Trans. M. D. Elder), in C. J. Jung(ed.) Studies in word association, London: William Heinemann,* 266~296쪽.

15) *James W(1890): The Principle of Psychology. New York, Holt,* 144쪽.

16) 이동식(1974a): 한국인의 주체성과 도. 서울, 일지사, 140쪽.

했지만, 정신분석이 본능 이론으로 넘어가면서 곧 감정에 대한 체계적인 논의는 사라졌다. 그만큼 우리는 모든 저자들이 감정에 대한 일관된 정신분석 이론이 없음을 개탄하는 것을 보게 된다."고 쓴 바 있고, 보다 최근의 Sandler는, "일차적 동기들은 …… 감정상태의 변화들이다. 욕동, 욕구는 …… 감정의 변화를 통해서 영향을 미친다. 이러한 접근은 감정들을 본능적 욕동들에만 전적으로 묶여 있게 한 그 개념적 끈을 벗어나, 감정들이 정신분석적 심리학에 있어 중심적 위치를 차지할 수 있게 한다."고 말한 바 있다. 또한 이동식은, "서양의 정신치료의 발전에서 정수를 뽑아본다면, 사람의 정신이나 행동은 감정이 지배한다는 것, 감정이 처리되지 못해서 억압이 되면 여러 가지 정신적 신체적 장애를 일으키고 인격이 왜곡된다는 것이다."고 한다.」[17] Rogers와 Sanford(1989)는 내담자 중심 정신치료의 치료과정에 대해 다음과 같이 기술하길, "내담자는 조금씩 자신의 내부로부터 전달되는 것이 있게 된다…… 차츰 그는 완전히 차단되어 알지 못하고 있던 자신 내부의 감정에 귀를 기울일 수 있게 된다……"라고 하였다. 이와 같이 감정은 인간의 마음을 나타내며, 마음을 본다는 것은 자신의 속 감정을 알아차린다는 것이다. 이 감정을 자각하여 견디며 처리하지 않고, 오히려 억눌러서 느끼기를 피하면 병이 되든지 아니면 행동장애를 일으키게 된다.

---

17) 이정국, 심상호, 안병탁: 곽암 십우도에서 소의 정신치료적 의미에 대한 소고. 한국
   정신치료학회지, 제15권, 제1호, 32쪽.

2. 정신증을 나타내는 장애에서도 감정이 원인이다.[18]

오늘날 조현병 치료에서 생물학적 치료에 치중하고 환자의 심리적 이해를 소홀히 하는 경향이 많다. 정신병의 정신치료가 정신병 치료에 중요한 영향을 준다는 조사들이 있다. Rund(1990)는 완전히 호전된 조현병 환자들을 조사한 연구 결과 80%는 오랜 기간 정신치료를 받았고 자신이 회복되는 데 있어서 정신치료가 대단히 중요했다는 것을 보고했다. Gabbard(2001)는 항정신병약물의 투여와 짧은 입원만으로 성공적으로 치료될 수 있는 환자는 10% 미만이고, 90%는 정신역동에 근거로 한 약물치료, 개인 정신치료, 집단 치료, 가족치료 및 기술 훈련 등 정신역동적 치료 방법에 의해서만 치료 가능하다고 하였다. 따라서 조현병 환자의 치료에 정신약물을 포함한 생물학적 치료와 더불어 심리적 치료를 함께하는 통합치료가 가장 효과적이라고 볼 수 있다.

최근에 정신병의 정신치료를 하는 데 있어서 감정에 초점을 맞추게 되고 감정의 역할이 중요하다는 견해들이 많아지고 있다.(Gumley 등 2013)[19] Eugen bleuler(1911/1950)[20]는 '급성의 치유가능한Acute curable' 정신병은 감정이 사라지기 시작했을 때 '만성chronic'으로 되었다는 사실을 관찰하면서 강력한 감정경험이 '분열splitting' 경향과 함께 조현병의 생성과 발달의 중심이라고 하였다. 정동경험들affective experiences은 정신증상들

---

18) 이 부분은 '심상호: 조현병 환자 치료에서 감정의 역할. 한국정신병심리치료학회지, 제2권, 제1호, 2016년 2월'의 내용을 교정하여 실었습니다.

19) *Gumley A, Gillham A, Taylor K, Schwannauer M(eds)(2013): Psychosis and Emotion, Routledge, London and New York*, 1~8쪽.

20) *Bleuler E(1911/1950): Dementia Praecox in the Group of Schizophrenia(Trans. J. Zinkin), New York: International Universities Press.*

로 변형되면서, 원래 감정은 표현될 수 없거나 흔적만 남게 된다고 하였다.(Bleuler 1906/1912)[21]

Freud는 정신병에서 본능적 요소가 너무 강력해서 정신분석적 치료방법으로 극복할 수 없다고 하였지만, 그의 제자인 Paul Federn(1943, 1952)[22]은 정신분열병을 치료하기 위해 반복적이고 성공적인 시도를 하였다. 정신분열병 환자에서 감정의 전이가 가능하고, 실제 몇몇 환자들에서 이 전이를 나타내는 데 성공하였다. Gertrude Schwing은 Federn에게 분석 받은 간호사로서 Federn의 개념을 입원 환자에 적용하였다. 'A Way to the Soul of the Mentally Ill'(1954)[23]에서 정신분열병 환자는 어떤 대가를 치렀더라도 아이를 사랑하는 실제 어머니를 가지는 경험이 박탈되었고, 정신과 간호사는 환자에게 그 사랑을 주어야만 하며, 환자는 이 새로운 어머니가 있고 그를 버리지 않으려 한다는 느낌을 가져야만 한다는 것을 강조하였다.

Melanie Klein[24]은 초기 유아 발달 단계를 연구하였고 이를 정신병의 연구와 치료에 적용하였다. 그녀는 멸절Annihilation되는 과도한 불안이 정신병의 원인이라고 하였다. Segal(1950)[25]은 급성 정신분열병 환자 치

---

21) *Bleuler E(1906/1912): Affectivity, Suggestibility, Paranoia(Trans. C. Ricksher), Utica, NY: State Hospitals Press.*

22) *Federn P(1943): "Psychoanalysis of Psychoses. I. Errors and How to Avoid Them. II. Transference." Psychiatric Quarterly, 17:3, 17, 246. Reprinted in Federn, 1952.*

23) *Schwing F(1954): A Way to the Soul of Mentally Ill. New York: International Universities Press.*

24) *Klein M(1948): Contributions to Psycho-Analysis. London: Hogarth.*

25) *Segal H(1950): "Some Aspects of the Analysis of a Schizophrenic." International Journal of*

료를 보고하면서, 지금까지 무의식이었던 모든 자료들은 아주 심한 불안 수준에서 환자에게 해석되어야 한다고 주장하였다.

어려운 환자를 치료하는 용기와 진정으로 따뜻함, 겸손, 절묘한 심리적 직관의 인격특성을 가진 Frieda Fromm-Reichmann은 환자의 고독은 깊고 슬픈 역사를 가지고 있고 최초 대인 관계에서 기인했고 외로운 길로 뒤따르게 만든 의심과 불신을 제거할 수 있는 사람을 찾는 것이 제공된다면 환자는 철퇴하는 것으로 행복해 하지 않고 대인 관계를 회복할 준비가 되어 있다고 하였다. 또한 소위 정상인 그리고 신경증, 정신분열병 환자 사이에 양적인 차이만 있지 별개의 다른 개체들이 아니라고 생각하였다.(Bullard,1959)[26] 제자인 Harold Searles(1965)[27]는 정신분열병의 정신치료에 대해 광범위한 저술을 했다. 특히 정신병에서 지각이 정서적 주제에 의해 어떻게 구성되는지 연구하였다.

Elvin Semrad는 'Unbearable Affect: A Guide to the Psychotherapy of Psychosis'에서 정신병의 감정 중심 정신치료affect-centered psychotherapy를 발달시켰다. Carl Jung(1907)[28]은 지각은 감정에 의해 지배받는다고 하였다. 이동식(1974b)[29]은 "정신분열병과 같은 정신병은 만 3세 이전에 마음의 상처가 병의 원인이다. 어린이들을 보면, 장차 정신병이 된다는

Psycho-Analysis. 31: 268-278.

26) Bullard DM(1959): Psychoanalysis and Psychotherapy. Selected Papers of Frieda Fromm-Reichmann. Chicago: University of Chicago Press.

27) Searles H(1965): Collected Papers on Schizophrenia and Related Subjects. New York: International Universities Press.

28) Jung, CG(1907/1976): The Psychogenesis of mental disease, in W. McGuiere(ed.) The Collective works of C. G. Jung, Vol.3, Princeton, NJ : Princeton University Press.

29) 이동식(1974b): 노이로제의 이해와 치료. 서울, 일지사, 114~117쪽.

것이 보이지만 부모가 모르고 감정을 풀어주지 못해서 그냥 지나치게 되니까 커서 발병한다. 정신병뿐만 아니라 마음의 상처가 되는 모든 병은, 내가 말하는, '핵심감정'이 원인이다. 이 감정은 자나 깨나 일거수일투족에 나타나 있다. 이것을 이해하고 환자가 반복해서 깨달아서 훈습하는 것이 정신치료이고 수도修道다. 정신분열병이나 정신병을 근치하려면 치료자와 환자, 환자의 가족이 일거수일투족에 나타나 있는 환자의 핵심감정을 이해하고 환자에 대한 태도를 바꾸는 협조가 필요하다. 가족이 환자를 이해하고 방해하지 않는 것이 중요하다. 정신병의 정신치료에는 반드시 약물치료의 도움이 필요하다."라고 말하였다. 또한 이동식은 정신분열병의 정신치료에 있어서는 약물치료와 가족에 대한 교육 또는 가족치료가 필수적이며, 환자의 꿈에서나 생시나 일거수일투족에 병의 원인이 되는 핵심감정을 보면서 이 감정이 얼마나 줄어들고 있나, 그리고 자존심이나 독립심, 주체성이 자라고 있나 눈으로 보면서 치료해야한다고 평소에 말하였다. 또한 정신병 환자는 나을 수 있고, 특히 초기에 낫기 쉽고, 발병 전에 예방하는 것이 더욱 좋으며, 발병 후는 한시라도 빨리 전문의의 진찰을 받아 증세와 시설과 의사의 경험과 능력에 따라 물리화학적, 심리적, 사회적 치료를 전부 또는 일부를 받아야 한다고 하였다.

이상과 같이 많은 개척적인 정신치료자들이 정신병에 대한 정신치료를 하였고 또한 성공을 거두었다. 그리고 정신병의 정신치료에서 감정이 중요한 역할을 한다는 것이 점점 더 분명해진다고 볼 수 있다. 사례를 통해서 정신증 환자에서 감정이 어떻게 작용하는지 보자.

1) 사례 A: 여러 차례 정신증세의 기복을 보였던 주부
처음 발병 당시 환자는 미혼이었으며, 편입시험 실패, 회사생활 적

응 실패, 남친과 헤어짐, 어머니나 언니에게 배척감 등을 경험하는 상황들을 가졌다. 이런 상황들은 모두 자기를 외면하고 버릴 것이라는 느낌을 가지게 하는 것이었다. 환자의 증세들 자체도 가족들이 날 버리려 한다거나, 날 죽이려 한다거나, 남친도 날 데리고 못산다는 망상과 환청들이 있었다. 이렇게 '혼자 버려지는 공포'가 환자의 마음에 크게 작용하였다. 이후에도 졸업을 앞둔 시기나 직장생활에서, 자신감을 잃고 일을 잘 못하고 잘 살아갈 수 없는 느낌을 가졌고, 결혼을 전후하여 배우자와 관계에서 버림받아 혼자 남겨지는 불안이 심해졌고, 이때마다 정신병 증상들이 조금씩 생겼다. 임신하면서 약물을 끊고 재발하여 증상이 더욱 심해졌는데, 입원까지 하였다. 입원 당시 환자의 느낌은 우주 밖으로 아기와 환자가 떨어져 나가는 느낌이었다. 병이 발병하거나 재발할 때마다 '혼자 버려지는' 핵심감정이 올라오는 것을 볼 수 있었다.

2) 사례 B: 의처증 망상의 중년 남자

한 의처증 환자는 마음 밑바닥에 어머니를 믿지 못하고 사랑을 받고 싶은 마음(애착)과 미워하는 감정이 있었다. 상담 중 어머니에 대한 적개심을 표현하는 시기에는 의처증 증세가 없어졌다. 그런데 어머니가 불쌍한 느낌이 들어 어머니에 대한 미움이 억압되어, 상담 중에 어머니에 대한 미움을 느끼지 못하면 의처증 증상이 심해졌다. 이러한 증세의 변동들이 반복되면서, 환자 자신도 신기하다고 말하였다.

3) 사례 C: 환청으로 무서워하는 만성 정신증 입원환자

만성병원에 입원한 한 환자는 무서운 아버지 밑에서 자랐다. 어른이 된 후에 아버지에 의해 돈벌이로 공장에서 일을 하게끔 맡겨졌다. 이 환자는 사장을 무서워하면서 공장 일에 혹사당하면서 일하였다. 그러던 중 환청 등의 정신병 증세로 정신병원에서 입원하게 되었고, 만성이 되어서 오랜 기간 정신병원 생활을 하였다. 면담 시 환청의 소리는 공장의 기계소리라는 것을 알게 되었으며 이 소리가 들리면 무

서워하면서 일을 해야 한다는 압박감에 시달리면서 벌벌 떠는 증상들을 나타내었다.

4) 사례 D: 환청, 환시로 무서워하는 만성 정신증 입원환자
위 사례의 동생으로 어려서 무서운 아버지 밑에서 자랐고, 보호와 돌봄이 거의 없었다. 청년이 되어 자전거 타고 가다 논길에서 넘어져 무서운 느낌을 겪고 나서, 개가 보이고 짖는 소리가 들리는 환각과 더불어 무서움 감정들로 어찌할 줄 모르는 증세들로 고통받고 있었다.

5) 사례 E: 수십 년 만에 벙어리에서 말문이 트였다 하는 만성 정신
    증 입원환자
일시적이었지만, 상담 중 우연히 어릴 때 얘기하면서 외로웠던 느낌을 표현하면서 갑자기 깨달은 사람처럼 멀쩡하게 대화가 되었다. 며칠 후 그 내용이 아까워서 녹음해 놓으려고 다시 얘기를 시켰는데 그 깨달은 상태로 다시 갈 수가 없었다. 그러나 환자는 수십 년 만에 처음으로 말문이 트여 언어장애에서 벗어났다고 하였다.

6) 사례 F: 처녀 때 입원 후 수차례 입원과 퇴원을 반복한 주부
이 주부는 남편이 믿을 수 없고 나를 저버릴 것 같은 느낌이 들 때마다 재발하였다. 최초 발병은 남자 친구와 헤어진 후 버림받은 느낌이 들면서 발병하였다. 어렸을 때 자신이 대우를 잘못 받고 자란다는 자각도 못하면서 혼자 무섭고 불안해하면서 표현도 못하고 지냈다. 어머니가 오빠와 여동생만 감싸고 자기는 언제나 따돌렸다고 하였다. 어머니 눈빛이 안쓰러워하는 것 같으면서도 자기를 내버릴 것 같았다고 했다. 남편이 안 들어오면 요괴들이 나타나서 이리저리 바뀌면서 괴롭히는 증세들을 나타냈다.

이상과 같이 발병이나 재발할 때마다 환자들의 핵심감정이라 할 수 있는 부정적인 느낌이 마음속에서 작용하는 것을 볼 수 있었다. 이렇듯 정

신병의 정신치료에서도 감정을 잘 살펴보고 이 감정을 잘 처리하게 되면 치료에 중요한 영향을 끼친다는 것을 알 수 있다.

3. 핵심감정이란?

핵심감정이라는 용어는 이동식에 의해 처음 사용되었으며, 그는 감정의 장애가 정신장애의 원인이라고 주장하였다. 그는 "신경증과 정신병의 뿌리는 어려서 받은 마음의 상처가 풀리지 않고, 마치 한 줌의 눈을 굴리면 점점 커지고 굳어지듯이, 세월이 갈수록 크고 단단해져서 녹지 않는 핵심감정으로 굳어진 것이다. 이것을 깨달아서 풀지 못하면 죽을 때까지 나를 괴롭히는 고통과 불행의 운명이 된다. 핵심감정은 어머니 내지 어머니를 대신하는 사람이 나에게 주는 좋지 않은 느낌이다. 이것은 첫 기억, 반복되는 꿈, 치료자나 타인에 대한 일거수일투족에 나타난다."[30]고 하였다. 그는 또한 "핵심감정은 치료자를 쳐다보는 눈, 태도에 나타나 있으며 첫 기억, 반복되는 꿈, 일거수일투족에 드러나 있다. 치료 시간에 지각하는 사람의 마음을 캐보면 핵심감정이 잘 드러난다. 반복되고 본인이 깨닫지 못하고 고치지 못하는 속에 핵심감정이 있다"[31]고 하였다. 그는 또한 "서양의 정신분석이나 정신치료에 있어서 콤플렉스jung, 중심 갈등, 중심적 문제, 중심 역동, 핵심역동, 주동기主動機, 핵심감정군核心感情群, nuclear emotional constellation, 또 최근에는 중핵감정core emotion 이라는 말도 나오고 있다. 이상의 모든 말은 객관적인 기술이다. 그러나 핵심감정은 주관적 또는 주체적으로 느끼는 감정 자체를 말하는 것이다.

---

30) 이동식(2008): 도정신치료 입문. 서울, 한강수, 111쪽.
31) 이동식(2008): 도정신치료 입문. 서울, 한강수, 133쪽.

이 감정은 공감으로써만 느껴지는 것이고 말로써 전달될 수 없다. 마음에서 마음으로 이심전심以心傳心이고 말로 할 수 없는 불립문자不立文字다."32)라고 말한다.

---

32) 이동식(2008): 도정신치료 입문. 서울, 한강수, 29쪽.

제5장 마음의 변혁

마음은 허령虛靈, 지각知覺, 신명神明하다고 하였다. 하늘의 이치를 다 함유하고 있는 것이 본래의 마음이다. 마치 안델센의 '미운오리새끼'의 동화에서처럼 백조인 자신을 미운오리로 알고 살아가듯이 인간은 태어나서 자라면서 하늘로부터 받은 도심道心을 가지고 태어났지만, 자라면서 이것을 지키지 못하고 건강치 못한 마음으로 변하게 되었다. 인간의 마음은 계속 변하고 있다. 자기의 본래 마음을 되찾는 쪽으로 변할 수도 있고 반대로 계속 갈수도 있다. 과거로부터 모든 성현들의 가르침들은 한결같이 자기의 본래 마음을 되찾으라고 한다. 모든 사람의 마음속에는 도심을 회복하려는 본능이 있는 것 같다. 우리는 뭔가 잘못하였을 때 양심이 작용하여 마음이 불편해진다. 마음이란 스스로 바르고, 빛나고, 맑고, 구김살 없고, 열려있는 성질이 있어서 그렇지 않을 때에는 불편하여 스스로 본래의 성질로 되돌아가려는 것 같다. 따라서 잘못 변질된 마음을 다시 변혁하여 하늘의 마음과 같이 회복되는 것이 수행하는 것이고 정신치료 하는 것일 것이다. 마음의 변혁에 대해서는 많은 기술들이 있다. 여기서는 유교의 수행, 주역에서 혁괘, 선불교의 십우도, Rogers의 인격발달의 과정, 정신치료에서 오는 인격 변혁에 관하여 기술한 것들을 살펴보고자 한다.

1. 정신치료에서 오는 인격의 변화는 마음의 변혁을 일으켜 정심正心을 이루는 것이다.

인격의 변화를 가져와야 근본적인 변혁이라고 할 수 있다. 소자가 말하기를 "입으로 말하는 것은 몸으로 행하는 것만 못하고, 몸으로 행하는 것이 마음으로 다하는 것만 못하다. ………입에 허물이 없기는 쉬워도 몸에 허물이 없기는 어려우며, 몸에 허물이 없기는 쉬워도 마음에 허물이 없기는 어렵다."1)고 하였는데, 결국 마음이 바뀌는 것이 제일 중요하고 근본적인 것이다. 이것은 즉 인격의 변화가 일어나야 근본적인 치료가 된다는 말이다. 인격의 변화가 일어나지 않고 행동만 바뀐다면 상황에 따라 다시 재발할 수 있다. 유교는 일시적인 치료보다 근본적인 인격의 변화를 요구하고 있다. 안회가 선하지 못하면 일찍이 알지 못한 적이 없었고, 알고는 일찍이 두 번 다시 행하지 않았다고 한다. 지식적인 차원이 아닌 깊은 통찰을 하였고, 확실한 훈습으로 마음의 변화를 가져온 것을 알 수 있다. 그래서 후대의 학자들은 안회를 거의 성인聖人에 가깝다고 평한 것 같다. 몸을 가지고 태어난 인간은 처음에는 마음이 바르게 태어났으나 자라면서 바르지 않게 되었다. 그래서 바른 마음을 회복하는 것이 수신修身이다. 대학 정심장正心章에 「수신修身은 그 마음을 바르게 함에 있다. 마음에 성냄이 있으면 그 올바름을 얻지 못하고, 두려워하는 바가 있으면 그 올바름을 얻지 못하고, 좋아하는 바가 있으면 그 올바름을 얻지 못하고, 근심하는 바가 있으면 그 바름을 얻지 못하기 때문이다. 마음이 있지 않으면 보아도 보이지 않고, 들어도 들리지 않으며, 먹어도 그

---

1) 邵子 曰, 言之於口, 不若行之于身. 行之于身, 不若盡之于心. …… 無口過易, 無身過難. 無身過易, 無心過難. [心經附註 易 復初九 不遠復章]

맛을 모른다. '이것이 수신은 마음을 바르게 함에 있다.'고 하는 것이다.」[2] 라고 한다. 주자朱子는 여기에 설명을 덧붙이기를, "네 가지(성내고, 두려워하고, 좋아하고, 근심하는 것)는 모두 마음의 용用으로서 사람에게 없을 수 없는 것이지만 잘 살필 수 없다면, 욕구가 움직이고 정情이 이겨 그 용用의 행하는 바가 혹은 그 바름을 잃지 않을 수 없게 된다. 또 말하기를, 마음이 보존되지 않으면, 그 몸을 검속할 수 없다. 군자는 반드시 여기를 살펴 경敬으로서 곧게 하니, 그런 후에야 이 마음이 항상 보존되어 몸이 닦이지 않음이 없다."[3]고 하였다.

이와 같이 마음을 바르게 하는 것이 수신修身이며, 정신분석적 치료를 하여 인격의 변화를 가져오는 근본적인 치유를 하는 것과 같다. 마음을 바르게 하려면 성내고, 두려워하고, 좋아하고, 근심하는 것과 같은 감정을 잘 다스려야 한다는 것이다. 감정을 억압하거나 휘둘리면 마음이 바르게 될 수 없다는 것이다. 이것은 정신치료에서도 마찬가지이다. 어린 시절 해결하지 못하고 속에 응어리진 감정을 청산하여야 마음이 정화되는 것이다. 감정이 정화되어야 현실을 있는 그대로 지각하고 현실에 맞지 않게 반응할 수 있는 것이다. 이천선생이 "어찌 마음을 분발시키고 성질을 참지 않는가?"[4]라고 말한 것도 여기에 해당한다.

인산仁山 김씨金氏는 더 구체적으로 말하기를, "분치忿懥, 공구恐懼, 호

<hr>

2) 所謂修身이 在正其心者는 身[心]有所忿懥면 則不得其正하며 有所恐懼면 則不得其正하며 有所好樂면 則不得其正하며 有所憂患이면 則不得其正이니라 心不在焉이면 視而不見하며 聽而不聞하며 食而不知其味니라 此謂 修身이 在正其心이니라. [大學 正心章]

3) 四者, 皆心之用, 而人所不能無者, 然一有之, 而不能察, 則欲動情勝, 而其用之所行, 惑不能不失其正矣. 又曰, 心有不存, 則無以檢其身, 是以君子必察乎此, 而敬以直之然後, 此心常存, 而身無不修也. [心經附註 大學 正心章]

4) 伊川先生曰, 何不動心忍性. [心經附註 大學 正心章]

요好樂, 우환憂患 네 가지는 희노애락이 발한 것이니, 곧 마음의 용用이요, 사람이 없을 수 없는 바이거늘, 어찌 이것을 싫어하여 곧 올바름을 얻지 못한 것으로 여기겠는가? 성낼 때를 당하여 성내지만, 성 내어도 옮기지 않고, 두려워할 것을 당하여 두려워하되, 두려워하면서도 겁내지 아니하고, 좋아할 만한 것을 좋아하되, 좋아하면서도 욕심내지 않고, 근심할 만한 것을 근심하되, 근심하면서도 상하지 않아야만, 이것이 이 마음의 체용體用의 바름을 얻는 것이요, 있고 없음으로써 말할 수 있는 것이 아니다. ...대저 마음을 여기에 주로 하여 잃어버림이 굳고, 정情이 이겨 여기에 이르러 막힘이 심하니, 이 마음이 올바름을 얻을 수 있겠는가? 대저 희노애락하는 바 없이 적멸한데로 돌아감이 본래 마음의 바른 체體가 아니요, 희노애락하는 바가 있되 잃어버려 굳게 막힘이 역시 마음의 바른 용用이 아니니, 오직 일이 이르면 따라 응하고, 사물이 가면 마음에 두지 않는 것이 올바른 것이 아닌가?"[5]라고 하였듯이, 감정을 안 느끼는 것이 아니라 감정을 느끼되 감정에 휘말리지도 않고 억압하지도 않으면서 지켜보고 견디고 통제할 수 있어야 한다는 것이다. 또한 마음이 있어야 된다는 것과 마음이 보존되어야 한다는 것은 마음의 주체로서 자기를 잃지 않음을 말한다. 주체를 잃지 않아야 자기 마음을 관찰하고 제어하는 수신을 지속해 나갈 수 있는 것이다. 사물이나 일에 자신을 잃고 주체를 빼앗기면 마음이 바르게 될 수 없는 것이다. 주변에 휩쓸려서 감정을 행동

---

5) 仁山金氏曰, 忿懥恐懼好樂憂患四子, 喜怒哀樂之發, 乃心之用, 而人所不能無子, 則何惡於是, 而便以爲不得其正哉. 蓋當怒則怒, 怒以不遷. 當懼則懼, 懼而非懼. 可好則好, 好而非欲. 可憂則憂, 憂而非傷. 是爲得此心體用之正, 而非可以有無言之也. .. 夫以心主於此, 而失之固, 情勝至此, 而滯之深, 則此心能得其正乎. 夫無所喜怒憂懼, 而歸於寂滅, 固非心之正體. 有所喜怒憂懼, 而失之滯固, 亦非心之正用. 惟事至而隨應, 物去而不留, 其斯以爲正乎. [心經附註 大學 正心章]

화하거나, 피하여 억압하는 것 모두 정신 불건강이다. 경敬수행을 하여 자기를 잃지 않고 주체적인 삶을 사는 것을 말한다. 정신치료에서는 치료자가 있어 도움이 되지만 수신에 있어서는 스스로 자신에게 엄한 스승처럼 해야 한다. 따라서 정신치료에 해당되는 내용은 마음을 바르게 하는 정심의 내용이 된다.

정자가 말하길 "속에 주主가 있으면 실實하니, 실하면 밖의 근심이 들어올 수 없어 자연히 일이 없다." 또 "주가 있으면 텅 비니, 텅 비는 것은 사악함이 들어올 수 없음을 말하는 것이요, 주가 없으면 실하니, 실함은 사물이 와 빼앗는 것을 말한다."고 하였다.6) 즉 마음에 건강한 주체의 마음이 있으면 주체의 마음이 자신의 마음을 계속 지켜보고 있는 것으로 근심이 내 마음을 휘둘리게 하지 않는 것이다. 마음의 주체가 없으면 자심반조가 안 되는 것으로 사물에 마음이 휘둘리게 되는 것이다. 여기에 대해 주자는 "경敬하면 안의 욕망이 싹트지 않고, 밖의 유혹이 들어오지 않으니, 안의 욕망이 싹트지 않는 것으로 말하면 허虛라 하는 것이요, 밖의 유혹이 들어오지 않는 것으로 말하면 실實이라 하는 것이니. 다만 동시의 일이다. 두 가지가 단절된 일로 간주해서는 안 된다."7)고 보충 설명을 하였다. 정자는 또 말하길, "마음에 한 가지 일을 두면 안 된다."8)고 하였다. 주자는 여기에 대한 물음에 "일을 어떻게 생각하지 않을 수 있으리오. 다만 일이 지나가면 마음에 두지 않아야 옳은 것이다."9)라고 하였

---

6) 程子曰, 中有主則實, 實則外患不能入, 自然無事. 又曰, 有主則許, 虛謂邪不能入. 無主則實, 實謂物來奪之. [心經附註 大學 正心章]
7) 敬則內欲不萌, 外誘不入, 自其內欲不萌而言, 則曰虛, 自其外誘不入而言, 故曰實, 只是一時事, 不可作兩截看也. [心經附註 大學 正心章]
8) 又曰, 心不可有一事. [心經附註 大學 正心章]

다. 동래여씨는 여기에 대해, "이른바 일이 없다는 것은 일을 버리는 것이 아니다. 단지 이것을 보기를 마치 일찍 일어나서 저물면 자고, 배고프면 먹고, 목마르면 마시는 것처럼 하여, 종일하여도 일찍이 하는 것이 아니다. 대저 가슴 속을 항상 평안하고 즐겁게 하면 일이 닥쳐 응대함에 저절로 모두 절도에 맞아, 마음이 편안하고 살찌게 되어, 백 가지 질병이 모두 없어질 것이다...."10) 라고 하였다. 즉 마음에 걸리는 것이 없어야 한다. 그러려면 자기의 마음을 정화해야 한다. 그러면 모든 일이 하늘의 이치에 맞게 응하게 된다. 정신불건강한 사람은 자연스럽게 일하는 것이 아니라, 의무적으로 억지로 일한다. 무엇이 되어야 한다 던지, 안하면 안된다 던지, 무엇인가에 사로 잡혀서 쓸데없이 그것만이 살길인줄 알고 애쓰면서 산다. 자기가 살아나서, 정말로 자기가 원하는 삶을 스스로 경영해 나가면서 주체적으로 사는 것이 정신건강이다. 따라서 주자가 "성인의 마음은 맑게 허명虛明하여 털끝만한 형적도 없다, 사물이 닥침에 작건 크건 사방팔면을 사물에 따라 응하지 않음이 없으니, 이 마음은 원래 일찍이 이 물사物事를 가지고 있지 않았던 것이다."11)와 "이 마음의 바름은 도리어 저울과 같다. 아직 물건이 없을 때 저울은 평평하지 않음이 없다가 비로소 하나의 물건을 그 위에 올려놓으면 곧 수평을 이루지 못한다. ...이 마음에 사물이 아직 있지 않을 때 먼저 주장主張함이 있어서 내가 어떤 식으로 일을 처리하려 한다고 말한다면 이것이 곧 바르지 않은 것

---

9) 朱子曰, 事如何不思, 但事過則不留於心, 可也. [心經附註 大學 正心章]

10) 東萊呂氏曰, 所謂無事者, 非棄事也. 但視之, 如早起晏寢, 飢食渴飮, 終日爲之, 而未嘗爲也. 大抵胸次, 常令安平和豫, 則事至應之, 自皆中節, 心廣體胖, 百疾俱除.... [心經附註 大學 正心章]

11) 聖人之心, 瑩然虛明, 無纖毫形迹, 事物則來, 若小若大, 四方八面, 莫不隨物隨應. 此心元不曾有這箇物事. [心經附註 大學 正心章]

이다."12)고 말한 것은 이것을 의미한다고 볼 수 있다.

장자張子는 말하기를, "마음을 바르게 하는 처음에는 마땅히 자기 마음을 엄한 스승으로 삼아서 무릇 움직여 행동할 때 두려워할 바를 알아야 한다. 이와 같이 1,2년 동안을 굳게 지키면 자연히 마음이 바루어진다고."13)고 하였다. 유교의 수신 방법은 정신치료에서처럼 치료자가 따로 있는 것이 아니므로 스스로 엄한 스승처럼 자신을 지켜보아야 한다. 정신치료에서는 환자가 나중에 혼자서 자기를 치료해 나아갈 수 있을 때까지 치료자가 필요한 것이다. 또한 "일정(정定)한 후에 광명이 있으니, 만약 늘 옮겨 바뀌 일정함이 없으면 어떻게 광명할 수 있겠는가? 역易에 대저 간艮으로 그침(지止)을 삼으니, 그치는 것이 광명이다. 그러므로 대학에 정定하여 능히 생각함에 이를 수 있다고 한 것이니, 사람이 마음이 많으면 광명할 길이 없다."14)고 하였는바, 분별심, 편견, 등 모든 의도를 버리고 욕심을 비워야 마음이 바르게 될 수 있는 것이다. 자기의 마음이 사물의 노예가 되는 것이 아니라, 해방이 되어 나 자신의 주인이 되는 것이다. 주자는 말하기를, "오늘날 벗들이 진실로 성현의 학문을 즐겨 들으나 결국 세속의 누추함을 떨칠 수 없는 것은 다름이 아니다. 다만 의지가 서지 않기 때문이다. 배우는 자는 크게 뜻을 세워야 하니, 바야흐로 배우면 곧 성인聖人을 짓는다는 것이 이것이다."15) 정신치료와는 달리 혼자 자

---

12) 這心之正, 却如秤一般, 未有物時, 秤無不平, 纔把一物在上面, 便不平了. … 這心, 未有物之時, 先有箇主張, 說道我要如何處事, 便是不正. [心經附註 大學 正心章]

13) 張子曰, 正心之始, 當以己心爲嚴師, 凡有動作, 則知所懼, 如此一二年間, 守得牢固, 則自然心正矣. [心經附註 大學 正心章]

14) 定然後, 有光明. 若常移易不定, 何有光明. 易大抵以艮爲止, 止乃光明. 故大學, 定而至於能慮. 人心多, 則無由光明. [心經附註 大學 正心章]

15) 今之朋友, 固有樂聞聖賢之學, 而終不能去世俗之陋者, 無他. 只是志不立耳. 學者, 大要立志. 纔學, 便做聖人, 是也. [心經附註 大學 正心章]

신을 수신修身한다는 것은 상당한 의지가 필요할 것이다. 고통스럽고 행하기 싫고 피하고 싶은 길일 것이다. 어떻든 진정으로 자기가 하지 않으면 안 되는 것이다.

정심正心이 되려면 성의誠意를 해야 한다. "대학大學에 이른바 성의誠意는 자기를 속이지 않는 것이니, 악취를 싫어하듯이 하며 호색을 좋아하듯이 함을 '스스로 흡족하다'고 한다. 그러므로 군자는 반드시 그 홀로 있을 때 삼가야 한다. 소인이 한가로이 있으면 불선함을 하되 이르지 않는 바가 없다가 군자를 본 후에 슬그머니 그 불선함을 가리고 그 선함을 드러내니. 남이 자기를 보는 것이 그 폐간을 보는 것과 같은데, 무슨 도움이 되리요. 이것이 '안에서 성誠하면 밖으로 드러남'을 말하는 것이다. 그러므로 군자는 반드시 홀로 있음에 삼가야 한다[신독愼獨]."16)라는 글이 있다. 신독이란 자기 혼자만이 알 수 있는 무의식이라 할 수 있는 자기의 속마음을 지켜보는 것으로서, 어떤 생각이나 느낌이 떠오르면 그것을 알아차리는 훈련을 하는 것이다[자심반조自心返照]. 그래야 마음속으로 내가 무엇을 좋아하는지 무엇을 싫어하는지 알 수가 있고, 스스로 속이는 것이 있을 수 없게 된다[무자기毋自欺]. 모든 수행이나 정신치료는 자기 마음을 반조하는 자심반조를 하는 것에서 시작한다고 볼 수 있다.

자신의 본성이 진정으로 싫은 것을 싫어하고 좋은 것을 좋아하게 되면 스스로 흡족함을 느끼는 마음이 된다. 이렇게 매 순간 살아나가는 것이 성의誠意의 삶일 것이다. 정신이 건강치 못한 사람은 한가로이 있으면 불

---

16) 大學所謂誠其意者, 毋自欺也. 如惡惡臭, 如好好色, 此之謂自謙. 故君子必愼其獨也. 小人閒居, 爲不善, 無所不至, 見君子而后, 厭然掩其不善, 而著其善. 人之視己, 如見其肺肝然, 則何益矣. 此謂誠於中, 形於外. 故君子必愼其獨也. [心經附註 大學 誠意章]

선不善함을 한다. 남이 볼 때 그 불선함을 가리고 선善함을 드러낸다. 그러나 남들은 그것을 다 안다. 또한 스스로도 자신의 양심에 걸리는 것으로 본래 마음에 흡족함이 없을 것이다. 그러니 자신의 마음에서도 남들의 인정받음에서도 하나도 유익함이 없는 것이다. 이동식은 무의식이란 남들은 다 아는데 자기만 모르는 것이라고 말했다. 그는 또한 「신경증이나 환자를 심부치료를 하여 환자가 어느 정도의 자각에 도달하면 "여태까지 이중장부를 하고 있었다. 자기기만이었다." 이런 말들을 한다.」[17] 고 하였다. 정신이 불건강한 사람은 건강한 정신인 본성에 따르지 않고, 자신의 이득만을 위한 행위를 한다. 그러면서도 또 남의 인정과 사랑을 받기 위해 그러한 자기의 마음을 자신은 물론 남을 속인다. 그러나 남들은 그 속임을 다 알기 때문에 남들의 인정과 사랑도 진심으로 받지 못하고 또한 그는 스스로도 자신의 양심에 걸려 흡족함이 없게 된다.

스스로 치료하려는 사람은 자신의 마음을 반조하여 처음 떠오르는 생각이나 감정을 방어하지 않고 깨달아서, 본래 마음을 보는 것을 기꺼이 인정하고 받아들여서 오히려 결과적으로 마음에 걸리는 것이 없게 되어 쾌적한 마음이 된다. 나의 마음이 쾌적한 것이 기준이 되는 것이지, 남이나 환경이 주된 판단기준이 되는 것이 아니다. 결국 나만이 스스로 쾌적한지 알 수 있는 것이다. 그러므로 반드시 자기 마음을 잘 살펴야 한다. 이것은 주자의 "자신을 닦고자 하는 사람이 선을 행하여 악을 제거할 줄 안다면, 마땅히 실지로 그 힘을 들여 스스로 속이는 것을 금지하여, 악을 싫어하는 것을 마치 악취를 싫어하듯이 하고, 선을 좋아하는 것을 마치

---

17) 이동식(1974): 한국인의 주체성과 도, 제2판, 일지사, 152쪽.

호색을 좋아하듯이 하게 하여, 모두 결단코 구하여 반드시 얻어서 자신에게 스스로 쾌적하기를 힘쓸 것이요, 한갓 구차하게 밖을 좇아 남을 위해서는 안 될 것이다. 그러나 실한가 실하지 않은가는 대개 다른 사람은 알 수 없고 자기 혼자 아는 것이다. 그러므로 반드시 삼가 그 기미를 살펴야 한다."[18]는 말과 "소인이, 사그라들어 덮어 감추는 모양[염연厭然]으로, 속으로는 선하지 않음을 행하면서 겉으로는 덮으려 한다고 하였고, 선을 마땅히 해야하고 악은 마땅히 제거해야 함을 모르지 않지만 실지로 그 힘을 쓸 수 없어서 여기에 이른 것일 뿐이라고 하였다. 그러나 악을 덮으려고 하지만 마침내 덮을 수 없고, 선을 행하는 것처럼 속이려 하지만 결국 속일 수 없으니 무슨 유익함이 있겠는가라고 하였다. 그래서 군자는 거듭 경계삼아 그 홀로를 삼가는 까닭이라고 하였다."[19] 는 말과 같은 의미일 것이다.

주자는 또한 말하기를, "마음에 부끄러움이 없으면, 넓고 크고 너그러우며 편안하여 몸이 편안하고 여유 있다."[20]라고 하였다. 마음에 부끄러움이 없다는 것은 스스로 속이는 것이 없고 사욕을 위하여 속이느라 애쓰는 것에서 생기는 걸리는 게 없다는 말이며, 마음이 정화되었다는 말이다. 그러면 현실을 있는 그대로 보고, 현실에 딱 맞게 대응할 수 있을 것이다. 심신에도 건강한 영향을 미칠 것이다.

---

18) 朱子曰, 獨者, 人所不知, 而己所獨知之地也. 言欲自修者, 知爲善以去其惡, 則當實用其力, 而禁止其自欺, 使其惡惡, 則如惡惡臭, 好善則如好好色, 皆務決去, 而求必得之, 以自快足於己. 不可徒苟且, 以徇外而爲人也. 然其實與不實, 盖有他人所不及知, 而己獨知之者. 故必謹之於此, 以審其幾焉. [心經附註 大學 誠意章]
19) 朱子曰, 厭然, 鎖沮閉藏之貌, 此言小人陰爲不善, 而陽欲掩之, 則是非不知, 善之當爲, 與惡之當去也. 但不能實用其力, 以至此爾. 然欲掩其惡, 而卒不可掩, 欲詐爲善, 而卒不可詐, 則亦何益之有哉. 此君子所以重以爲戒, 而必謹其獨也. [心經附註 大學 誠意章]
20) 心無愧作, 則廣大寬平, 而體常舒泰. [心經附註 大學 誠意章]

증자曾子는 마음이 넓어지고 몸이 좋아지려면 성의誠意를 반드시 해야 한다고 하였다.21) 성의誠意는 자기를 속이지 않는 것에서부터 출발한다. 왜냐하면 정신 불건강은 자신의 감정을 직면하기 힘들어서 자기를 속이는, 즉 억압하고, 방어하는 정신기제들을 사용하기 때문이다.

성의誠意는 격물格物과 치지致知가 선행되어야 한다. 어떠한 감정양식이 정신불건강이고 정신건강 인가를 아는 것이 중요한다. 그리고 자신을 속이지 않는 통찰과 훈습을 지속적으로 해야 한다. 정신분석에서 말하는 무의식의 의식화도 일종의 자기를 속이지 않아야 가능한 일이다.

2. 주역에서 보는 마음의 변혁

주역은 대략 오천년 전부터 시작되었다고 전해지고 있으며 이후 수많은 성현들에 의해 보충되고 완성되었다. 주역은 우주의 운행 원리를 포함하고 있으므로 세상의 모든 변화에도 적용될 수 있다. 주역은 64괘를 구성되어 있다. 그중에서 49번째인 괘는 혁革을 말한다. 이괘는 보통 사회의 변혁 또는 혁명을 주로 말하지만 인간의 '마음의 변혁'에도 또한 적용될 수 있다고 본다. 정신치료로서 건강한 쪽으로 환자의 인격변화를 가져와서 치유가 되듯이 이러한 인격변화란 마음의 변혁이라 할 수 있다. 일반 시민들을 진정으로 변혁시킨다는 것은 시민들 각자의 마음에 변화를 이끌어야 가능한 일이다. 주역에서 말하는 변혁의 원리를 근본적인 인격의 변화를 가져오는 정신치료 입장에서 마음의 변화를 어떻게 설명하는지 보는 것은 흥미 있는 일이다. 또한 여기에서 정신치료에 도움

---

21) 曾子曰, 十目所視, 十手所指, 其嚴乎. 富潤屋, 德潤身, 心廣體胖. 故君子必誠其意. [心經附註 大學 誠意章]

이 많이 있을 것이라 본다.

　주역의 혁괘에 있는 괘사掛辭, 단사彖辭, 효사爻辭, 상전象傳, 정이程頤, 주희朱熹의 글들에 의존하여, 정신치료의 입장에서 마음의 변혁에 의미 있는 것들을 설명할 것이다. 본론에 들어가 문장을 구성하는 데에 있어서 먼저 원문을 넣고, 다음에 번역을 실었고, 마지막에 정신치료의 입장에서 해설을 하였다.

혁괘의 구성

혁괘 革卦 [택화혁 澤火革]

　━━━　━━━　상육 上六
　━━━━━━━━　구오 九五　상괘 上卦　택 澤, 열悅 [기쁨]
　━━━━━━━━　구사 九四
　━━━━━━━━　구삼 九三
　━━━　━━━　육이 六二　하괘 下卦　화 火, 리離 [문명]
　━━━━━━━━　초구 初九

전부 6효로 구성되어 있음

3개의 상효는 택으로 연못을 나타냄

3개의 하효는 화로서 불을 나타냄

순서는 밑에서부터 위로 올라감

1) 전체적으로 다음 세 측면을 나타낸다.

(1) 변혁은 피할 수 없는 것이다.[22]

> 序卦 井道 不可不革故受之以革 井之爲物 存之則穢敗易之則淸潔 不可不革
> 者也 故井之後 受之以革也.(傳)

혁괘 앞에 있는 괘는 정괘井卦이다. 정괘井卦는 우물을 말하며, 우물은
놔두면 더러워서 못쓰게 되고 바꾸면 맑고 깨끗해지니, 개혁하지 않을
수 없기 때문에 정괘井卦 다음에 혁괘革卦가 나오게 된 것이다.

문제가 생겨서 치료가 급히 필요한 상태이다. 피하지 않고 직면하여
치료하여야 한다. 문제를 놔두면 나중에 크게 낭패를 보게 된다. 정신과
몸에서 병으로 시달리거나 큰 고통을 받을 것이다. 과거의 양식대로 고
착된 삶에서 벗어나야 한다. 건강한 마음으로 건강한 삶을 살도록 해야
한다.

> 爲卦 兌上離下 澤中有火也. 革變革也 水火相息之物 水滅火 火涸水 相變革
> 者也. 火之性上 水之性下 ..... 乃火在下水在上 相就而相剋 上滅息者也 所
> 以爲革也.(傳)

혁괘의 형상은 물인 연못 안에 불이 있는 것이다. 물과 불은 서로 멸하
는 물건이니, 물이 불을 멸하고 불은 물을 말려서 서로 변혁한다. 불의
성질은 올라가고 물의 성질은 내려가니, 불이 아래에 있고 물이 위에 있

---

22) 주역 혁괘 '不可不革'(傳, 象)

어서, 서로 나아가며 서로 극해서 서로 멸하고 쉽게 하므로 혁괘가 되는 것이다.

물과 불의 서로 멸하고 쉽게 한다 함은 마음 안에 양가감정처럼 서로 상반되는 두 힘이 있는 것이다. 예를 들어 의식으로는 부모에 대해 좋다고 하지만 무의식으로 부모에 대한 원망과 분노가 억압되어 있을 수 있다. 잘 통정하면 큰 발전이 있지만, 잘 못하면 소모적인 삶에서 벗어나지 못할 것이다.

> 二女 同居而 其歸各異 其志不同 爲不相得也 故爲革也.(傳)

두 여인이 함께 살고 있으면서 돌아가는 곳(시집 감)이 각각 다르고, 그 뜻이 같지 않으니, 서로 화합하지 못하기 때문에 혁괘가 되었다.

이것도 해야 하고 저것도 해야 하는 욕동에 모순되는 갈등이 있고, 치료를 함으로서 성숙된 인격을 갖춘다면, 스스로 통정하고 다스릴 수 있는 것이다.

(2) 기일[때가 되면]에 비로소 믿게 된다.[23]

> 革者 變其故也 變其故則 人未能遽信 故必己日然後 人心信從.(傳)

혁은 옛 것을 변경함이니, 옛 것을 변경하면 사람이 빨리는 믿지 못하

---

23) 주역 혁괘 '己日乃孚' (卦)

  (己日乃孚) 革而信之 (彖)

기 때문에, 반드시 때가 되어야 인심이 믿고 좇을 것이다.

在上者 於改爲之際當詳告信 申令於己日 使人信之人心不信 雖强之行 不能 成也.(傳)

위에 있는 사람이 변혁할 때에는 마땅히 자세하게 알리고 명령을 거듭해서 때가 되어 사람들이 믿게 해야 하니, 사람이 믿지 않으면 비록 강행하더라도 이룰 수 없다.

치료자를 믿어야 치료가 진행될 수 있다. 치료자는 환자가 자기를 치료해 줄 것 같다는 신뢰가 생기게 전문성과 진지함이 있어야 한다. 무엇이 문제이고 어떻게 해결할 것인지 치료 과정에 대해서도 신뢰를 주어야 한다. 그렇다고 치료자가 다 해주려고 한다고 되는 것이 아니다. 환자는 치료자가 치료해주길 피동적으로 기다리는 것이 아니고, 환자 스스로 자기를 치료해야 하는 것이다.

(3) 원元[착함이 자라는 것] 형亨[아름다움이 모인 것] 이利[의로움이 조화를 이룬 것] 정貞[사물의 근간]으로 후회가 없다.[24]

弊壞以後革之革之所以致其通也. 故革之而可以 大亨 革之而利어 正道則可 久而 得去故之義 无變動之悔 乃悔亡也. 革而无甚益 猶可悔也 況反害乎, 古 人所以重改作也.(傳)

낡았거나 파괴된 후에 변혁이 시작된다. 변혁으로 통함에 이르게 된

---

24) 주역 혁괘 '元亨利貞 悔亡' (卦)

다. 그러므로 변혁이 가능하며 크게 형통할 수 있고, 개혁해서 바른 도를 이롭게 하면 오래갈 수 있어서, 옛 것을 버리는 의의가 되며 변동하는 후회가 없을 것이니, 곧 후회가 없어질게 된다. 개혁해서 많은 이익이 없더라도 오히려 후회가 되는데, 도리어 해가 되서야? 옛 사람이 고쳐 지음을 신중하게 하는 까닭이다.

어려서 습관이 된 불건강한 검정과 행동 양식에서 오는 현재 좋지 않은 결과들을 경험하면서 고쳐야겠다는 동기가 생긴다. 치료를 통해서 과거 불건강한 틀에서 벗어나 새로운 건강한 감정과 행동 양식으로 바뀌게 되면 이러한 삶이 훨씬 좋구나 하는 것을 알게 된다. 그러면 새로운 건강한 감정과 행동 양식으로 계속 살려고 할 것이다. 계속 훈습을 하여 가면 근본적인 인격의 변화를 가져올 수 있는 것이다. 자기 문제와 좋아진 부분들에 대한 정확한 깨달음이 있어야 한다.

又以其內有文明之德而 外和說之氣 故其占爲有所更革 皆大亨而 得其正 所革 皆當而所革之悔亡也. 一有不正則所革 不信不通而反有悔矣.(本義)

또한 안에는 문명한 덕이 있고 밖은 화합하고 기뻐하는 기운이 있기 때문에, 그 점이 변경하고 개혁해서 모두 크게 형통하고 바름을 얻어야, 개혁한 바가 다 마땅하여 개혁에 따른 후회가 없다. 하나라도 바르지 못함이 있으면, 개혁한 바가 믿지 못하고 통하지 못해서 도리어 후회가 있을 것이다.

올바른 치료를 통하여 인격의 변화를 이루어 성숙되어서 안으로 마음이 건강해 지고 밖으로 대인관계나 행동하는 데 조화롭게 대처할 수 있게 된다. 내가 건강한 삶의 방식으로 살면 주위에 관계하는 남들도 나를 따라 건강한 관계 양식을 따르게 된다. 치료자는 철저히 자기문제를 분석 받아야 되고 수퍼비전을 받아야 하고 전문적인 지식을 습득하여야 하고 많은 경험을 쌓아야한다. 그래도 어려운 것이 정신치료인 것이다. 그렇지 않으면 도리어 환자에게 해가 될 것이다. 치료자나 환자에게 모두 해당된다고 볼 수 있다.

離爲文明 兌爲說 文明則理无不盡 事无不察 說則人心和順. 革而 能照察事理 和順人心 可致大亨而 得貞正 如是變革 得其至當 故悔亡也. 天下之事 革之不得其道 則反致弊害 故 革 有悔之道 唯革之至當則新舊之悔皆亡也.(傳)

리離는 문명함이 되고 태兌는 기쁨이 되니, 문명이라 함은 이치가 다하지 않음이 없고, 일에서는 살피지 않음이 없다. 기쁨은 마음이 조화롭고 순한 것이다. 변혁으로 능히 일과 이치를 비추어보고 살펴서 마음을 조화롭고 순하게 하여, 크게 아름다움과 사물의 근간과 바름에 이를 수 있게 하는 것이다. 변혁으로 지극히 당연함을 얻고 후회함이 없는 것이다. 천하의 일이 개혁하여 그 도를 얻지 못하면, 도리어 폐해가 되기 때문에 개혁에 후회하는 도리가 있으나, 오직 지당하게 개혁하면 개혁 전과 후의 후회가 다 없어진다.

정신치료란 환자를 살펴 이치를 다하는 것이다. 환자가 현재 지금에 이르기까지 그렇게 될 수밖에 없었던 정당성을 스스로 깨달아야 한다. 그러지 못하기 때문에 환경에 의해 주입된 자기비하나 죄책감 또는 지나친 책임감 등등으로 스스로 고통 속에서 헤어나지 못하는 것이다. 스스로의 정당성을 깨닫고 자존감을 회복하면 마음이 편안해지고 자신감이 생기고 다른 사람과의 관계에서나 사회에서 긍정적인 힘을 발휘하게 된다. 제대로 된 정신치료를 받아야 한다.

2) 각각의 효爻에 대한 설명

(1) 초구初九25)는 튼튼한 황소 가죽으로 묶는다. 상象에 이르기를, '튼튼한 황소가죽으로 묶는다.'는 것은 하는 일에 있어 그로써 될 수 없는 것이다.

> 九以時則初也 動於事初則无審愼之意 而 有躁易之象 以位則下也 无時无援 而 動於下則有僭妄之咎而 无體勢之重 以才則離體而 陽也 離性上而 剛體 健 皆速於動也. 其才如此 有爲則凶咎至矣. 蓋剛不中而 體躁 所不足者 重與 順也 當以中順 自固而 无妄動則可也. 鞏局束也 革所以包束 黃中色 牛順物 鞏用黃牛之革謂以 中順之道 自固不妄動.(傳) 鞏用黃牛 不可以有爲也.(象)

초구初九는 때로 보면 처음이니, 일의 처음에 움직이면 살피고 삼가는 뜻이 없어 조급하고 업신여기는 상象이 있으며, 지위로써는 아래니, 때도 아니고 응원도 없으면서 아래에서 움직이면, 참람하고 망령된 허물이 있어 시세(변혁)의 중요함을 체득하지 못하며, 재질로 보면 리離☲체이면서 양陽이니, 리離는 성질이 위로 올라가고 강剛은 체가 굳세므로 다 빨리 움직이려 한다. 그 재질이 이러하니 일을 하면 흉과 허물이 이를 것이다. 대개 강剛으로 부중不中하면서 체가 조급하여, 부족한 것은 중순中順

---

25) 初九 鞏用黃牛之革. 象曰 鞏用黃牛 不可以有爲也.

함이니, 마땅히 중순으로써 스스로 굳게 해서 망령되이 움직이지 말아야
할 것이다.(전) 공鞏은 국한시켜 묶는 것이고, 가죽은 싸서 묶는 것이며,
누런색은 중앙의 색이고, 소는 순한 물건이니, '묶되 누런 소의 가죽을
쓰라'고 함은 중순한 도로써 스스로를 굳게 해서 망령되게 움직이지 말
라는 말이다.(상)

　자기의 마음을 변혁시킨다는 것은 중요한 일이다. 나의 인생이 헛되게
하지 않고 내가 주인으로 나의 인생을 건강하게 살게 하는 것이다. 내가
현재 처한 괴로움이 심하다고 아무데나 가서 치료를 받으면 잘못된 길로
인도될 수 있다. 좋은 치료자를 만나야 할 것이다. 정신치료를 시작할 때
에는 아직 수준도 낮고 믿어야 할지 모르지만 뭔가 고쳐야겠다는 건강한
마음이 작용할 때이다. 그러나 신중하지 못하고 조급하고 쉽게 하려고만
하여서 제대로 된 치료를 찾지도 않고 결과만 얻으려고 하므로 망동하는
경향이 있다. 치료의 중요성을 체득하지 못하고 있다. 불과 같은 성질로
빨리 하려는 성질이 있다. 치료자도 환자의 신뢰를 먼저 얻어야지 치료
해준다는 마음만 앞서서 서두르면 좋지 않은 결과를 초래할 것이다. 치
료를 받으려는 시작은 중요한 순간이므로 신중을 기해야 한다.

　(2) 六二²⁶⁾는 己日이어야 이에 改革한다. 나아가면 吉하여 허물이 없
　　다. 象에 이르기를, '己日에 이르러야 이에 改革한다.'는 것은 행
　　하는데 이름다움이 있는 것이다.

　　　以六居二 柔順而 得 中正 又 文明之主 上有剛陽之君同德相應. 中正則无偏

---

26) 六二 己日 乃革之征吉无咎.
　　象曰 己日革之 行有嘉也.

蔽 文明則盡事理應上則得權勢體順則无違悖 時可矣 位得矣 才足矣. 處革之至
善者也. 然臣道 不當爲革之先又必待上下之信故己日乃革之也. 如二之才德所
居之地 所進之時 足以革天下之弊新天下之治 當進而 上輔於君 以行其道則吉
而 无咎也. 以二體柔而 處當位 體柔則其進緩 當位則其處固 變革者 事之大 故
有此戒. 二得中而應剛 未至失於柔也 聖人 因其有可戒之疑而明其義耳 使賢才
不失可爲之時也.(傳) 己日革之行有嘉也.(象)

　　육六으로써 이효二爻 자리에 있으니 유순하면서 중정中正하고, 또한 문
명의 주인으로, 위로 양강한 인군이 있어서 같은 덕으로 서로 응한다. 중
정하면 치우치고 가려짐이 없으며, 문명하면 사리에 맞지 않음이 없으
며, 위 사람과 응하면 권세를 얻고, 몸체가 순하면 어긋나고 거스름이 없
으니, 때가 옳고 지위를 얻었으며 재질도 충분하니 혁革에 처하기를 지
극히 잘하는 자이다. 그러나 신하의 도는 변혁의 선두가 되어서는 안 되
고, 또한 반드시 위와 아랫사람의 믿음을 받을 때까지 기다려야하기 때
문에, '때가 되어야 이에 변혁한다.'고 한 것이다. 육이의 재덕과, 거처하
는 지위와, 나아가는 때가 천하의 폐단을 개혁하고 천하의 정치를 새롭
게 할 수 있으니, 마땅히 나아가 위로 인군을 보좌해서 그 도를 행하면
길하고 허물이 없으나, 나아가지 않으면 할 수 있는 때를 잃게 되므로 허
물이 있게 된다. 육이가 체는 유하나 마땅한 자리에 있으니, 체가 유하면
나아감이 느려지고, 마땅한 자리에 있으면 거처함이 굳으니, 변혁함은
일의 큰 것이기 때문에 이런 경계를 했다. 육이가 중을 얻고 강과 응하
니, 유함으로 인해서 일을 잃는 데까지 이르지 않으나, 성인이 그럴 가능
성이 있음을 의심해서 경계하여 그 뜻을 밝히신 것뿐이니. 현재賢才로 하
여금 할 수 있는 때를 잃지 않게 하심이다.(전) 기일혁지己日革之는 행함에
아름다움이 있음이라.(상)

마음이 변혁하기 시작하는 것이다. 정신치료의 시작은 중요하다. 좋은 치료자에 의해 공감이 이루어지고 이치에도 맞는 느낌들이 확실해서 마음이 바뀌기 시작한 것이다. 좋은 치료자도 만났고 치료하면 잘될 것 같은데 계속하지 않는다면 좋은 기회를 잃고 그저 그렇게 과거의 문제점들을 그대로 가지면서 자포자기로 살게 될 수도 있다. 자기의 마음을 잘 성찰하여 지적 통찰이 이루어진 상태이다. 자신의 문제를 알았고 좋은 기회가 왔으므로 계속 치료를 해야 한다. 자기의 본마음을 깨닫고 주체성을 알게 되고 전처럼 병적으로 하지 않게 시작한다. 마음의 변화가 이루어질 때이다. 그러나 자기 문제를 깨닫고 자기를 상실하였다는 통찰이 생겼으므로 변혁이 되기 시작하는 것이다. 따라서 기일근日에 이르러야 변혁이 일어나는 것이다. 저항을 극복하고 자기의 마음에 변화가 이루어지게 해야 한다. 조급해 하지도 않고 잊지도 않고 착실히 할 수 있는 것부터 해 나아가면 된다. 마음의 변혁을 하게 되면 자기의 주체성을 찾고 자존감을 회복하고 정신건강을 회복하고 건설적인 새로운 삶을 살게 될 수 있다. 마땅히 맹자가 말하는 물망勿忘, 물조장勿助長으로 하면 스스로 착실히 하여 망동하는 일이 없게 된다. 치료자도 환자의 신뢰를 먼저 얻어야지 치료해준다는 마음만 앞서서 서두르면 좋지 않은 결과를 초래할 것이다.

(3) 九三[27)은 나아가면 凶하다. 바름을 지키고 두려워하는 마음을 가져서 改革한다는 말이 세 번 나아가면 믿음이 있는 것이다. 象에 이르기를, 改革한다는 말이 세 번 나아갔으니 또한 어디로 갈 것인가.

九三 以陽剛 爲下之上 又居離之上而不得中, 躁動於革者也. 在下而 躁於變
革 以是而 行則有凶也. 然居下之上 事苟當革 豈可有疑. 革言猶當革之論就
成也 合也 審察當革之言至於三而 皆合則可行信也. 言重愼之至能如是則必
得至當 乃有孚也. 已可信而 衆所信也 如此則可以革矣. 在革之時 居下之上
事之當革 若畏懼而 不爲則失時爲害. 唯當愼重之至 不自任其剛明審稽 公
論 至於三就而 後 革之則无過矣.(傳) 革言三就 又何之矣.(象) 稽之衆論 至
於三就 事至當也.... 乃順理時行非己之私意. 所欲爲也 必得其宜矣.(傳)

구삼은 양강함으로써 하괘의 위에 있고, 또 리離의 위에 있으면서 득중하지 못했으니, 변혁하려고 조급히 움직이는 사람이다. 아래에 있으면서 변혁에 조급하니 이럼으로써 행하면 흉하다. 그러나 하괘의 위에 있어서 일을 변혁할 때를 당했으니, 어찌 하지 않을 수 있겠는가? 곧고 바름을 지키고 항상 위태하고 두려워하는 마음을 가져서 공론에 순종하면, 행함을 의심하지 않을 수 있다. '변혁의 말'은 마땅히 변혁해야 한다는 의논과 같은 것이고, 취는 이루며 합한다는 말이니. 마땅히 변혁한다는 말을 자세히 살피되 세 번까지 이르러 다 합당하면 믿을 수 있다. 신중함의 지극함을 말한 것이니, 이와 같다면 반드시 지당해서 믿음이 있게 된다. 나도 믿을 수 있고 무리도 믿는 바이니, 이와 같으면 변혁할 수 있다. 변혁하는 때에 하괘에 있으니, 마땅히 변혁해야 할 일을 두려워해서 하지 않는다면, 때를 잃어 해가 될 것이다. 오직 지극히 신중함이 마땅하니,

---

27) 九三 征凶貞厲 革言三就有孚.
象曰 革言三就 又何之矣.

강명하다고 함부로 하지 말고, 공론을 살피고 참고해서 세 번 이루어진 뒤에 변혁하면 허물이 없다.(전) '고친다는 말이 세 번 이루어짐'이니 또 어디를 가리오.(상) 중론을 상고해서 세 번이나 합의를 이루었으니, 일이 지당하다. 이와 같이 행하면 이치에 맞게 때로 행하는 것이고, 자기의 사사로운 뜻이 하고자 하는 바가 아니니, 반드시 마땅함을 얻을 것이다.(전)

바름을 지키고 두려워하는 마음을 가진다는 것은 경敬수행을 계속하고 있는 것이다. 본래 마음을 보존하고 자기 마음을 성찰하여 방심하는 것을 막는 것이다. 훈습을 계속하여 반복하여 자기 문제를 일상생활에서 깨달아야 한다. 자기의 마음을 방심하여 놓치기 쉽다. 다 되었다고 생각해서도 안 되고, 너무 무리하게 밀어부처도 안 된다. 당장에 좋은 성과만을 기대하지 않아야 한다. 그렇다고 기다리고만 있을 수 없다. 자기를 속이지 않고 바름을 지키고 성실하게 힘쓰면서 본래 자기의 마음을 따라가면 더 좋다는 것을 경험할 것이다. 받아들이기 힘들지만 뼈아픈 통찰과 감정의 극복이 반복하여 일어나도록, 변혁을 일으키는 말(혁언革言), 즉 mutative interpritation이 딱 맞게 반복하여 이루어지면 진정한 마음의 변혁이 일어날 것이다. 정확한 공감과 해석을 하는 데에는 지극히 신중하여야 한다. 정확한 해석과 공감이 되어야 한다. 그러면 당연히 인격변혁이 이루어지게 될 것이다. 이 부분은 선불교에서 깨달음의 과정을 그린 곽암의 십우도를 볼 때, 때때로 채찍과 고삐가 필요한 제4도 득우得牛의 단계에 해당되지 않나 생각된다.

(4) 九四[28]는 후회할 일이 없어진다. 誠信함이 있으면 命을 改革하여 吉하다. 象에 이르기를, '命을 改革하여 吉하다.' 함은 뜻을 믿어주는 것이다.

九四 革之盛也 陽剛革之才也 離下體而 進上體革之時也 居水火之際 革之勢也 得近君之位 革之任也 下无係應 革之志也 以九居四 剛柔相際 革之用也. 四旣具此 可謂當 革之時也 事之可悔而 後革之革之而 當其悔乃 亡也. 革之旣當 唯在處之以至誠 故有孚 則改命吉. 改命改爲也 謂革之也. 旣事當而 弊革 行之以誠上信而 下順 其吉可知. 四非中正而 至善 何也. 曰 唯其處柔也 故剛而不過 近而 不逼 順承 中正之君 乃中正之人也.(傳) 改命之吉 信志也.(象) 改命而 吉 以上下 信其志也 誠旣至則上下信矣. 革之道 以上下之信 爲本 不當不孚 則不信.(傳)

구사는 변혁의 성함이니, 양강은 변혁의 재질이고, 하체를 떠나 상체로 나아감은 변혁의 때이며, 물과 불이 만나는 것이 있음은 변혁의 형세이고, 인군과 가까운 자리에 있음은 변혁의 책임자며, 아래로 매여 응함이 없음은 변혁의 뜻이고, 구로써 사효 자리에 있어 강과 유가 서로 만남은 변혁의 쓰임이다. 구사가 이미 이런 것을 갖추었으니, 변혁의 때를 맡았다고 할 수 있고, 일이 뉘우친 뒤에 변혁하는 것이니, 변혁한 것이 마땅하면 뉘우침이 없어진다. 변혁이 마땅하게 되었으면, 오직 지성으로 처리해야하기 때문에, '믿음이 있으면 명을 고쳐 길하다.'고 한 것이다. '명을 고친다.'는 고쳐서 하는 것이니. 변혁한다는 말이다. 이미 일을 마땅하게 했고 폐단을 고쳤음에 정성으로 행하면, 위에서는 믿고 아래서는 순종하니 그 길함을 알 수 있다. "구사가 중정하지 않은데도 지극히 착함

---

28) 九四 悔亡有孚 改命吉.
象曰 改命之吉 信志也.

은 어째서입니까?" 답하기를 "오직 유한 자리에 있기 때문에, 강해도 지나치지 않고, 가까워도 윗사람을 핍박하지 않아서 중정한 인군을 순하게 이어받드니, 중정한 사람이 되는 것이다."(전) '명을 고쳐서 길함'은 뜻을 믿기 때문이다.(상) 명을 고쳐 길함은 위와 아래가 그 뜻을 믿기 때문이니, 정성이 이미 지극하면 위와 아래가 믿는다. 변혁의 도는 위와 아래의 믿음으로 근본을 삼으니, 마땅치 않고 미덥지 않으면 믿지 않는 것이다.(전)

변혁이 한창 이루어지는 상태이다. 스스로 자기를 통제할 수 있는 수준이다. 자기 주체성을 찾은 상태이다. 한창 자존감이 회복되고, 긍정적이고, 건설적인 힘이 살아나는 중이다. 과거의 부정적인 힘은 약해졌다. 과거의 불건강한 감정과 행동의 패턴에서 벗어남으로써 그리고 새로운 감정과 행동 양식으로 행한 후에 좋은 결과와 힘을 느낌으로 후회가 아니라 잘했다는 생각을 가지게 된다. 주체적인 자기의 마음을 따라 성실하게 지속적인 통찰과 정화 과정을 가지는 훈습을 하는 과정이다. 천군天君인 본래의 마음을 확신하며 따르고 있어서, 결과적으로 내면의 힘을 느끼며, 억지로 하는 것이 아니라 스스로 주체가 되어서 하는 자연스럽고 자유로움을 느낀다. 보고 듣고 말하고 행동하는 모든 일에서 본래의 나의 마음에 따르고, 외부 대상에 휘둘리지 않게 된다. 이 부분은 십우도에서, 반은 검고 반은 흰 소가 되어있고 채찍이나 고삐도 거의 필요 없는 자율적인 상태를 보여주는 제5도 목우牧牛의 단계에 해당되지 않나 생각된다.

(5) 九五[29)]는 大人은 호랑이처럼 變革한다. 占으로 결단하는 것을 기다리지 않고도 至當함을 알고 천하가 반드시 믿는다. 象에 이르기를, '大人은 호랑이처럼 變革한다.' 함은 그 무늬가 빛나는 것이다.

> 九五 以陽剛之才 中正之德 居尊位 大人也 以大人之道 革天下之事 无不當
> 也 无天時也. 所過變化事理炳著 如虎之文采 故 云虎變 龍虎大人之象也.
> .... 曰大人變之 乃大人之變也 以 大人中正之道 變革之炳然昭著 不待占決
> 知其至當而 天下必信也 ... .(傳) 虎大人之象 變謂希革而 毛毨也. 在大人則
> 自新 新民之極 順天應人之時也. .. 革之主 ....(本義) 大人虎變 其文炳也.
> (象) 事理明著 若虎文之炳煥明盛也 天下有不孚乎.(傳)

구오가 양강한 재질과 중정한 덕으로 높은 자리에 있으니 대인이고, 대인의 도로 천하의 일을 변혁하니, 마땅하지 않음이 없고 때에 맞지 않음이 없다. 잘못됨이 변화애서 사리가 밝게 나타남이 호랑이의 문채와 같기 때문에, '호랑이의 변함'이라 한 것이니, 용과 호랑이는 대인의 상이다...... 답하기를 "대인이 변혁함은 대인의 변혁이 되니, 대인이 중정한 도로써 스스로를 변혁하니 빛남이 환하게 드러나서, 점의 결단을 기다리지 않아도 지당함을 아니 천하가 반드시 믿는 것이고, ...(전) 호랑이는 대인의 상이고, '변한다'함은 털이 성김을 고쳐서 털을 윤기 있게 한다는 말이다. 대인에 있어서는 스스로를 새롭게 하는 것이니, 백성을 새롭게 하는 극이며, 하늘에 순하고 사람에 응하는 때이다. ...혁신의 주인....(본의) '대인이 호랑이로 변함'은 그 무늬가 빛남이라.(상) 일의 이치가 밝게 나타나서 호랑이 무늬의 빛남 같이 밝고 성하니, 천하에 믿지 않는 사람이 있겠는가?(전)

---

29) 九五 大人虎變 未占有孚.
　　象曰 大人虎變 其文炳也.

대인이란 본래의 마음을 회복한 사람이다. 사적인 문제를 다 해결한 사람이다. 항상 자신을 성찰하면서 중中을 유지하는 최고로 성숙한 인간이다. 자존감이 충만한 '천상천하유아독존'을 실현한 사람이다. 일하는 데에 있어서도 중용의 도를 잃지 않는다. 선입관, 분별심이 없이 무위로서 행하며, 세상을 있는 그대로 본다. 응변이 무궁하다. 무슨 일이던지 자연스럽고 때와 상황에 맞게 한다. 내 마음 자체가 모든 것이 확연하고 통연하니 이치에 맞지 않는 게 없다. 의심할 것이 조금도 없다. 스스로 최고의 성숙된 인간인 성인으로 마음의 변혁이 이루어진 상태이다. 성인은 마음에 따라 무엇을 하던지 인을 잃지 않는 사람이다. 불교에서 말하는 깨달은 사람이다. 본래의 마음이 명백하고 밝게 빛나는 상태이다. 십우도에서 제 6도 기우귀가 이상의 경지에 이른 사람으로 볼 수 있다.

(6) 上六[30]은 君子는 표범처럼 變易한다. 小人을 얼굴만 고친다. 가면 凶하다. 바르게 있으면 吉하다. 象에 이르기를, '君子는 표범처럼 變易한다.' 함은 그 무늬가 잔털무늬처럼 빛나 밖에 드러나는 것이다. '소인은 얼굴만 바꾼다.' 함은 順으로써 君을 쫓는 것이다.

革之終 革道之成也. 君子謂善人良善則已從革而 變 其著見 若豹之彬蔚也 小人旣愚難遷者 雖未能心化亦革其面 以從上之敎令也. 龍虎大人之象 故大人云虎 君子云豹也. 人性本善 皆可以變化然有下愚 雖聖人不能移者. .... 小人旣革其外 革道可以爲成也 苟更從而 深治之則爲已甚已甚 非道也 故至革之終而 又征則凶也. 當貞固以自守 革至於極而 不守 以貞則所革 隨復變矣. 天下之事 始則患乎 難革已革則患乎 不能守也 故革之終戒以 居貞則吉也.

---

30) 上六 君子豹變 小人革面 征凶 居貞吉.
　　象曰 君子豹變 其文 蔚也, 小人革面 順以從君也.

....所謂下愚有二焉 自暴也 自棄也. 人苟以 善自治則无不可移者雖昏愚之至
皆可漸磨而進也 唯自暴者拒之以不信 自棄者 絶之以 不爲 雖聖人與居不能
化而 入也.(傳) 君子豹變 其文蔚也 小人革面順以從君也.(象) 君子從化遷善
成文彬蔚章見於外也 中人以上莫不變革 雖不移之小人則亦不敢肆其惡 革
易其外以順從君上之教令 是革面也 至此革道成矣. 小人勉而 假善 君子所
容也 更往而 治之則凶矣.(傳)

혁괘의 마치는 때이니. 변혁하는 도가 이루어진 것이다. 군자는 착한
사람을 말하니, 선량하면 자기도 따라 변혁해서 그 드러나 보임이 표범
의 문채와 같이 환하고 성하고, 소인은 어둡고 어리석어 고치기 어려운
자니, 마음으로 변화하지는 못하나 얼굴은 변혁해서 윗사람의 가르침과
명령을 따른다. 용과 호랑이는 대인의 상이기 때문에, 대인을 '호랑이'라
했고, 군자를 '표범'이라고 했다. 사람의 성품이 본래 착하여 누구나 다
변화할 수 있으나, 아주 어리석은 자가 있으니 비록 성인이라도 고칠 수
없다. 소인이 이미 외모를 변혁했으면 변혁의 도를 이루었다 할 수 있는
데, 소인을 너무 깊게 다스리면 너무 심한 것이 되니, 너무 심함은 도가
아니기 때문에, 변혁의 마지막에 와서 또 치러가면 흉한 것이다. 바르고
굳게 스스로 지켜야 마땅하니, 변혁함의 끝에 이르렀는데도 바르게 지키
지 않으면 변혁한 것이 다시 변혁하게 된다. 천하의 일이 처음은 변혁하
기 어려움을 걱정하고, 변혁한 다음은 지키지 못함을 걱정하기 때문에,
혁의 끝에 '바른데 거하면 길하다.'고 경계했다. '하우'라고 하는 것에 두
가지가 있으니, 스스로를 해치는 사람과 스스로를 버리는 사람이다. 사
람이 진실로 착함으로써 자기 자신을 다스리면 변혁하지 못할 것이 없으
니, 비록 지극히 어둡고 어리석은 사람도 차츰 연마해서 나아갈 수 있으
나, 오직 스스로 해치는 사람은 선을 막아서 믿지 않고, 스스로를 버리는

사람은 선을 끊어서 하지 않으니, 비록 성인과 함께 거처하더라도 변화시켜 착한 길로 들어가게 할 수 없다.(전) '군자가 표범으로 변함'은 그 무늬가 성함이고, '소인이 얼굴만 고침'은 순해서 인군을 좇음이라.(상) 군자는 변화를 따라 착한 데로 옮겨서 문채를 이루어 성하니 빛이 바깥에 나타나고, 보통사람 이상은 변혁하지 않는 사람이 없으니 비록 변하지 않는 소인이라도 마음대로 악한 일을 못하고, 그 외모를 변혁해서 인군의 가르침과 명령에 순종하니, 이것이 얼굴을 변혁하는 것이고, 이에 이르면 변혁의 도가 이루어진 것이다. 소인이 가면적인 착한 일이라도 힘써하면, 군자는 용납해야 하니, 다시 더 다스리면 흉하다.(전)

치료가 일단 종결된 상태이다. 동양의 수행은 성인이나 부처의 경지에 도달하려고 하지만 서양의 정신치료는 최고로 성숙된 수준으로 유교에서 보면 군자의 수준을 목표로 한다. 성인이 되는 것은 어렵지만, 군자가 되는 것은 보통 사람이 성실하게 하면 가능한 일이다. 마음의 변혁이 일어난 후에는 그것을 잘 보존하여야 한다. 항상 쉬지 않고 끝까지 자기를 성찰하고 본래의 자기 마음을 보존해야 한다.

어리석은 사람은 근본적인 인격의 변화를 이루지 못하고 인지적행동적으로만 변화하는 것으로 만족하려 한다. 정신건강에는 상대적인 정상과 절대적 정상의 차이가 있다. 평균적으로 정상 범위에 속하는 경우를 상대적 정상으로 볼 수 있고, 부처나 성인의 경우처럼 지극히 정상적인 상태를 정상으로 보고 그에 미치지 못하는 모든 사람들은 중생이나 범부처럼 비정상으로 볼 수 있다. 치료가 종결된 후에는 더 이상 노력해도 소용이 없다. 무리하게 억지로 고치려 해서는 역효과만 있을 수 있다. 어리석은 사람은, 사람의 본래 마음은 다 타고난 것으로 스스로 치유하는 힘을 가지고 있지만, 스스로 자기 마음을 해쳐서 치료를 막아서 받지 않고 스스로를 버려서 체념하여 하지 않는, 자포자기로 마음의 변혁을 이룰 수 없는 것이다. 이러한 사람은 일단 자타에 해로운 행위는 안하는 것으로 마무리될 수 있다.

3) 요약

1. 마음의 변혁은 과거의 삶의 방식으로 오는 좋지 않은 결과들에 의해 고쳐야겠다는 필요성에서 있다.

2. 마음의 변혁은 하나의 모험이고 고통을 수반하는 과정이지만 하는 것이 더 좋다는 믿음이 생겨야 한다. 자포자기가 아닌 자기에 대해 귀중하다는 마음을 가져야 하고, 따라서 나를 위해 변혁에 기꺼이 참여하는 것이다.

3. 원元[착함이 자라는 것]형亨[아름다움이 모인 것]이利[의로움이 조화를 이룬 것]정貞[사물의 근간]이다. 마음의 변혁이란 더 좋게 마음이 변혁하기 시작하는 것이고, 천리에 맞게 하며, 마음이 바르게 되고, 건강한 성숙된 인격체가 되는 것이다.

4. 마음의 변혁으로 6 단계를 말하였다.
(1) 서두르지 마라.
(2) 자기 문제를 깨닫는다.
(3) 치구심馳驅心과 증상만增上慢을 경계

(4) 긍정적인 힘으로 전환

(5) 변혁의 완성

(6) 성숙된 인간과 어리석은 인간

3. 십우도에서 보는 깨달음의 과정

선불교에서 수행을 하여 깨달음에 이르기까지 마음의 변화를 아주 잘 표현한 10개의 소 그림으로 곽암의 십우도가 있다. 불교에서의 깨달음 과정이지만 마음의 변혁과정이라고 할 수 있다. 이 마음의 변혁 과정을 정신치료 입장에서 간략하게 살펴보자. 또한 저자는 십우도에 대해 언급한 몇몇 사람들의 견해를 십우도의 정신치료 입장에서 주제별로 나누어 해당되는 부분에서 비교하였다. 곽암의 송과 자원의 서는 십우도의 원래 자료에 포함되어 있으며, 현대에서 십우도에 대해 언급한 사람들은 이희익, 이동식, 라즈니쉬, 상전한조, 오여균, 성엄, Spiegelman & Miyuki 들이 있다. 여기에 나오는 십우도 그림은 송광사의 벽화에 그려져 있는 것을 사용하였다.

1) 심우尋牛

첫 번째 그림에서, 목동이 잃어버린 소를 찾고 있다. 이 그림에서, 소는 수행자의 본래의 마음을 나타낸다. 정신치료 입장에서 보면, 환자가 자신의 고통의 원인이 남이나 환경 탓이 아닌 자기에게 있으며 자기에게서 해결을 찾으려고 시작하는 단계이다.[입지立志] 여기서, 정신치료의 목적이 고통스러운 것을 해결하는데 그치는 반면에 선수행에서는 궁극적인 깨달음에 도달하려는 것이다. 그러나 그 과정은 같으며 인격의 성숙을 이루는 것은 공통 과정이다. 결과적으로, 수행은 부처가 되는 것이지만 정신치료는 성숙된 인간이 되는 것이다.

심우尋牛

<서序>
從來不失,何用追尋(종래불실,하용추심)
종래 잃지 않았는데 무엇 때문에 찾는가?
由背覺以成疎, 在向塵而遂失(유배각이성소, 재향진이수실)
깨달음을 등져서 멀어지고, 먼지·티끌에 있으니 마침내 잃고 만다.
家山漸遠岐路俄差(가산점원 기로아차)
고향의 집과 산 점점 멀어지고 갈림길 갑자기 달라

得失熾然是非鋒起(득실치연 시비봉기)
얻었다 잃었다 생각 치연하고 옳다 그르다 생각 봉기한다.

<송頌>
茫茫撥草去追尋(망망발초거추심)
망망한데 풀을 헤치고 쫓아가 찾는 데,
水闊山遙路更深(수활산요로갱심)
물 넓고 산 먼데 길은 더욱 깊구나.
力盡神疲無處覓(역진신피무처멱)
힘이 다하고 정신이 피로하여 소 찾을 길 없는데,
但聞楓樹晚蟬吟(단문풍수만선음)
다만 들리는 것은 늦가을 저물 녘 나뭇가지 매미 울음뿐.

(1) 자기 마음을 관찰하기 시작

소를 찾는다 함은 내면의 자기의 마음을 들여다보는 것을 의미한다. 이것은 정신치료나 선 수행에서 기본적 조건이자 시작이다. 이희익은 "불법을 구하려는 원심을 일으킨 장면이다." 그리고 "이것은 자기 마음을 반조하여 불법을 구하려는 뜻을 세운 것이다."라고 하였다. 상전한조上田閑照는 "현재의 자기를 문제시하는 동시에 참된 자기를 향한 물음이다."라고 하였고, 오여균吳汝鈞은 "생명(마음)에서 찾을 필요가 있고, 외부에서 찾지 않아야 한다.需在生命中尋, 不在外界方面尋."라고 했으며, 라즈니쉬는 "나는 누구인가?"라는 기본 질문이라고 했다. 승려인 성엄은 "이것은 우리 존재의 깊은 곳에서, 평온을 찾기 위해 잃어버렸지만 되찾을 필요가 있는, 참되고 변치 않는 본성이 있음에 틀림없다는 느낌이 점점 자라고 있음을 보여준다."고 했다. 융 학파인 스피겔만Spiegelman은 "자기실현realization을 위한 자기Self의 내적innate 의지urge로 개인화individuation가 시작한다.”고 했다. 이상 모두가 외부가 아닌 자신의 내부로 향한 자기를 찾는 여정의 시작임을 말하고 있다.

(2) 자기마음을 있는 그대로 못 보는 이유

‘진리는 눈앞에 있으면서 당신이 단지 눈뜨기만을 기다리고 있다(마이클 폴라니).’라는 말처럼 자기의 마음을 찾지만 자기의 마음을 보기란 어렵다. 이 이유에 대해 곽암은 “깨달음을 등지고 오욕속진에 빠져서, 잃어버리지도 않았는데 소를 찾지 못한다.”고 하였고, 이희익은 “본래면목을 가지고 있으면서 감각의 세계, 육체의 세계, 감정의 세계, 분별의 세계, 고관의 세계, 재벌의 세계에 자기가 있다고 집착하기 때문에 이를 등지고 있다. 등지기 때문에 멀어진다. 분별지식 때문에 본래면목을 상실한다.”고 했다. 이동식은 “핵심감정의 재배를 받고 있기 때문에 현실을 있는 그대로 못 본다.” 고 하였고, 라즈니쉬Rajneesh는 “탐욕greed, 두려움fear, 소유욕possessiveness, 질투jealousy, 미움hatred, 분노anger를 떨쳐내야 되며, 자기 자신으로 돌아가기를 두려워한다.”고 하였다. 융 학파인 미유키Miyuki는 “자기Self는 의식과 무의식, 빛과 어둠, 선과 악 같은 상반되는 것들의 통합된 역설적인 전체paradoxical totality이기 때문에 그 상반되는 것들을 통합하지 않고는 그 전체totality의 의식의 실현은 없다.”고 하였다.

2) 견적見跡

이 그림에서 목동은 잃어버린 소 발자국을 발견한다. 그러나 소는 아직 보이지 않지만, 목동은 소를 찾을 수 있다는 믿음을 가진다. 곽암에 의하면, 수행자가 선사들이나 불경의 가르침을 이해한 경계라 한다. 정신 치료적 입장에서 말하면, 환자가 자기의 문제에 대한 지적 통찰intellectual insight을 이루었다고 본다.

견적見跡

<서序>

依經解義閱教知蹤(의경해의열교지종)

경에 의해 그 뜻을 알고 교를 보고 자국을 아니,

明衆器爲一金 體萬物爲自己(명중기위일금 체만물위자기)

온갖 기물들이 똑같이 금이란 사실을 밝혀내고

우주만물이 자기라 사실을 터득한다.

正邪不辨眞僞奚分(정사불변진위해분)

바름과 삿됨을 가려내지 못한다면 어찌 참과 거짓을 구분할 수 있으리오.

未入斯門權爲見跡(미입사문권위견적)

아직 이 문에 들어가지 못했으니 임시로 발자국을 봤다고 하자.

<송頌>
水邊林下跡偏多(수변임하적편다)
강가에도 산에도 발자국이 꽤 많은데,
芳草離披見也麼(방초리피견야마)
풀이 우거져 있으니 보느냐 못 보느냐.
縱是深山更深處(종시심산갱심처)
설사 깊은 산 깊은 곳에 있다 해도,
遼天鼻孔怎藏他(요천비공즘장타)
우뚝 솟은 소 어찌 숨길 수 있으랴.

(1) 지식적으로 마음을 이해 [intellectual insight]

곽암의 서와 송에서 보듯이 경전과 가르침에 따라 지적으로 이치를 아는 단계이다. 정신치료에서는 지적 통찰intellectual insight에 해당한다고 볼 수 있다. 뭔가 방향을 확신한다. 이희익은 "경經과 어록경전을 읽고 고인의 어록을 보고 자성의 향방을 정하지 않으면 안 된다. 정사正邪를 택하여 공부하지 않으면 일평생 망친다."고 하였고, 오여균은 "개념적, 사상적 측면概念的, 思想的層面"이라고 하였다. 스피겔만Spiegelman은 "모든 경전과 이론들은 흔적들이다. 직접 체험해야한다."고 하였고, 상전한조는 "법리로서 참된 자기의 실상을 짐작할 수 있다. 지해知解에 불과하다."고 하였다. 성엄스님은 "깨달은 스승이나 경전을 접한 것이다."라고 하였고, 이동식은 "핵심감정의 지배를 받고 있다는 것을 자각한다."고 하였다. 라즈니쉬Rajneesh는 "생각들로 너무 혼잡하여서 마음mind[라즈니쉬는 이 용어를 세속적 마음으로 사용하였다]에 의해 너무 흐려져서 그 미묘한 발자국을 볼 수 없다. 이제 만약 이해하려고 한다면 소의 발자국들을 구별해낼 수 있게 된다. 가르침을 이해한 것이다."라고 하였다.

(2) 지식적으로 아는 내용

곽암은 '명중기위일금明衆器爲一金, 체만물위자기體萬物爲自己'라고 하였다. 즉, '천지와내가 한 뿌리요, 만물과 내가 한 몸이다.'라는 뜻이다. 이희익은 "보이는 것 들리는 것 모두 심心의 발견이 아님이 없다."라고 하였고, 성엄은 "과거에 깨달음을 얻었던 사람들도 한때는 자신들과 같은 보통 사람들이었다는 것을 깨달으면서, 자신들도 역시 성취할 수도 있다는 확신을 가지게 된다."라고 하였고, 이동식(1990)은 「뭔가 있다는 것을 알기 시작한다. 예를 들어, 처음에는 어머니에 대해 좋게 말하다가 어느 정도 정신치료가 진행되고 나서, "어머니에 대해 뭔가 나쁜 감정이 있는 것 같다."라고 느끼는 단계」라고 한다.

3) 견우見牛

이제 목동은 소를 처음으로 잠시 본다. 이 순간, 수행자는 개념으로서가 아니라 경험으로 그 소를 보는 것이다. 정신치료 입장에서 보면, 환자가 자신의 억압된 감정을 느끼게 되고, 그것이 자기 문제의 원인임을 이해한다. 감정적 통찰emotional insight을 이룬 것이다.

견우見牛

<서序>

從聲得入見處逢源(종성득입 견처봉원)

소리를 듣고 득입하니 보는 곳에서 근원을 만나니,

六根門著著無差動用中頭頭顯露(육근문착착무차동용중두두현로)

육근 문 하나하나 틀림없게 작용 속에 하나하나 다 드러낸다.

水中鹽味色裏膠靑(수중염미색리교청)

물속의 소금 맛이요 색깔속의 아교니,

眨上眉毛非是他物(잡상미모비시타물)

눈썹 치켜뜨고 바라봐도 별 다른 물건 아니로다.

<송頌>

黃鸎枝上一聲聲(황앵지상일성성)

노란 꾀꼬리 가지 위에서 지저귀고

日暖風和岸柳靑(일난풍화안류청)

햇빛 따뜻하고 바람 부드러운데 언덕엔 푸른 버들

只此更無回避處(지차갱무회피처)
　다만 다시 회피 할 곳 없고
森森頭角畵難成(삼삼두각화난성)
　삼삼한 쇠뿔은 그릴 수가 없구나.

(1) 자신의 마음을 본다 [emotional insight].

비록 얼핏 보았거나 일부를 보았다 할지라도 우리의 마음을 본 단계이다. 정신치료에서 감정적 통찰emotional insight이 여기에 해당된다고 볼 수 있다. 성엄Sheng-yen은 "잠시 눈을 떴다가 다시 감은 상태이며, 이 시점부터 수행자는 번뇌vexation[속상하고 열받는]가 무엇인지 어느 방향이 올바른 수행인지 예리한 감각을 가진다. 이기적으로 집착하는 범부의 좁은 마음이 간파되고 따라서 일시적으로 열려지고 사라진다."고 하였다. 라즈니쉬Rajneesh는 "우리가 우리의 어리석음을 이해할 수 있는 것이 나를 아는 것의 시작이다." 그리고 "자신을 즉각적으로immediately, 직접적으로directly 알아야 한다."고 하였다. 오여균은 "자기의 생명 안에서 잃어버린 심우를 직접 본 것이다直下看到自家生命中迷失了的心牛."라고 하였고, 스피겔만Spiegelman은 말하기를, "항상 있었던 것을 발견한다. 자신의 모든 활동 속에 있던 자기(자신의 존재, 자신의 공상, 꿈, 감정, 애써 추구함 등)이다. 자신을 발견할 때 항상 처음 드러나는 것은 어둠과 그림자이다. 이를 인정하는 것은 고통스럽다. 신의 어두운 면이 먼저 드러난다. 우리는 신(자신, 자연)의 어두움이다. 그 어두움의 자기정화 과정임을 그리고 그 일부임을 깨닫는다."라고 하였다. 상전한조는 "자기를 발견한 요소가 언어로부터 몸으로 소급되었지만, 아직 자기 자체는 아니다."라고 하였다.

(2) 우리의 마음을 보려면 어떻게 되어야 하나.

우리가 우리의 마음을 볼 수 있으려면 수행이나 정신치료에서 어떤 선택도 하지 않는 의식이 되어야 한다. 정신치료에서는 환자가 마음에 떠오르는 대로 판단하지 않고 그대로 치료자에게 보고하는 것이고 , 수행에서도 잡념이 없는 무심의 상태를 유지하는 것이다. 이희익은 "좌선하여 삼매의 힘이 외계의 소리에 타파되어 이에 홀연히 자성이 약동한다." 고 하였다. 성엄Sheng-yen은 "완전한 평정perfect equanimity의 마음을 달성하여 마음이 비게 된다."라고 하였고, 라즈니쉬Rajneesh는 "모든 일어나는 것을 자각하면서 어떤 선택도 하지 않는 것이다. 우리의 자각은 물속의 소금같이 우리의 모든 감각을 통해 움직인다. 도피하지 않고 직면한다. 분노가 치밀면 분노로 차 있으라. 깨어 있기만 하면 된다."고 하였다.

(3) 우리가 처음 보는 우리의 마음은 무엇인가?

이동식은 "핵심감정을 깨닫는 것이며 처음 보이는 것은 부정적 감정이다."고 하였고, 스피겔만Spiegelman은 "하나님God의 어둠darkness이 먼저 나타난다."고 하였다.

4) 득우得牛

이 단계에서, 목동은 소에 고삐를 꿰고 놓치지 않으려고 잡아당긴다. 그러나 소는 길들여져 있지 않아, 때때로 채찍이 가해지기도 한다. 놓치지 않으려고 애쓰는 상태로 종종 놓치기도 한다. 정신치료 입장에서, 환자는 자기의 감정을 억압하지 않으면서 생생히 자각할 수 있게 된다. 반복하여 직면하면서 느끼는 훈습을 지속한다.

득우得牛

<서序>
久埋郊外今日逢渠(구매교외금일봉거)
오랫동안 교외에 묻혀 있다가 오늘에야 그를 만났네.
由境勝以難追戀芳叢而不已(유경승이난추연방총이불이)
경치가 너무 아름다워 뒤따르기 어렵고
여전히 아름다운 풀밭을 그리워한다.
頑心尙勇野性猶存(완심상용야성유존)
완고한 마음 아직 드세고 야성이 그대로 남아있으니,
欲得純和必加鞭楚(욕득순화필가편초)
온순하고 부드럽게 하고자 하거든 반드시 채찍질을 가하라

<頌頌>
竭盡精神獲得渠(갈진정신획득거)
온 정신 다하여 그 소를 얻었다 해도,
心强力壯卒難除(심강력장졸난제)
힘 쎄고 마음 강해 다스리기 어렵다.
有時纔到高原上(유시재도고원상)
어느 땐 고원위에 올라갔다 가도,
又入煙雲深處居(우입연운심처거)
또 다시 구름 깊은 곳으로 들어가 머문다.

(1) 자기의 마음을 억압하지 않고 계속 자각한다.

이 단계는 매우 중요하다. 오랜 시일이 걸릴 수 있다. 지속적인 집중과 고통을 피하지 않는 세월을 요하기 때문이다. 그런데 곽암의 그림은 보는 이 마다 여러 해석을 하게 한다. 이희익은 "붙잡아서 자기 것으로 만들어야한다. 그래서 일상생활에 활용해야한다."고 하였고, 이동식은 "핵심감정을 억압하지 않고 놓치지 않고 계속 자각하면서 핵심감정을 해결한다."고 하였다. 라즈니쉬Rajneesh는 "자각aware하고 깨어alert 있어야 한다. 자기를 지배하는 마음이라는 독재자를 권좌에서 끌어낸다."고 하였고, 스피겔만Spiegelman은 "신 자신의 무의식적 동물적 본성을 길들인다."라고 하였다. 오여균은 "최고 주체성을 체득한다體證得最高主體性."고 하였고, 상전한조는 "고삐에 의해 참된 자기와 참된 자기를 찾는 자기와의 통일이 구체화되고 있다."고 하였다. 성엄은 "소 전체를 안다. 자기의 본래면목을 완전히 경험하지만 미세한 소인(또는 오염)이 번뇌vexation를 일으키는 것이 여전히 남아있지만 그의 행동은 상당히 제어suppress 되어 있다."라고 하였다.

(2) 힘든 과정이다.

곽암의 그림과 서와 송에서 보듯이 힘든 노력이 필요함을 보여준다. 스피겔만Spiegelman은 "훈련training과 수련discipline의 과업이 요구되는 시기이다. 신성divine nature과 인성이 무의식과 '본성에natural'에 남아있고 싶어 한다. 그리고 투쟁되고 길들여지고 채찍질 받는 어둠의 힘dark power—이것 또한 전체를 바라는 다른 반쪽인—이 있다."라고 하였다. 라즈니쉬Rajneesh는 "독재자인 마음mind이 쉽게 힘을 잃지 않으려 할 것이고 투쟁이 있을 것이고 지속성이 요구된다."고 하였고, 이동식은 "핵심감정을 직면하는 것이 고통스럽기 때문에 핵심감정을 피하려고 모든 노력을 추구한다."라고 하였다.

5) 목우牧牛

이 단계에서, 야생의 소는 길들여진다. 그리고 이 변화는 소의 색깔로 표현되는데 소의 모습이 반은 검고 반은 희게 그려진다. 그리고 이 흰 부분이 전체로 퍼지는 것이다. 정신치료 입장에서, 이 단계는 훈습을 통해 인격의 변화를 일으켜 부정적 감정은 정화되고, 긍정적인 감정과 건설적인 행동양식이 새롭게 살아나는 것이다.

목우牧牛

<서序>

前思纔起 後念相隨(전사재기 후념상수)

앞생각 일자마자 뒷생각 뒤 따르니,

由覺故以成眞 在迷故而爲妄(유각고이성진 재미고이위망)

각으로 말미암아 진이 되고 미 함으로서 망이 된다.

不由境有唯自心生(불유경유유자생심)

경우가 있어서가 아니라 단지 자기마음에서 일어났으니,

鼻索牢牽不容擬議(비삭뇌견불용의의)

코 꿴 고삐를 당길 뿐 사량분별 용납 치 않는다.

<송頌>

鞭索時時不離身(편삭시시불리신)

채찍과 고삐 잠시도 떼어 놓지 않음은

恐伊縱步入埃塵(공이종보입애진)

그대가 멋대로 걸어서 티끌세계 속에 들어 갈까봐

相將牧得純和也(상장목득순화야)
끌어내어 잘 길러서 순화되면
羈鎖無拘自逐人(기쇄무구자축인)
고삐 잡지 않아도 절로 사람 따르네.

(1) 자기 마음을 보는 것이 더욱 깊어짐.

곽암의 송頌에 <편삭시시불리신鞭索時時不離身>이라고 하였듯이 계속 자기의 마음을 보면서 자각을 유지하지만 득우 때와는 다르게 노력이 훨씬 덜 들어간다. 이동식은 "핵심감정을 계속 깨닫고 있으면서 점차 핵심감정이 없어지면서 그 감정의 지배를 벗어나는 과정이다."라고 하였고, 이희익은 "정념을 놓치지 않도록 유념해야한다. 화두를 잊어버려도 무심하게 되는 때까지 길들여야한다."고 하였다. 상전한조는 "구별은 있지만 긍정적이고 조화로운 이중성으로 전환되고 있다."고 하였고, 성엄She ng-yen은 "깊은 삼매를 통해 번뇌vexation의 억압된 종자나 소인predispositi ons에 도달하여 뿌리를 뽑는 것과 같다."고 하였다. 스피겔만Spiegelman은 "희어지는 것whitening은 개인화과정이며, 끝없는 연상의 흐름이 곧 진실이 된다. 중심이 잡혀있어야 그렇게 된다."고 하였다.

(2) 감정의 순화

천리대 소장의 오산판 십우도 그림에서 이 시기에 소가 검은색에서 흰색으로 변해 있음을 볼 수 있고 다른 판본들은 검고 흰 것에 대한 묘사가 거의 없다. 특별하게 한국의 선종 사찰들의 벽화에서 보이는 대부분의 십우도 그림에서는 목우 단계에서 소의 색깔이 반은 검은색이고 반은 흰

색으로 그려져 있는 것이 특징이며 다른 나라에서는 볼 수 없다. 또한 다른 종류의 십우도(보명)에서는 아예 소가 검은색에서 흰색으로 점차 변화는 과정을 노골적으로 묘사하고 있다. 미유키Miyuki는 "이렇게 소가 검은색에서 흰색으로 변하는 것을 '희어지는 것whitening'이라 하면서 융Jung의 연금술 작업과 연결 시켰다. 무의식의 넘쳐흐르는 에너지를 상징하는 야생의 검은 소를 약화시키고depotentiate 통정하는 것이 희어지는 것whitening이다."라고 하였다. 이동식은 "자기 파괴적인 감정이 없어지고 건설적인 사랑의 감정이 성장하는 것으로 긍정적인 힘의 성장이다."라고 하였다.

(3) 새로운 건강한 행동양식의 출현

감정이 해결되면서 행동양식의 변화가 생긴다. 긍정적으로 변하는 단계로서 곽암의 송에서 '자축인'처럼 감정이 순화되어 행동에도 변화가 뒤따름을 나타낸다. 이동식은 "환자는 핵심감정의 지배에서 벗어나면서 오히려 감정을 지배할 수 있기 시작한다."고 하였고, 라즈니쉬Rajneesh는 "자각과 훈련의 시기이며 훈련은 단순히 에너지가 이동하는데 새로운 통로를 만들려는 노력이다."라고 하였다.

6) 기우귀가騎牛歸家

이제, 피리를 불면서, 목동은 소를 타고 집으로 향한다. 소는 충분히 길들여졌고, 힘을 들이지 않고도 소에 몸을 맡기고 집으로 온다. 수행자는 더 이상 세속의 유혹에 흔들리지 않는다. 정신치료 입장에서, 이 단계는 환자의 감정이 충분히 정화되어서 더 이상 감정적 고통이 없는 대자유인이 된 경지이다.

기우귀가騎牛歸家

<서序>
干戈已罷得失還空(간과이파득실환공)
투쟁이 이미 끝나 얻음도 잃음도 도리어 공하니,
唱樵子之村歌 吹兒童之野曲(창추자지촌가 취아동지야곡)
나무꾼의 시골 노래 부르고 아동의 야곡을 피리 분다.
身橫牛上目視雲霄(신횡우상목시운소)
소 등에 누워 하늘을 쳐다보니,
呼喚不回撈籠不住(호환불회로롱부주)
불러도 돌아보지 않고 붙잡아도 머물지 않는다.

<송頌>

騎牛迤邐欲還家(기우이리욕환가)

소를 타고 유유히 집으로 돌아가니,

羌笛聲聲送晩霞(강적성성송만하)

오랑캐 피리소리 저녁노을 보낸다.

一拍一歌無限意(일박일가무한의)

한 박자 한가락 무한한 뜻

知音何必鼓脣牙(지음하필고진아)

지음이라도 무슨 말 할 필요가 있으랴.

(1) 자유로운 경지

곽암의 서와 송에서 볼 때 뭔가 속박에서 벗어난 자유로운 경지를 느끼게 한다. 이희익은 "대자재大自在를 얻은 경지, 일일시호일日日是好日." 이라고 하였고, 성엄Sheng-yen은 "이 경지의 사람들은 이들 주위 세계를 투명하게 자각하고 있고, 그것을 친밀하게intimately 자각하고 있지만, 그것이 그들 내에 탐욕과 분노의 느낌들을 일으키지 않는다. 계율precepts, 삼매samadhi, 지혜wisdom가 그들 존재의 일부가 된다."라고 하였다. 스피겔만Spiegelman은 "영성spirit의 성숙으로 볼 수 있다. 그는 자유로우며 그는 그의 느끼는 자연—그가 그렇게 많은 시간을 관계하면서 길들여 왔던—에게 주어진다. 이 관계에 조화reconciliation, 즉 우리의 모든 갈등들인 모든 우리의 불화협의 해결이 있다."고 하였다. 라즈니쉬Rajneesh는 "이들은 험hum[이들에게 찾아오는 새로움의 콧노래소리humming sound]을 느낄 수 있으며, 억압은 여러분을 병들게 한다."고 하였다.

(2) 성숙 또는 주체성 회복

이동식은 핵심감정의 극복된 것이라고 하였다. 오여균은 "수행에서 기본적으로 임무를 완성한, 최고주체성을 다시 찾은 경지이다."라고 하였고, 성엄Sheng-yen은 "그 사람의 육근문六根門이 번뇌vexation의 오염에서 정화된다. 이런 사람들은 어떤 환경에 접촉해도 번뇌와 고통vexation이 일어나지 않는다."라고 하였다. 상전한조는 "자기 자신의 통일성 자체로 돌아가고 있다."라고 하였고, 라즈니쉬는 "그대 존재의 마스터master가 된다."라고 하였다.

7) 망우존인忘牛存人

이 그림에서, 소는 더 이상 보이지 않는다. 목동은 집에서 한가히 쉬고 있다. 소는 보이지 않지만 사람은 아직 남아있다. 정신치료 입장에서, 감정은 완전히 정화되어 더 이상 괴로움이 없고, 훈습할 것도 없다. 이 수준은 매우 최고로 성숙된 인간으로서, 서양의 정신치료에서는 이상적인 목표이다.

망우존인忘牛存人

<서序>

法無二法牛且爲宗(법무이법우차위종)

법에는 둘이 없고 임시로 소에 의탁해 종으로 삼으니,

喩蹄兎之異名 顯筌魚之差別(유제토지이명 현전어지차별)

제토의 다른 이름에 비유하였고 전어의 차별을 나타내었다.

如金出鑛似月離雲(여금출광사월이운)

황금이 광석에서 나오는 것과 같고 달이 구름을 여의는 것 같으니,

一道寒光威音劫外(일도한광위음겁외)

한 줄기 차가운 빛은 겁 밖의 위음 이로다.

<송頌>

騎牛已得到家山(기우이득도가산)

소타고 이미 고향에 도착하였으니

牛也空兮人也閑(우야공혜인야산)
소 또한 공하고 사람까지 한가롭다.
紅日三竿猶作夢(홍일삼간유작몽)
해가 올라 석자나 되는데 아직 꿈속에 있고
鞭繩空頓草堂間(편승공돈초당간)
채찍과 고삐는 띠 집 사이에 부질없이 놓여있네.

(1) 달을 보았으면 그것을 가리켰던 손가락은 잊어버려라.

진리reality를 보았으면 여태껏 진리를 보기 위한 도구나 수단이 되었던 소를 잊어 버려야한다. 진리를 상징하는 달을 가리고 있었던 구름이 걷히는 것과 같다. 이희익은 "불성을 깨치기 위하여 소를 임시 불성으로 취급했다. 불성을 알았다면 소는 필요하지 않다."고 하였고, 오여균은 "주체성이 달이고 소가 손가락이다. 곽암이 말하는 토끼나 물고기는 목적이고 덫이나 그물은 도구이다."라고 하였다. 성엄Sheng-yen은 "더 이상 길들일 번뇌vexation도 연마할 깨달음도 지각하지 못한다."고 하였고, 라즈니쉬Rajneesh는 "여러분과 현실reality 사이에 마음mind(구름과 같은)이 장벽이며, 하나oneness가 바로 실존의 본질이며 둘twoness은 우리의 생각 imagination이다."라고 하였다. 스피겔만Spiegelman은 "본능, 욕동, 열정, 득과 실의 우리의 투쟁이 단지 전달 수단이요 방법이다.... 우리가 원하는 것은 경험의 현실이다. 그 자기Self는 더 이상 소에 투사되지 않는다. 또는 동물적인 종류의 자각awareness이 더 이상 필요 없다."라고 하였다.

(2) 개인화 완성

그림에서 보듯이 모든 갈등이 사라지고 사람만 한가하게 앉아있는 모습이다. 이동식은 "정신치료로 도달할 수 있는 최고의 한계이다. 자신을 포함하여 모든 것들을 대상으로 보는 것이 노이로제이므로 이 단계는 대상이 없어진 완전히 성숙된 인간의 모습을 나타낸다. 핵심감정(애응지물)이 완전히 없어져서 더 이상 범정凡情에 의해 현실을 왜곡하지 않는 상태이다."라고 하였다. 이희익은 "깨침을 얻다는 것도 없는 진짜 깨침이다. 나라는 존재는 가지고 있다."라고 하였고, 오여균은 "수행자와 주체성이 실은 하나다."라고 하였다. 상전한조는 "철저히 자기화 된다. 형상이 있는 일체의 자기상이나 모든 개념적 실존적 자기 파악은 당체의 자기 자신인 곳에서는 사라진다."라고 하였다. 미유키Miyuki는 "자아ego가 무의식에 직면하는 개인화individuation 과정이 끝나는 단계이다."라고 하였고, 성엄Sheng-yen은 "집착attachment과 혐오감aversion은 더 이상 마음에 영향주지 못한다. 여전히 '자기self'라는 느낌이 있다."라고 하였다. 라즈니쉬Rajneesh는 말하기를, "일단 자기 마음mind의 주인master이 되는 순간이다. 그 마음mind은 더 이상 존재하지 않는다. 마음이 있다는 생각마저 사라져버린다. 자기를 전체로부터 분리하지 않는다."라고 하였다.

8) 인우구망人牛俱忘

이 그림에서, 소도 목동도 보이지 않는다. 단지 텅 빈 원만 있을 뿐이다. 이것은 수행자에게 어떠한 애착도 없다는 것을 의미한다. 이 단계는 서양의 정신치료의 목표를 넘어서는 수준이다. 이동식Rhee과 스피겔만Spiegelman은 이 점에 동의한다. 초개아심리학Transpersonal Psychology에서 말하는 진정한 의미의 자기를 초월한 경계일 것이다.

이희익은 "대오철저한 경계로서, 깨침도 없고 깨쳤다는 법도 없다. 인

경구탈人境俱奪의 경계이고 확연무성廓然無聖한 경계이며, 사람도 소도 녹아 아무것도 없는 공空의 상태이다. 대사일번大死一番의 상태이다."라고 했으며, 라즈니쉬는 "삶을 초월한, 그대 자신마저 초월한, 무無, 니르바나, 해탈, 하나님의 왕국의 차원이다."라고 설명하였다.

분석심리학에서 말하는 "비一자아 정신상태ego-less mental condition", "자아 없는 의식consciousness without an ego", "더 이상 내가 사는 게 아니고, 그리스도가 내 안에서 사는 것이다." "자기Self 중심인 심心의 기능." 들로 설명되는 바, 스피겔만Spiegelman은 "자아와 자기Self는 하나이다."라고 하였다. 이동식은 "이 단계부터는 서양의 정신치료 범주를 넘어선다."고 하였고, 성엄은 "우리가 정말로 '누구'일 때, '누구라는 것'이 무엇이건 간에 그런 감각이 없다."라고 하였다.

인우구망人牛俱忘

<서序>
凡情脫落聖意皆空(범정탈락성의개공)
범부의 정이 탈락하고 성인의 뜻도 모두 비우니,
有佛處不用敖遊 無佛處急須走過(유불처불용오유 무불처급수주과)
부처 있는 세계에서 노닐지 않고
부처 없는 세계에서는 모름지기 급히 지나가 버린다.
兩頭不著千眼難竅(양두불착천안난규)
어느 쪽에도 집착하지 않으니 관세음보살의 천안이라도 엿보기 어려우니,
百鳥含花一場懡㦬(백조함화일장마라)
온갖 새들이 꽃을 물고와 공양하는 따위는 한바탕 부끄러운 짓이다.

<송頌>
鞭索人牛盡屬空(편삭인우진속공)
채찍 고삐 사람 소 모두 비어 있으니
碧天遼闊信難通(벽천요활신난통)
푸른 하늘 텅 비고 끝없이 넓으니 소식 전하기 어려워라
紅爐焰上爭容雪(홍로염상쟁용설)
붉은 화로 불 위에 어찌 눈이 남아 있겠는가?
到此方能合祖宗(도차방능합조종)
여기에 이르러 바야흐로 조사의 마음과 합치게 되리

9) 반본환원返本還源

이 그림에는 산, 꽃들, 시냇물 들이 그려져 있다. 모든 것들이 자연 그 대로 있다. 어떠한 투사도 없는 있는 그대로의 현실을 의미한다. 만약 우 리가 우리의 무의식적 느낌을 외부 세상에 투사하지 않는다면, 우리는 세상의 현실을 있는 그대로 지각할 것이다. 소위 '산은 산이요 물은 물이 다.'라는 말에 해당될 것이다. 곽암의 송에 '수자망망水自茫茫, 화자홍花自 紅.'이라고 표현한 것과 같은 의미일 것이다.

이희익은 "청정무구清淨無垢한 심心이 우주와 하나가 되는 곳으로 돌아가는 것이다. 본유本有의 가산家山에 되돌아와 자수용自受用 삼매로 활약한다. 자연세계가 그대로 진실이다. 일원상과는 표리이다. 진공眞空 다음에 묘유妙有의 경지이다."라고 하였고, 라즈니쉬는 "전체가 그대를 소유하도록 허락한다. 그대와의 단절이나 본성으로부터 이탈을 하지 않는다. 에너지는 오직 하나의 흐름, 즉 자연의 흐름 밖에 모른다. 그대가 하늘의 뜻인 것이다."라고 하였다. 스피겔만Spiegelman은 "전체과정은 자연 자체의 하나이다. 자연, 그녀 자신의, 정신이 드러나는 것이다."라고 하였다. 성엄은 "자각이 돌아왔을 때, 모든 것은 보통 사람들이 지각하는 것과 같이 지각되지만, 이전과는 같지 않다. 이 자각은 순수 지혜로서 모든 것을 투명하고 정확하게 비춘다. 무엇을 직면하던지, 번뇌vexation의 장애 없이 있는 그대로 본다."라고 하였다.

반본환원返本還源

<서序>
本來淸淨不受一塵(본래청정불수일진)
본래 청정하여 한 티끌에도 물들지 않으니,
觀有相之榮枯 處無爲之凝寂(관유상지영고 처무위지응적)
유상의 영고성쇠를 관하고 무위의 응적에 처한다.
不同幻化豈假修治(부동환화기가수치)
더 이상 환상과 동일시하지 않으니 어찌 수행과 계율에 의지하리오.
水綠山靑坐觀成敗(수록산청좌관성패)
물은 맑고 산은 푸른데 앉아서 만물의 성패를 보누나.

<송頌>
返本還源已費功(반본환원이비공)
본래에 돌아오고 보니 이미 공을 허비했다.
爭如直下若盲聾(쟁여직하약맹롱)
어찌 직하에 귀머거리 장님과 같으랴?
庵中不見庵前物(암중불견암전물)
암자 안에서 암자 앞의 사물을 볼 수 없으니
水自茫茫花自紅(수자망망화자홍)
물은 절로 아득하고 꽃은 절로 붉구나.

10) 입전수수入廛垂手

이 그림에서, 한 늙은이가 저자거리에 들어와서 활동하는 것이다. 그 늙은이는 수행자가 부처가 된 모습이다. 부처나 성인은 최고로 성숙된 정신건강한 사람이다. 예수, 석가모니, 공자와 같은 사람이다. 이희익은 "화광동진和光同塵으로, 민중과 하나가 되어 그들을 구제한다. 포대스님이 민중 가운데 들어가 히죽 웃는 것만으로 상대가 모두 고목에 꽃이 피는 것같이 생기에 차게 된다."라고 하였고, 라즈니쉬는 "누구나 신성하다는 고귀한 인식이며 깨달음이다. 모든 사람 속에 있는 신과 함께 어울린다는

것이다. 세상이 곧 해탈이다. 나의 본성이 되었다. 내가 지복이다. 그대가
싱싱하게 살아 있을 때는 그대에게 닿는 것은 무엇이든 싱싱하게 살아나
게 된다. 그대가 세계인 것이다."라고 하였다. 성엄은 "완전히 해탈된 수
행자는 자연적으로 살고 있는 존재들의 욕구에 맞추기 위해 대자비심과
자유자재한 수단을 일으킬 수 있다. 살고 있는 존재들을 돕기 위하여 어
떤 형태로 나타나거나 어떤 인격이나 신분을 띤다."라고 하였다.

입전수수入鄽垂手

<序>
柴門獨掩千聖不知(시문독엄천성부지)
사립문 안 홀로 숨어있어 천명의 성인이라도 알지 못하니,
埋自己之風光 負前賢之途轍(매자기지풍광 부전현지도철)
자기의 풍광을 감추고 옛 성현의 간 길도 등져 버린다.

提瓢入市策杖還家(제표입시책장환가)
표주박차고 거리로 들어가 지팡이 짚고 집집에 들어가,
酒肆魚行化令成佛(주사어행화령성불)
술장사, 생선장사 모두 성불케 하네.

<송頌>
露胸跣足入鄽來(노흉선족입전래)
맨가슴 맨발로 저자에 들어오니
抹土塗灰笑滿顋(말토도회소만시)
흙칠하고 회칠하고 볼엔 활짝 웃음
不用神仙眞秘訣(불용신선진비결)
신선의 참 비법 쓰지 않지만
直敎枯木放花開(직교고목방화개)
당장 마른 나무에 꽃을 피게 하누나.

4. 로저스의 인격발달과 변혁의 과정[31]

로저스는 정신치료로 인해 일어나는 인격의 변혁 과정에 대해 녹음된 면담 내용들을 들으면서 연구하였다. 그러면서 '인격의 변혁과 발달'의 전체 스펙트럼으로 적용될 수 있는 것으로 보이는 어떤 연속체에 대한 개념을 제시했다.

이 연속체의 한쪽 끝에서 우리는 과거에 경험을 이해 해왔던 방식에 기반을 둔 경직된 개인적 구성personal constructs 측면에서 자신의 삶을 사는 개체를 발견한다. 그는 현재 그의 안에 있는 약동하는 느낌의 삶

---

31) *A tentative Scale for the Measurement of Process on Psychotherapy: in Research in Psychotherapy, Proceedings of Conference, Washington, D. C., April 9-12, 1958*, 96쪽. 여기서는 위의 내용 중에서 필요한 부분만을 발췌하여 번역하였고 끝 부분에 저자의 소견을 실었다.

feeling life을 거의 또는 전혀 인식하지 못한다. 그는 그 자신의 직접적인 경험하기immediate experiencing와 동떨어져 있다. 그의 소통communication은 수용적이고 허용적인 분위기에서도 거의 전적으로 외적인 것들이고 자기에 대한 것은 거의 없다. 그의 소통 형태는 다음과 같은 경향이 있다: "상황이....", "그들이.....", 압박을 주면 그는 "나의 성격이....."라고 말할지 모르지만, 그는 "나는 .....을 느낀다.", "나는 .....을 믿는다.", "나는 .....에 대해 불확실하다."라고는 거의 말하지 않을 것이다. 그는 그 자신이 문제들을 가지고 있다는 것을 인지하지 못한다. 그는 그의 세계에서 자신을 책임 주체responsible agent로 지각하지 않는다. 그는 변혁의 열망을 나타내지 않고, 반대로 다른 사람들과 환경에 대해 자신과 관계성을 가능한 변하지 않고 상동적으로 유지하기를 바라는 많은 표시들을 보인다. 그는 정체와 고착의 특징이 있다.

이 연속체의 다른 쪽 극단에서 우리는 그 사람이 그의 느낌을 알면서 그리고 그의 느낌을 그의 삶의 하나의 가이드로서 기본적인 믿음과 받아들임을 가지고 사는 것을 발견한다. 그의 경험하기는 직접적이고, 풍부하고, 변혁적이다. 그의 경험하기는 점점 더 많은 의미로 돌릴 수 있는 참조로 이용된다. 그가 그의 경험을 이해하는 방식은 앞으로의 더 나은 경험하기에 비추어 볼 때 계속하여 변혁하는 것이다. 그는 느낌을 느끼는, 변혁하는 사람으로서 자신과 자유롭게 소통한다. 그는 다른 사람들과 환경에 대해 유동적인 관계성으로 책임 있게 편안하게 산다. 그는 자신을 자각하지만 대상으로서가 아니다. 오히려 그것은 스스로 움직이는 반사적 자각, 주체적인 삶이다. 그는 그의 심리적 삶에 흐름, 즉 변혁의 특성을 포함시켰다. 그는 그의 삶에서 통정되고 계속 변혁하는 흐름 과정으로서 충만하게 산다.

이 양 극단으로 이어지는 하나의 연속체를 로저스는 7 단계들로 구분하여 설명하였다. 그는 표준이 되는 심리적 분위기로서 내담자가 공감적으로 이해되고, 받아들여지고, 있는 그대로 수용되어야만 한다고 제시하였다. 이런 조건에서 로저스는 그림1에서 보는 바와 같이 7종류의 흐름 줄기들이 따로 떨어져 있던 것이 단계가 진행됨에 따라 점차적으로 모여져서 나중에는 하나가 됨을 설명한다. 각각의 흐름 줄기들과 인격의 변혁과 발달의 과정으로서 각 단계들에 따른 설명은 다음과 같다.

<그림 1>

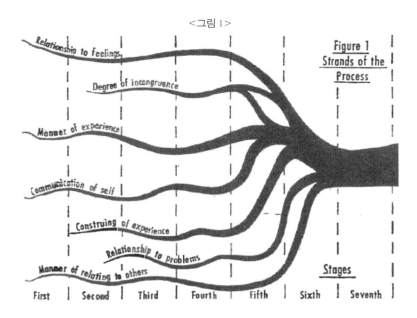

(1) 느낌과 개인적 의미에 대한 관계성

하나의 흐름 줄기는 그 자신 내에 존재하는 느낌과 개인적 의미에 대한 그 개체의 관계성이다. 과정 연속체의 경직된 쪽 끝에 있는 개체는 그의 느낌의 삶을 거의 자각 못한다. 수용적인 분위기에서 조차 느낌들은 기술되지 않고, 느낌들이 어떻게든 받아들여질 수 있다고 증명되는 것이 없다. 느낌은 때에 따라 관찰자에게는 아주 명백하게 보이는 방식으로 나타날 수 있지만, 그 개체에 의해서는 인식되지 않는다. (1단계)

다음 단계로 가면서 가끔 기술되지만 자기에게 외적인 내가 아닌 과거의 것들로 기술되는 느낌들을 우리는 발견한다. (2단계)

연속체에서 더 나아가면, 우리는 지금 현재는 아니지만 느낌과 개인적 의미에 대한 많은 기술을 발견한다. 이런 동떨어진 느낌들을 기술하는 데 있어서조차, 그것들은 받아들일 수 있는 것으로서 그려지기 쉽지 않고, 나쁘고 받아들일 수 없거나 비정상적인 것으로서 보이는 경향이 있다. 느낌이 분명하게 드러나는 이 단계에서, 그 개체는 조만간 이것들을 느낌들로서 인식할 수 있다. (3단계)

다음 단계에서 우리는 자기의 것인 현재의 것으로서 느낌과 개인적 의미를 발견한다. 이 알게 된, 기술된 느낌들의 상당한 받아들임이 있다. 강한 종류의 느낌들은 여전히 현재가 아닌 것으로 기술된다. 경우에 따라 느낌들이 현재로서 기술되지만, 이것은 내담자가 원치 않는 것처럼 일어난다. 이전에 자각하길 부정했던 느낌들이 현재에 뚫고 나와서 경험될 수 있다는 희미한 인식이 종종 있지만, 이것은 두려움을 줄만한 것으로 보인다. (4단계)

다음 단계에서 우리는 느낌들이 일어나는 순간 자유롭게 표출되고 그래서 즉시 현재에서 경험되는 많은 느낌들을 발견한다. 이 느낌들은 자신의 것으로 되거나 또는 받아들여진다. 이전에 부정된 느낌들이 이제는 자각 내로 "보글보글 올라오는bubble through" 경향이 있다 할지라도, 이런 올라오는 것에 대한 두려움과 믿기지 않는 것이 있다. 느낌들을 경험하는 것이 그 개체가 더 나은 의미로 돌릴 수 있는 직접적인 참고를 제공

한다는 것을 깨닫기 시작하는 경향이 있다. (5단계)

다음 단계의 두드러진 점은 이전에 자각하는데 부정되었던(감정 흐름에 있어서 "막힘stuck") 느낌들이 이제 즉각 그리고 받아들임으로 경험되는 쪽으로 확장된다. 이런 경험하기는 부정될 어떤 것이 아닌, 두렵고 투쟁하는 어떤 것이다. 다른 관점에서 이 단계는 앞의 것과 비슷하지만, 여기서는 느낌이 더 큰 자유와 더 깊은 주인의식을 가지고 즉각적인 순간에 경험되고 표출되는 것이다. (6단계)

마지막 구분되는 단계에서 새로운 느낌들이 풍부하고 즉각적으로 경험되며, 그리고 이런 경험을 하는 것은 더 나은 의미가 도출될 수 있는 명료하고 확고한 참조로서 이용된다. 느낌들은 드물게 자각하는데 부정되지만, 그때에는 일시적일 뿐이다. 그 개체는 자기 자신의 느낌과 개인적 의미로 살고, 스스로 자기화 되고 받아들여지는 것으로서, 느낌들을 표출한다. (7단계)

(2) 경험하기의 태도

'느낌과 개인적 의미'와 밀접하게 엮여 짜여 지고, 나중에 기술될 다른 줄기와 밀접하게 엮여 짜여 지는 그 과정의 또 다른 흐름 줄기는 그 개체의 '경험하기 태도'이다. 변혁의 과정에 대한 우리의 현재의 관심과 관련하여, 우리는 과정의 여러 다른 단계들에서 '경험하기의 태도'에 큰 차이가 있다는 것을 발견한다.

그 연속체의 고착성의 끝부분에서, 경험하기의 직접성은 완전히 없다. 경험의 의미에 관한 개념화는 모두 과거의 공식화이다. 자신의 경험하기로부터 그 개체의 거리는 매우 크다. (1단계)

다음 단계를 예리하게 구분하는 것은 어렵지만 그 개체는 그의 경험하기로부터 매우 멀리 떨어져 있으며, 내적 외적 상황에 대해 그것들을 느끼기에 그것들이 현재 경험이라기보다는 마치 과거 경험들인 것으로 반응한다. 극단적인 지식화는 우리의 경험하기를 팔짱을 끼고 보류하는 한 방식이다. (2단계)

아마 이 흐름줄기에서의 다음 발달은 상황들의 경험하기가 과거처럼 기술되는 것이다. (3단계)

다음 단계에서는 우리가 어떤 것들—편치 않게 하는 형태의 내적 참조가 존재하는 희미한 자각—을 경험하는데 원치 않는 두려운 인식이 있다. 가끔 그 개체는 내적으로 경험하기 이벤트 바로 후에 어떤 경험을 인식한다. (4단계)

우리가 연속체 위쪽으로 갈 때 느낌은 가끔 즉각 경험된다. 즉, 그 개체는 경험하는 것을 일어나는 순간에 개념화하고 표출한다. 이것은 명백한 구조에서 보다는 오히려 알지 못하는 흐름에 있는 것이기 때문에 무섭고 충격적인 것이다. 유일한 안심케 하는 점은 경험하기의 실제에서 더 나은 의미와 상징화를 위해 상징되고 점검 또는 재점검될 수 있는 어떤 참조가 있다는 것이다. 이런 개념화들에서 정확함의 강한 열망이 있다. 이러한 견고한 참조로서 사는 것이 가능할 것이라는 흐릿한 인식이 있을 수 있다. 대부분 경험하는 것이 사건 후 약간의 지연과 함께 일어난다는 자각이 또한 있을 수 있다. (5단계)

심지어 이전에 부정된 느낌들까지 경험하기의 즉각성 그리고 경험하기의 과정에 있음을 받아들임은 다음 단계의 특징이다. 이전에 부정된 느낌을 현재 즉각 경험하는 것은 종종 그 개체에게 생생하고, 극적이고, 해방적인 것이다. 강하게 신체적으로 수반되는 것들이 있는 것 같다. 그 개체의 자신과 삶에 대한 직면의 함축된 의미들을 갖기 위한 명확하고 유용한 참조를 제공하는 것으로서 이제 경험하기의 완전한 받아들임이 있다. 자기self가 경험하기의 이 과정이 되고 있다는 인식이 또한 있다. (6단계)

마지막 단계에서 그 개체는 경험하기의 변혁하는 흐름에서 편안하게 산다. 이 과정에 대한 믿음이 있다. 그 개체는 과거의 측면에서 현재 경험하는 것을 해석하기 보다는, 현재 경험하기 측면에서 산다. 서로 다른 경험된 참조들 사이의 구분은 예리하고 기본적이다. (7단계)

(3) 불합치의 정도

치료에서 변혁하는 성질의 과정으로 넣는 세 번째 요인은 불합치 정도에서의 변혁이다. 불합치는 그 개체가 현재 경험하는 것과 그의 자각에서 또는 그의 소통에서 이것에 대한 표현 사이에 존재하는 불일치로서 정의하려고 노력했다. 그러한 불일치는 개체 자신 스스로 알 수 없지만, 관찰될 수 있다. 그 반대는 그 개체의 경험하기와 그의 자각 내에 있는 이것의 상징화나 개념화 사이의 합치이다.

과정 연속체의 시작 끝에서, 우리는 경험하기와 자각 사이에 아주 큰 불일치를 발견한다. 이것은 훈련된 진단의사에게 관찰되거나, 투사 검사들에서 입증된다. 내담자 쪽에서 그러한 불일치가 무엇이던 간에 자각이 없다. (1단계)

이 그림에서 미세한 변혁은 내담자가 모순된다는 자각이 거의 또는 전혀 없이 하나의 대상으로 자신에 대해 모순되는 진술들을 말할 때 보여준다. (2단계)

연속체에서 더 나아가면 이 모순되는 진술들이 모순으로 인식되며, 그

것들에 대해 약간의 떠오르는 염려가 느껴진다. (3단계)

계속 더 이 모순들이 명백히 깨달아지며 그것들에 대한 확실한 염려가 경험된다. (4단계)

그 과정에서 또 다른 단계로서 그 모순들이 단순히 다양한 태도들로서가 아니라 인격의 다른 수준이나 측면에서 존재하는 태도들로서 인식된다. "나의 한쪽은 이것을 원하지만, 또 다른 쪽은 저것을 원한다." 또는 "내 마음은 나에게 이것은 그렇다고 말하지만, 나는 그것을 믿지 않는 것 같다." 라는 말들은 불합치 성질의 이런 종류의 인식을 가리킨다. (5단계)

무엇이 치료에서 의미 있는 움직임 순간인 것 같은가에서, 불합치의 어떤 측면이 사라지고 합치로서 생생한 경험하기가 있다. 즉, 그 개체는 그가 어떤 느낌의 경험하기를 상징화한 것에 부정확함을 생생하게 자각하고, 그때 그는 경험하기를 충만하게 살아가는 순간에 그것을 더 정확하게 상징화 한다. (6단계)

마지막 단계에서 불합치는 미미하고 일시적이며 그때 그 개체는 경험하기의 과정에서 더 충만히 그리고 받아들임으로 살 수 있고, 함축적으로 즉각적인 순간에 있는 의미를 상징화하고 개념화할 수 있다. (7단계)

(4) 자기와의 소통

계속해서 이 과정양식으로 엮여 짜인 또 다른 줄기는 그 개체가 수용적인 분위기에서 자신과 소통하는 정도와 태도를 포함한다.

연속체의 얼어붙은 쪽의 끝에서 우리는 그 개체는 자기와 소통하지 않으려 하고, 심지어 어쨌든 자기를 드러내는 것으로 보이는 어떠한 표출도 피하는 것을 발견한다. 소통은 자기에게는 완전히 외적인 자료들에

대한 것들이다. (1단계)

과정에서 조금 더 나아가면 표출이 자기와 관련된 것으로 보일지 모르는 주제들에 대해 흐르기 시작하지만, 그것들은 예를 들어, "나의 교육은 좋았다." "나의 부모는 불안정했다." 같이 비―자기non-self 자료로서 다루어진다. (2단계)

구분될 수 있는 다음 단계는 자기에 대해 하나의 대상으로, 그리고 자기와 연관된 경험들을 대상으로서, 더 자유로운 표출 흐름을 포함한다. 자기에 대해 일차적으로 다른 사람들에서 존재했던 하나의 반영된 대상으로서 또한 소통이 있을 수 있다. 과거 자기와 관련된self-related 느낌들이 기술된다. (3단계)

다음 식별할 수 있는 단계에서는 현재 자기와 관련된 느낌들의 상당한 소통이 있다. 문제들에 대한 약간의 자기―책임성 표출이 있다. (4단계)

연속체에서 더 나아가면 우리는 내담자가 현재 관련된 느낌들을 자유롭게 표출하는 것을 발견한다. 자기―느낌들에 대한 받아들임이나 주인의식 그리고 이 느낌들에 있으려는, "실제의 나로 있으려는", 열망이 커져간다. 문제들에 대한 자기―책임성의 분명한 받아들임이 있다. 자기가 현재 느낌들로서 표출됨에 따라, 자기를 하나의 대상으로는 덜 입증하는 게 있다. (5단계)

다음 단계에서 자기는 느낌들을 경험하는 데에서 존재한다. 자기를 하나의 대상으로 자각하는 게 거의 없다. 어떤 주어진 순간에서도 자기는 경험하기인 것이다. 오직 반사적인 자각이 있을 뿐이다. 자기란 주관적으로 존재하는 순간에 있는 것이다. (6단계)

마지막 단계에서 자기는 경험하기의 과정에서 일차적으로 반사적인 자각이다. 그것은 지각된 대상이 아니고, 과정에서 확신을 갖고 느낀 어떤 것이다. 그것은 방어되는 어떤 구조가 아니고, 어떤 내적 경험하기의 풍부하고 변혁하는 자각이다. (7단계)

(5) 경험이 이해되는 태도

훨씬 더 짧게 기술될 과정 웹web에 세 개의 다른 줄기들이 있는데, 왜 냐하면 연속체의 정제된 구분 점들이 아직 이 요소들에서 가능하지 않게 보이기 때문이다. 그것들은 단순히 끝점들의 측면에 대해 기술될 것인 데, 이 요소들이 어느 정도 존재하지만 우리가 아직 명확히 이 정도들을 명시할 수 없음을 시사한다.

첫 번째 것은 '경험이 이해되는 태도'이다. 연속체의 고착된 한쪽 끝에 서 우리는 개인적 구성들이 극단적으로 경직되어 있으며, 구성들로서 인 식되지 않고, 외부 사실들로 생각되는 것을 발견한다. 경험은 이런 의미 를 가진 것으로 보이며, 그 개체는 그가 경험을 이런 의미를 가진 것으로 이해하였다는 것을 전혀 알지 못한다. 치료의 과정에서 우리는, 그러한 구성들의 점진적 헐거워짐, 그것들의 타당성에 대한 의심, 그리고 경험 이 타고난 의미를 가지고 있다기보다는 그러그러한 의미를 가진 것으로 서 이해되었다는 증가하는 발견을 알아차릴 수 있다. 매번 그러한 발견 은 자연적으로 그러한 구성의 타당성에 대한 의문을 커지게 한다.

인격 변혁에서 최대 진전의 순간들에서, 구성에 역행하는 느낌의 생생 한 경험하기에서 의미 있는 개인 구성들의 용해가 있다. 견고한 가이드 로 보인 많은 개인 구성들이 단지 경험하는 어떤 순간을 이해하는 방법 들이라는 깨달음이 있다. 내담자는 종종 그의 견고한 기반들이 그의 자신 안에서 일어나는 이해하는 것들로서 인식됨에 따라 "불안함shaky" 또는 "풀어놓아짐cut loose"을 느낀다. 우리 연속체의 유연한 한쪽 끝에서, 경험은 어떤 의미를 가지고 있는 것으로서 잠정적으로 이해되지만, 이런 의미는 항상 느슨하게 유지하며, 앞으로의 경험하기에 대해 점검되고 재점검된다.

(6) 문제와의 관계

짧게 기술될 수 있는 또 다른 줄기는 그 개체가 '자기 문제들에 대해 관계하는 방식'이다. 연속체의 경직된 한쪽 끝에서, 아무 문제들이 인식되지 않으며 그리고 변혁하려는 열망이 없다. 문제들을 인식하게 될 때, 그것들은 자신에게 외적인 것으로서 지각되며, 그것들에 대한 책임감이 전혀 없다.

과정이 계속됨에 따라 문제들이 외부적이라기보다는 그 개체의 내부에 존재한다는, 그리고 그 개체는 그것들이 있게 하는데 기여했다는 증가하는 인식이 있다. 점점 더 문제들에 대한 자기―책임감이 있다. 치료의 정점의 순간들에서 어떤 문제의 삶, 즉 그것을 경험하기가 있다. 그것은 더 이상 하나의 대상 그 자체가 아니다. 최종 시기에서 "문제"라는 단어는 계속되는 경험하기에서 더 이상 특별하게 의미 있는 것이 아니다.

(7) 관계하는 태도

'다른 사람과 관계하는 태도'가 의심할 여지없이 중요한 요소라 할지라도, 그것은 이 연속체에서 분리될 수 있는 단계들로 식별하는 것은 쉽지 않다. 과정의 시작 단계에서 친밀한 관계들은 위험한 것으로 지각되며, 그 개체는 그것들을 피한다고만 말해두자. 과정 동안 그 개체는 점차 느낌을 기반으로 다른 사람들과 관계하는데 위험을 기꺼이 감수하려하게 되며, 그리고 최종 단계에서 그 개체는 관계에서 즉각적으로 경험하는 기반으로 치료자와 다른 사람들에게 개방적으로 자유롭게 관계한다.

로저스의 연구의 특징들을 보면 다음과 같다.

1) 정신치료에 의해 인격발달을 가져오며, 이것은 마음의 변혁이라 할 수 있다. 유교에서 수행하여 군자와 성인이 되는 것과 같은 것이다. 단지 로저스는 성인까지의 경지에 대해서는 언급되었지 않지만, 충분히 성숙된 인간인 군자의 수준에 걸 맞는 수준을 7단계에서 보여주고 있다. 그리고 누구나 마음이 변혁되어 점점 성숙된 인간이 되어가는 길 위에 있으며 그렇게 하여야 함을 보여준다.

2) 느낌을 중요시 하였다. 느낌이 억압된 것에서 점점 풀리는 것이 정신적으로 점점 더 건강해지는 것임을 밝혔다. 유교에서도 자기 마음속에서 올라오는 것을 속이지 말고 성찰하여 항상 본래 마음을 유지하여야 천리에 맞게 현실적 일에 대응할 수 있다고 한다. 예를 들어 지나치게 많거나 적은 분노나 두려움은 모두 천리에 어긋나는 것이다.

3) 자기의 내면에 주로 초점이 있다. 내적 마음을 얼마나 깨닫는 가에 중점을 두었다. 정신치료는 정신내부intrapsychic를 다루어서 근본적인 인격변화를 가져오는 것이다. 유교에서도 성의誠意 정심正心에서 볼 수 있듯이 마음을 바르게 하는 것에 초점을 두었으며, '마음이 먼저 바르게 되어야 바깥으로 드러나는 것이 바르게 된다(직내외방直內外方).'고 하였다.

5. 치유과정으로서 마음의 변혁

정신치료를 통하여, 저자는 환자들의 치료과정을 보면서 모두 마음을 변혁시켜서 전보다 나은 인격을 가지는 성숙과정을 밟는 것을 보아왔다. 이런 마음의 변화들은 정신치료를 받는 환자들뿐만 아니라 수행을 하는 일반 사람들과 교육분석을 받는 정신치료자들 모두 해당된다고 본다.

이런 마음의 변혁 과정에 대하여, 선불교에서는 십우도의 깨달음의 과정으로, 인간중심 심리학인 Rogers의 심리학에서는 '7 stages of the process continuum of personality change'로 표현한다. 저자는 마음의 변혁 과정에 대해 정신치료 입장에서 다음과 같이 임의로 6 단계로 나누어 설명하고자 한다.

(1) 자기의 마음을 보기 시작하는 단계

수도나 정신치료의 시작은 외부가 아니라 자기 마음 내에서 문제를 해결하기 시작할 때이다. 이렇게 할 수 있으려면 정신치료나 수도에 대한 믿음을 가져야 시작할 수 있다. 스스로 내가 변하여 나의 정신적 문제를 극복하겠다는 의지가 필요하다. 그리고 자기 마음을 들여다보기 시작하는 것이다. 이런 측면에서 십우도의 심우, 그리고 로저스의 인격변화과정 stage 2가 여기에 해당 된다고 본다.

(2) 지적으로 나의 문제를 깨달음

이론이나 지식적으로 자기의 문제를 확실히 아는 단계이다. 서적이나 대화를 통해서 내 문제가 어떻다는 것을 알게 된다. 지적 통찰intellectual insight이 생긴 단계이다. 이런 면에서 십우도의 견적, 그리고 로저스의 인격변화과정 stage 3가 여기에 해당된다고 본다.

(3) 나의 문제의 실체를 바로 지금 깨닫고, 붙들고, 그리고 극복해 나가는 단계

정신치료나 수도가 한창 진행되는 과정이다. 감정적 통찰emotional insight이 생기고 훈습하여가는 과정이라 할 수 있다. 이를 수행하기 위해서는 상당한 노력과 고통이 수반될 수 있다. 보기 싫은 것을 보고 느끼고 인정해야하는 과정이라고도 볼 수 있다. 이런 면에서 십우도의 견우, 득우, 목우, 그리고 로저스의 인격변화과정 stage 4—6 가 각각 여기에 해당된다고 볼 수 있다.

(4) 나의 문제의 실체를 극복하여 성숙된 인간으로서 자유와 해방을 느끼는 단계

자신의 문제가 해결되어 더 이상 갈등이 없고 자유로움을 느끼게 된다. 자기실현self realization을 이룬 경지이다. 십우도의 기우귀가, 그리고 로저스의 인격변화과정 마지막 단계인 stage 7 이 여기에 해당된다고 본다.

(5) 정신치료를 넘어서는 자기마저 초월하는 단계

자기마저 초월하는 과정으로 자기의 이익이 아니라 공적인 삶을 이루어 나아가는 과정이다. 자기에 대한 집착이 점점 없어진다. 완전한 성인의 인격으로는 조금 모자라지만 조만간 성인이 되는 전 단계이다. 여기에는 십우도의 망우존인, 그리고 초개아심리학transpersonal psychology에서 추구하는 자기를 초월하는 과정에 있는 단계에 해당한다.

(6) 부처나 성인의 경계에 들어섬

인위적인 노력을 하지 않아도 저절로 존재 자체가 도리에 어긋나지 않고 자비, 인, 사랑으로 널리 세상을 구제하는 인격완성의 최종 단계이다. 공자가 말한 '종심소욕불유구從心所欲不踰矩'의 경지이다. 여기에는 십우도의 인우구망, 반본환원, 입전수수가 해당된다.

이 단계들은 인위적으로 저자가 가정적으로 구성하여 보았으며 많은 이견들이 있을 수 있다. 그러나 이렇게 하여 봄으로서 인간의 인격발달 과정에 대한 이해를 더 분명히 할 수 있고 정신치료자로서 우리의 위치를 돌아볼 수 있고 우리가 어떻게 살아가야 할지 안내를 더 분명히 할 수 있다고 본다.

〈 참고서적 〉

주역에서 보는 마음의 변혁

Reference in Korea or Chinese.

金碩鎭, 周易傳義大全譯解, 大有學堂, 1966.

道德經 (Tao-Te Ching)

朴昞大, 原本周易, 일신서적, 1995.

朴炳卓, [易經]에서 본 人間力動: 제16차 국제정신치료학회, 1994.

李東植, 韓國人의 主體性과 道, 一志社, 1992.

中庸 (The Doctrine of the Mean)

韓國周易學會, 周易의 現代的 照明, 汎洋社, 1992.

Reference in Engligh.

Dewald P.A.(1964), Psychotherapy, A dynamic Approach, N.Y. Basic Books.

Blofeld,J. (1965), I Ching, Penguin Group.

Jung, C.G. (1961), Forward in the 'I Ching', Wilhelm BaynesPark, B.T. (1996), Human Dynamics in the 'I Ching' or Book of Changes: Proceedings of the 16th International Congress of Psychotherapy, the Revised Edition, Korean Academy of Psychotherapists.(KAP)

To Thi Anh(1994), Wu-Wei, a Therapeutic Attitude, Psychotherapy East and West, 394~404쪽: Proceedings of the 16the International Congress of Psychot herapy. The revised edition, Korean Academy of Psychotherapists.(KAP)

Reifler,S. (1974), I Ching, Bantam Books.

Wang Bi, Richard John Lynn (1994), The Classic of Changes, I Ching, Columbia University Press, N.Y.

Wilhelm R. Baynes C.F.(1961), The I Ching or Book of Changes, N.Y. Bollington Foundation, 2nd Ed.

Saul L.J. (1977), The Childhood Emotional Pattern: N.Y. Van Nostrand Reinhold Company, 1977.

Park, Byung-Tak (1991), On Commitment in the Eastern Tradition, Tao and Western Psychotherapy: The 15th International Congtress of Psychotherapy.

십우도에서 보는 깨달음의 과정

1. 십우도: 장순용, 2000, 세계사.

2. Hoofprint of the Ox: Sheng-yen, Oxford.

3. 십우도: 곽암, 이희익 제창, 경서원.

4. 한국인의 주체성과 도: 이동식, 1974, 일지사.

5. 십우도;自己の 現象學: 上田閑照, 柳田聖山. 筑摩書房.

6. 十牛圖頌所展示的禪的實踐與終極關懷: 오여균, chibs.edu.tw 중화불학학보 제4기 항313-339, 香港浸會學院.

7. 잠에서 깨어나라: 오쇼 라즈니쉬, 길연옮김, 1996, 범우사.

8. Buddhism and Jungian Psychology: J.Marvin Spiegelman, Mokusen Miyuki, Falcon Press, Phoenix, Arizona, U.S.A. 1987.

제6장 유교의 정신치료 실제

정신분석치료에 해당하는 유교의 용어는 수신修身이라고 말할 수 있다. 유교는 자기를 더 나은 사람이 되기 위하여, 즉 군자君子나 성인聖人 같은 사람이 되려고, 자기 마음을 닦는 것이고, 정신분석치료에서는 자기의 정신적 문제를 해결하여 정신건강을 회복하는 것이다. 둘 다 자기가 전보다 더 성숙된 사람이 되는 것이다. 마음을 바르게 한다는 것은 정신이 성숙되고 건강한 감정과 행동 양식을 이룬 것을 말한다. 자기를 잃지 않음을 말한다. 주변에 휩쓸려서 감정을 행동화하거나, 피하여 억압하는 것 모두 정신불건강이다. 경敬수행을 하여 자기를 잃지 않고 주체적인 삶을 사는 것을 말한다. 따라서 정신치료에 해당되는 내용은 마음을 바르게 하는 정심正心의 내용이 된다.

대학 정심장正心章에 "'수신修身은 그 마음을 바르게 함에 있다.'라고 정의한다. 왜냐하면 마음에 성냄이 있으면 그 올바름을 얻지 못하고, 두려워하는 바가 있으면 그 올바름을 얻지 못하고, 좋아하는 바가 있으면 그 올바름을 얻지 못하고, 근심하는 바가 있으면 그 바름을 얻지 못하기 때문이라고 한다. 또한 마음이 있지 않으면 보아도 보이지 않고, 들어도 들리지 않으며, 먹어도 그 맛을 모르기 때문이라고 한다."[1] 주자朱子는 여기에 설명을 덧붙이기를, "성내고, 두려워하고, 좋아하고, 근심하는 것은 마음의 작용으로 사람에게 없을 수 없는 것이지만 잘 살피지 못하면 작용의 바름을 잃는다. 또한 마음이 있지 않으면, 자기를 검속할 수 없다. 여기를 살펴 경敬으로써 마음을 바르게 한 후 마음이 있게 되어 자기가 닦이게 된다."[2]고 하였다.

마음이 바르게 되려면 성냄과 두려움과 좋아함과 근심함이 있으면 안 된다고 하였다. 있으면 마음이 바르게 작용할 수 없는 것이다. 인산仁山 김씨金氏는 더 구체적으로, "성낼 때를 당하여 성내지만, 성내어도 옮기지 않고, 두려워할 것을 당하여 두려워하되, 두려워하면서도 겁내지 아니하고, 좋아할 만한 것을 좋아하되, 좋아하면서도 욕심내지 않고, 근심할 만한 것을 근심하되, 근심하면서도 상하지 않아야 한다."[3]고 말하였다. 마음이 바르다는 것은 마음이 정화되어 잡념이나 선입관이나 신경증적 욕구가 없는 상태이다. 따라서 자기 마음을 투사하지 않고 대상을 있는 그대로 보고 현실에 맞게 행동할 수 있는 것이다. 마음을 정화한다는

---

1) 所謂修身이 在正其心者는 身[心]有所忿懥면 則不得其正하며 有所恐懼면 則不得其正하며 有所好樂면 則不得其正하며 有所憂患이면 則不得其正이니라 心不在焉이면 視而不見하며 聽而不聞하며 食而不知 其味니라 此謂 修身이 在正其心이니라. [心經附註 大學 正心章]

2) 朱子曰, 四者, 皆心之用, 而人所不能無者, 然一有之, 而不能察, 則欲動情勝, 而其用之所行, 或不能不失 其正矣. 又曰, 心有不存, 則부以檢其身, 是以君子必察乎此, 而敬以直之然後, 此心常存, 而身無不修也. [心經附註 大學 正心章]

3) 仁山金氏曰, 忿懥恐懼好樂憂患四子, 喜怒哀樂之發, 乃心之用, 而人所不能無子, 則何惡於是, 而便以爲 不得其正哉. 蓋當怒則怒, 怒以不遷. 當懼則懼, 懼而非懼. 可好則好, 好而非欲. 可憂則憂, 憂而非傷. 是爲得此心體用之正, 而非可以有無言之也. [心經附註 大學 正心章]

것은 감정을 다스리는 것이다. 분노, 두려움, 좋아함, 근심들이 있을 때 이런 감정들에 휘둘리지 않고, 억압도 안 하고, 이겨내면서 현실에 맞게 해야 할 일은 하는 훈련을 하다 보면 이런 감정들을 극복할 수 있게 된다. 보통 사람들은 현실을 있는 그대로 지각하지 못한다. 자신 내면에 분노가 있으면 남들에게 화풀이하거나 아니면 억압하여 우울증이 된다. 자기의 마음속에 두려움이 있으면 실제로는 아닌 것인데 두려워하여 해야 할 것을 못하거나 안 해야 할 것을 하게 된다. 그러나 실제로 겁내지 말고 부딪쳐 보면 아무것도 아닌 것인데 공연히 겁냈구나 하는 것을 경험한다. 좋아하는 것을 탐닉하다 보면 나를 잃고 좋아하는 대상이 날 지배하게 된다. 충족시키려는 욕심을 절제하는 훈련을 하다보면 나를 상실하지 않고 진정으로 좋아하는 대상을 즐길 수 있게 된다. 근심의 경우도 근심거리에 빠지게 되면 그 스트레스로 인하여 몸이 병을 얻게 된다. 현실에 맞게 받아들일 것은 받아들이고 헤쳐 나가야 할 것은 최선을 다해 노력하고 결과는 겸허히 받아들일 자세를 가지다 보면 몸이 상하게 되는 지경까지 가지 않을 것이다. 사랑하는 사람을 잃었을 때도 마찬가지일 것이다. 너무 슬퍼서 병적인 애도반응으로 진행되지 않아야 한다. 자신의 감정을 피하지 않고 관찰하면서 인정하고 억압하지도 빠지지도 않고 내가 내 감정을 지배하여야 한다. 또한 이렇게 관찰하고, 받아들이고, 견디고, 극복하는 즉 주재하는, 통찰과 훈습을 통해 내가 나를 치료해 나가는, 내가 나의 주인으로서 내 마음에 자리 잡고 있어야 한다.

정심正心이 되려면 성의誠意를 해야 한다. "대학大學에 이른바 성의誠意는 자기를 속이지 않는 것이니, 악취를 싫어하듯이 하며 호색을 좋아하듯이 함을 '스스로 흡족하다'고 한다. 그러므로 군자는 반드시 그 홀로 있을 때 삼가야 한다. 소인이 한가로이 있으면 불선함을 하되 이르지 않는 바가 없다가 군자를 본 후에 슬그머니 그 불선함을 가리고 그 선함을 드러내니, 남이 자기를 보는 것이 그 폐간을 보는 것과 같은데, 무슨 도움이 되리요. 이것이 '안에서 성誠하면 밖으로 드러남'을 말하는 것이다. 그러므로 군자는 반드시 홀로 있음에 삼가야 한다[신독愼獨]."4)라는 글이 있다. 신독이란 자기 혼자만이 알 수 있는 무의식이라 할 수 있는 자기의 속마음을 지켜보는 것으로서, 어떤 생각이나 느낌이 떠오르면 그것을 알아차리는 훈련을 하는 것이다[자심반조自心返照]. 그래야 마음속으로 내가 무엇을 좋아하는지 무엇을 싫어하는지 알 수가 있고, 스스로 속이는 것이 있을 수 없게 된다[무자기毋自欺]. 모든 수행이나 정신치료는 자기 마음을 반조하는 자심반조를 하는 것에서 시작한다고 볼 수 있다.

자신의 본성이 진정으로 싫은 것을 싫어하고 좋은 것을 좋아하게 되면 스스로 흡족함을 느끼는 마음이 된다. 더 이상 거짓을 꾸밀 필요도 없어서 애써 스트레스를 받으면서 쓸데없는 노력을 할 필요도 없다. 이렇게 매 순간 내가 살아나가는 것이 성의誠意의 삶일 것이다. 정신이 건강치 못한 사람은 한가로이 있으면 불선不善함을 한다. 남이 볼 때 그 불선함을 가리고 선善함을 드러낸다. 그러나 남들은 그것을 다 안다. 또한 스스로도 자신의 양심에 걸리는 것으로 본래 마음에 흡족함이 없을 것이다. 그러니 자신의 마음에서도 남들의 인정받음에서도 하나도 유익함이 없는 것이다. 이동식은 무의식이란 남들은 다 아는데 자기만 모르는 것이라고 말했다. 그는 또한 「신경증이나 환자를 심부치료를 하여 환자가 어

---

4) 大學所謂誠其意者, 毋自欺也. 如惡惡臭, 如好好色, 此之謂自謙. 故君子必愼其獨也. 小人閒居, 爲不善, 無所不至, 見君子而后, 厭然掩其不善, 而著其善. 人之視己, 如見其肺肝然, 則何益矣. 此謂誠於中, 形於外. 故君子必愼其獨也. [心經附註 大學 誠意章]

느 정도의 자각에 도달하면 "여태까지 이중장부를 하고 있었다. 자기기만이었다." 이런 말들을 한다.」5)고 하였다. 정신이 불건강한 사람은 건강한 정신인 본성에 따르지 않고, 자신의 이득만을 위한 행위를 한다. 그러면서도 또 남의 인정과 사랑을 받기 위해 그러한 자기의 마음을 자신은 물론 남을 속인다. 그러나 남들은 그 속임을 다 알기 때문에 남들의 인정과 사랑도 진심으로 받지 못하고 또한 스스로도 자신의 양심에 걸려 흡족함이 없게 된다.

스스로 치료하려는 사람은 자신의 마음을 반조하여 처음 떠오르는 생각이나 감정을 방어하지 않고 깨달아서, 본래 마음을 보는 것을 기꺼이 인정하고 받아들여서 오히려 결과적으로 마음에 걸리는 것이 없게 되어 쾌적한 마음이 된다. 나의 마음이 쾌적한 것이 기준이 되는 것이지, 남이나 환경이 주된 판단기준이 되는 것이 아니다. 결국 나만이 스스로 쾌적한지 알 수 있는 것이다. 그러므로 반드시 자기 마음을 잘 살펴야 한다. 이것은 주자의 "자신을 닦고자 하는 사람이 선을 행하여 악을 제거할 줄 안다면, 마땅히 실지로 그 힘을 들여 스스로 속이는 것을 금지하여, 악을 싫어하는 것을 마치 악취를 싫어하듯이 하고, 선을 좋아하는 것을 마치 호색을 좋아하듯이 하게 하여, 모두 결단코 구하여 반드시 얻어서 자신에게 스스로 쾌적하기를 힘쓸 것이요, 한갓 구차하게 밖을 좇아 남을 위해서는 안 될 것이다. 그러나 실한가 실하지 않은가는 대개 다른 사람은 알 수 없고 자기 혼자 아는 것이다. 그러므로 반드시 삼가 그 기미를 살펴야 한다."6)는 말과 "소인이, 사그라들어 덮어 감추는 모양[염연厭然]으

---

5) 이동식(1974): 한국인의 주체성과 도, 제2판, 일지사, 152쪽.
6) 朱子曰, 獨者, 人所不知, 而己所獨知之地也. 言欲自修者, 知爲善以去其惡, 則當實用其力, 而禁止其自欺, 使其惡惡, 則如惡惡臭, 好善則如好好色, 皆務決去, 而求必得之, 以自快足於己. 不可徒苟且, 以徇外而爲人也. 然其實與不實, 蓋有他人所不及知, 而己獨知之

로, 속으로는 선하지 않음을 행하면서 겉으로는 덮으려 한다고 하였고, 선을 마땅히 해야 하고 악은 마땅히 제거해야 함을 모르지 않지만 실지로 그 힘을 쓸 수 없어서 여기에 이른 것일 뿐이라고 하였다. 그러나 악을 덮으려고 하지만 마침내 덮을 수 없고, 선을 행하는 것처럼 속이려 하지만 결국 속일 수 없으니 무슨 유익함이 있겠는가라고 하였다. 그래서 군자는 거듭 경계삼아 그 홀로를 삼가는 까닭이라고 하였다."[7]는 말과 같은 의미일 것이다.

주자는 또한 말하기를, "마음에 부끄러움이 없으면, 넓고 크고 너그러우며 편안하여 몸이 편안하고 여유 있다."[8]라고 하였다. 마음에 부끄러움이 없다는 것은 스스로 속이는 게 없는[무자기] 것으로 오래 지속하면 마음이 정화되어 애응지물礙應之物이 없게 된다는 것이다. 그러면 현실을 있는 그대로 보고, 현실에 딱 맞게 대응할 수 있을 것이다. 심신에도 건강한 영향을 미칠 것이다.

증자曾子는 마음이 넓어지고 몸이 좋아지려면 성의誠意를 반드시 해야 한다고 하였다.[9] 성의誠意는 자기를 속이지 않는 것에서부터 출발한다. 왜냐하면 정신 불건강은 자신의 감정을 직면하기 힘들어서 자기를 속이는, 즉 억압하고, 방어하는 정신기제들을 사용하기 때문이다.

者. 故必謹之於此, 以審其幾焉. [心經附註 大學 誠意章]
7) 朱子曰, 厭然, 鎖沮閉藏之貌, 此言小人陰爲不善, 而陽欲掩之, 則是非不知, 善之當爲, 與惡之當去也. 但不能實用其力, 以至此爾. 然欲掩其惡, 而卒不可掩, 欲詐爲善, 而卒不可詐, 則亦何益之有哉. 此君子所以重以爲戒, 而必謹其獨也. [心經附註 大學 誠意章]
8) 心無愧作, 則廣大寬平, 而體常舒泰. [心經附註 大學 誠意章]
9) 曾子曰, 十目所視, 十手所指, 其嚴乎. 富潤屋, 德潤身, 心廣體胖. 故君子必誠其意. [心經附註 大學 誠意章]

성의誠意는 격물格物과 치지致知가 선행되어야 한다. 어떠한 감정과 행동 양식이 정신불건강이고 정신건강 인가를 아는 것이 중요한다. 그리고 자신을 속이지 않는 통찰과 훈습을 지속적으로 해야 한다. 정신분석에서 말하는 무의식의 의식화도 일종의 자기를 속이지 않아야 가능한 일이다.

대학大學의 대학장구서大學章句序에 이르기를 '명명덕신민明明德新民[밝은 덕을 밝히고 백성을 새롭게 이끈다.]'이라는 글이 있다. 자신의 타고난 본래의 밝은 덕을 밝히고 다른 사람들을 새롭게 한다는 것이다. 불교의 '자각자각타自覺者覺他'라고 자신이 깨닫지 못하면서 남을 깨닫게 할 수 없다는 것과 같은 말이다. Jung이 "환자의 인격은 치료자의 기법이 아니라 치료자 인격의 모든 자원을 요구한다."[10]라고 말했듯이 정신치료에서 치료자가 먼저 성숙한 인격을 갖추어야 환자에게 감화를 줄 수 있는 것이다. 자신이 먼저 명명덕明明德 해야 하는 것이다. 자신이 먼저 하늘의 이치인 사람 마음의 이치를 자기 몸을 통해 분명히 알고 나서 남을 인도할 수 있는 것이다.

유교의 수신修身에는 정靜공부와 동動공부로 두 가지 공부가 있다. 심학도心學圖에 보면 정靜 공부에는 계구戒懼, 조존操存, 심사心思, 양심養心, 진심盡心이 해당되고, 동動공부에는 신독愼獨, 극복克復, 심재心在, 구방심求放心, 정심正心이 해당된다.[11] 정靜공부는 마음이 발發하기 전, 즉 미발未發 시 하는 공부로 특히 정좌靜坐하여 사물에 응하기 전의 마음을 깨어 있

---

10) "The personality of the patient demands all the resources of the doctor's personality and not technical tricks." (Jung CG, The State of Psychotherapy Today. In: The Collected Works of C. G. Jung Vol.10, 2 ed. Princeton University Press;1934/1970, 159쪽.
11) 程復心의 心學圖.

게 하는 마음을 함양하는 공부이다. 동動공부는 마음이 발發하는 순간 그 마음을 알아차리고[愼獨] 스스로를 속이지 않고[毋自欺] 마음을 바르게 하는[正心] 공부이다. 정靜과 동動 공부를 통해, 통찰을 하고, 훈습을 오래 하여, 인격의 변혁을 이루어야 함을 말한다. 정신치료에서는 정靜공부에 대한 방법은 따로 없다. 평상시 몸에 배어있는 치료자의 태도나 인격 함양이 여기에 해당될 것이다. 일상생활에 부딪치면서 마음에서 일어나는 모든 반응들은 마음이 이미 발發한 상태로서 이에 해당되는 부분을 다루는 것은 동動공부에 해당되는 사항이다. 서양의 정신치료 이론들은 모두 여기에 해당된다고 볼 수 있다.

유교의 정신치료는 두 가지 방향으로 진행한다. 하나는 존덕성尊德性이고 다른 측면은 도문학道問學이다. 존덕성尊德性은 주로 정靜공부가 해당되며 본래의 마음을 함양하는 것으로 정신을 건강하게 만드는 측면이다. 그리고 서양의 정신치료에서 주로 다루는 측면으로 도문학道問學은 자신을 정밀하게 분석하여 통찰과 훈습을 지속적으로 하는 것이다. 이 두 가지는 실제에 있어서 따로 작용하는 것이 아니라 서로 협력적으로 기능하는[덕불고德不孤] 한마음인 것이다.

1. 정신치료로서 유교의 특징

1) 내가 나를 치료한다. (self psychotherapy)

서양의 정신치료에서는 자신에게 정신적 문제가 있어서 해결하려고 정신치료를 정신치료자에게 받는다. 유교에서는 치료자로부터 치료를 받는 환자라는 개념이 없다. 모든 보통의 사람은 건강치 못한 범부凡夫이다. 그러나 수행을 시작하는 사람은 수행자로서 정신적인 문제가 있건 없건 자기를 위한 학문[爲己之學12)]으로 자기의 발전과 정신건강을 위해, 스스로 나은 인품을 가지기 위하여, 성숙된 인간인 군자君子나 성인聖人이 되기 위하여, 스스로 자기가 자기를 치료한다. 그러기 위해서는 이러한 뜻을 먼저 세워야 함을 강조한다.13) 즉, 스스로 주체가 되고 자유의지로 자신의 인생을 책임지고 경영해 나가는 뜻을 세우는 것이다. 정신치료에서는 치료자가 먼저 환자의 핵심감정14)(또는 아동기 감정양식, 핵심역동, 콤플렉스, 주동기, 등)을 알고 그것을 환자가 알도록 도와주지만, 유교의 수신修身에서는 스스로 자신을 관찰하여야 하고, 그래서 스스로 자신을 속이는 것을 하지 않도록 스스로 자신에게 엄해야 한다. 유교에서는 독학도 가능하지만 스승이 있고, 정신분석치료에서는 치료자가 있다. 프로이트는 자기-분석을 스스로 하였다고 하지만 실제 현재의 정신분석치료는 치료자 없이 혼자 하기는 어렵다. 유교에서는 독서, 정좌靜坐와 거경居敬(명상) 그리고 궁리窮理를 하면서 스스로 수신修身한다. 정좌靜坐하거나 일에 부딪치면서 스스로 혼자 한다self-psychotherapy. 물론 스승의 가르침이나 영향을 받지만 공식적인 틀이 있진 않다.

---

12) 이황李滉: 주자서절요 서문; '나의 참다운 삶의 길을 위해 성현을 알 필요가 있고, 그 때문에 성경聖經과 현전賢傳을 공부하는 것이다.'
13) 學者, 大要立志. 纔學, 便做聖人, 是也. [心經附註 大學 正心章]
14) '도정신치료道精神治療'를 창시한 이동식이 말한 것으로 모든 정신적 괴로움의 원천이 되는 유아기 때 해결안된 가장 깊은 곳에 있는 감정 그 자체를 말함.

2) 본래마음은 건강하고 스스로 치유능력이 있다.

본래 마음은 청정하다. 단지 사물에 응할 뿐이다. 인욕人欲이 누적되어 원래의 청정한 마음이 안 된다. 사물에 바르게 응할 수 없다. 따라서 마음은 불편하다. 마음이 마음대로 작용할 수 없다. 마음이 몸을 가진 개체에 더 갇히게 되고 자유가 없게 된다. 아마 마음은 자유롭게 되려는 성질이 있나 보다. 그래서 갇히고 좁아져 있고 비틀어져 있으면, 펴지고 넓어지고 벗어나려고 스스로 치료를 하려는 작용이 있나 보다. 주자朱子가 말하길, "예禮는 자신이 본래 가지고 있는 것이므로 '회복한다.'고 말한 것이요, 자기를 완전히 극복하기를 기다린 후에야 비로소 예禮를 회복해 가는 것이 아니다. 그 일분一分의 인욕人欲을 극복하면, 곧 이 일분一分의 천리天理를 회복하게 되는 것이다."[15]라고 하였다. 즉 사람은 본래 천리를 가진 건강한 정신을 가지고 태어났으나 자라면서 불건강하게 되었던 것이고, 본래의 정신은 스스로 자연치유의 성질이 있어서, 정신이 건강하게 될 때 새로 만들어지는 것이 아니라 회복한다고 말하는 것이다. 또한 치료를 받아 병적인 마음이 일부분 없어지면, 그만큼의 건강한 인격으로 회복되는 것이다.

3) 나의 문제이고 나 자신에서 해결을 구한다.

현실에 맞지 않는 불건강한 감정이 올라올 때 어떻게 직면하여 극복하는가? 우선 원인은 자신에게 있다는 것을 알아야 한다. 그런 감정은 자신

---

15) "禮是自家本有底, 所以說箇復. 不是待克了己, 方去復禮. 克得那一分人欲去, 便復得這 一分天理來." [心經附註 論語 顏淵問仁章]

의 내부에서 일어나는 것으로 나의 문제이다. 남의 탓이나 환경의 탓으로 돌리면서 남과 환경만 바꾸려고만 해서는 근본적인 해결이 또한 되지 않는다. 자기 마음을 정밀하게 성찰해야 한다. 이치에 맞게 어린 시절서부터 현재에 이르기까지 성찰하면서 이러한 감정이 현재 나오게 된 전 과정을, 한편으로는 견디고 수용하면서, 깨달아야 한다. 이것을 하는 것이 정신치료라 할 수 있다. 주자朱子가 말하기를, "이제 모름지기 성현聖賢이 인仁을 말한 곳을 가지고 자신의 몸에 나아가 생각하되 오래한다면 자연 알게 될 것이다."[16]라고 하였다. 이것은 스스로 공부하면서 남에게서 원인을 찾는 것이 아니라 자기에게서 원인을 찾고 자기의 몸을 통해 해결해 가야 함을 말한다. 어린 아이가 아닌 어른이 된 이상 현재 자신이 가지고 있는 문제를 스스로 책임지고 치료해 나아가야 할 것이다. 또한 치료를 받아 성숙될수록 남 탓하는 것이 아니라 내가 책임지는 태도가 높아진다. Saul이 책임에 대한 언급[17]이나 Rogers의 인격발달과정 연구[18]에서 볼 수 있듯이 책임을 지는 것은 정신건강의 또 하나의 척도가 될 수 있다. 스스로 자신이 주主가 되어 주인의식으로 자유의지로 자신을 책임지고 경영해 나가는 자세이다.

4) 인격의 변혁을 가져오는 근본치료를 추구하고 있다.

소자邵子가 말하기를 "입으로 말하는 것은 몸으로 행하는 것만 못하고,

---

16) "今須將聖賢言仁處, 就自家身上思量, 久之自見." [心經附註 論語 顏淵問仁章]

17) *Saul LJ(1972): The Childhood Emotional Pattern, New York, Van Nostrand Reinhold Co.* 259~269쪽.

18) *Rogers: A tentative Scale for the Measurement of Process on Psychotherapy; in Research in Psychotherapy, Proceedings of Conference, Washington, D. C., April 9-12, 1958.*

몸으로 행하는 것이 마음으로 다하는 것만 못하다. ……입에 허물이 없기는 쉬워도 몸에 허물이 없기는 어려우며, 몸에 허물이 없기는 쉬워도 마음에 허물이 없기는 어렵다.”19)고 하였는데, 결국 마음이 바뀌는 것이 제일 어렵고 근본적인 것이다. 이것은 즉 인격의 변혁이 일어나야 근본적인 치료가 된다는 말이다. 인격의 변혁이 일어나지 않고 행동만 바뀐다면 상황에 따라 다시 재발할 수 있다. 유교는 일시적인 치료보다 근본적인 인격의 변혁을 요구하고 있다. ‘안회顔回가 선善하지 못하면 일찍이 알지 못한 적이 없었고, 알고는 일찍이 두 번 다시 행하지 않았다.’20)고 한다. 지식적인 차원이 아닌 깊은 감정적 통찰을 하였고, 확실한 훈습으로 마음의 변혁을 가져온 것을 알 수 있다. 논어 안연문인顔淵問仁 장章에 「안연이 인仁에 대해 물으니, 공자가 대답하기를, “자기를 이기고 예禮[천리가 나타나는 모습으로 정신 건강한 모습]로 돌아가는 것이 인仁이니, 하루라도 자기를 이겨 예禮를 회복할 수 있다면, 천하가 인仁으로 돌아가리라, 인仁을 행함은 나로 말미암는 것이지 남으로부터 말미암는 것이랴?” 안연이 말하기를, “그 조목을 묻고자 합니다.”하니, 공자가 말하기를, “예禮가 아니면 보지도 말고, 예禮가 아니면 듣지도 말며, 예禮가 아니면 말하지도 말며, 예禮가 아니면 움직이지도 말라.”」21)는 구절이 있다. 자기를 이긴다는 것에 대해, 양자揚子는 사사로움을 이기는 것을 극克이라 하였고22), 이천伊川선생은 예禮가 아닌 곳이 사의私意라고 했다.23)

---

19) 邵子 曰, 言之於口, 不若行之于身. 行之于身, 不若盡之于心……. 無口過易, 無身過難. 無身過易, 無心過難. [心經附註 易 復初九 不遠復章]

20) 有不善未嘗不知, 知之未嘗不行也. [心經附註 易 復初九 不遠復章]

21) 顔淵問仁. 子曰, 克己復禮爲仁. 一日克己復禮, 天下歸仁焉. 爲仁由己, 而由人乎哉. 顔淵曰, 請問其目. 子曰, 非禮勿視, 非禮勿聽, 非禮勿言, 非禮勿動. [心經附註 論語 顔淵問仁章]

22) 揚子曰, 勝己之私, 謂之克. 최중석(1998) [心經附註 論語 顔淵問仁章]

즉, 일거수일투족에서 사의私意라고 할 수 있는 자기의 노이로제적인 동기를 철저히 알아차리고, 훈습하고, 마음에 변혁이 일어날 때까지 극복함을 말한다. 또한 사謝씨는 자기를 극복한다는 것은 모름지기 성품이 치우쳐 극복하기 어려운 곳으로부터 장차 극복해 나가야 한다고 하였다.24) 즉, 가장 직면하기 싫은, 죽기보다도 싫은, 핵심감정25)을 직면하여 깨닫고, 이겨내야 함을 말한다. '예禮가 아니면 보지도 듣지도 말하지도 움직이지도 말라.'는 것은 대상에 휘말리지 말고 마음의 주체가 현실을 있는 그대로 지각하고 현실에 맞게 대응하고, 진실하게 남을 대하라는 것이다. 현실을 있는 그대로 보고 들으려면 대상에 빠지거나 대상을 억압하게 되는 자기상실이 없어야 한다. 그러려면 자기의 감정이 정화되어야 한다. 자기의 감정의 투사가 대상에게 향하지 않아야 가능하다. 즉, 항상 인仁을 유지하는, 마음의 주가 항상 있는, 상태로 자기 성찰과 훈습을 끊임없이 계속 유지하고 있어야 가능하다. 인仁을 유지한다는 것은 중中을 유지하는 것으로 한쪽으로 치우치는 사적인 감정에 빠지지 않고 어디에도 치우치지 않는 자연스러운 감정을 유지하는 것이다. 이렇게 자신을 극복하여 인격의 변혁을 가져와서 성숙된 인격이 되도록 하는 것이다.

---

23) 伊川先生曰, 非禮處, 便是私意. 如何得仁, 凡人須是克盡己私, 皆歸於禮. 方始是仁. [心經附註 論語 顏淵問仁章]

24) 克己, 須從性偏難克處, 克將去. [心經附註 論語 顏淵問仁章]

25) '도정신치료道精神治療'를 창시한 이동식이 말한 모든 정신적 괴로움의 원천이 되는 유아기 때 해결 안 된 가장 깊은 곳에 있는 감정 그 자체를 말함.

5) 군자君子나 성인聖人 같은 성숙된 인격을 이루는 것이 목표이다.

정신치료에서는 자기문제의 해결이거나 성숙된 인격을 이루는 자기실현에 목표를 두고 있지만, 유교에서는 성숙된 인격인 군자君子가 되는 것을 포함하여 성인聖人의 경지까지 가려는 목표를 가진다. 성인聖人인 공자孔子는 네 가지를 끊었다[子絶四]고 한다. 즉 무의毋意[함부로 단정 짓지 않는다.], 무필毋必[반드시 이루려고 무리하지 않는다.], 무고毋固[기왕의 일에 우기면서 집착하지 않는다.], 무아毋我[나만 옳다고 내세우지 않는다]이다. 이러한 경지는 정신치료자의 모습으로 대입해 볼 때 완전한 정신치료자의 모습이다. 환자를 편견 없이 있는 그대로만 보며, 환자로 하여금 스스로 해결하도록 도우며, 이 순간의 최선을 하며, 환자가 스스로 했다는 느낌을 가지도록 환자가 잘해서 좋은 결과를 내었다고 하는 것이다.

2. 정신치료 실제

1) 본래의 마음을 함양하는 것이 정신이 건강해지는 것이다.

(1) 본래의 마음을 자각하고 유지하기

마음이 미발未發 시에 상제上帝를 마주 대한 듯이 몸과 마음이 경건하여야 한다는 것은 본래의 마음을 보존하려는 것이다. "단지 어두워지지 않도록 할 것이다. ……단지 잡는 것이다. 한 번 잡으면 곧 여기에 있는 것이다. ……항상 이 마음을 끌어와 여기 있게 하여 미연에 방지하려 함이다. 이른바 드러나지 않으나 의도한 것이다."26), "깨어 있는 주인이 항상 명막한 가운데 조관照管하여 모두 일찍이 놓아버림이 없는 것이니, 비록 체단體段을 붙들어 지키나 도리어 흔적은 드러나지 않는 것이다."27), "희노애락이 발하기 전에 함양하는 것이다. 함양은 천리를 보존하는 것이다."28) 이상의 이러한 글귀들은 모두 자기의 본래 마음을 함양하는 것과 관계가 있다. 자기의 본래 마음을 자각하고 유지하는 것이다. 이렇게 하는 것은 유교의 특징으로 정신건강을 향상시키고 본래의 건강한 마음으로 회복하려는 것이다. 유교의 수신修身[정신치료]에서 근본으로 삼는 마음의 상태는 명상에서 말하는 순수한 의식으로 본래의 마음이다. 이 순수한 의식을 기르는 방법으로 경敬공부를 제시한다. '경敬으로써 안을 곧게 하여, 이 뜻을 함양해야 한다. 안을 곧게 함直內이 근본이다.'29)라고 하였는데, 경敬공부를 통하여 마음의 순수한 의식 상태를 유지하는 힘을 기르는 것이다. 본래의 마음은 건강한 마음이다. 이러한 본래의 마음 상태에서는 마음에 한 물건도 없이 비워져서 사물이 나타날 때 있는 그대로 투사 없이 지각할 수 있다. 일에 처했을 때, 일에 전일專一하게 된다. 일이 끝나면 마음이 수렴되어서 마음속에 한 물건도 없게 된다. 정신치료에서는 치료자의 마음이 정화되어 자신의 동기가 비어있어야 환자의 말에 왜곡 없이 정확한 공감이 가능한 것이다. 유교에서는 마음이 곧아 있어야 자신이 사물에 응할 때 바르게 발현될 수 있는 전제조건이 되는 것이다. "경敬으로써 안을 곧게 하면 의義로써 밖을 방정하게 할 수 있다."30)고 하듯이 중용의 도道를 행하는 전제조건이다. 어디에도 휘말려

---

26) 只不要昏了, 他便是戒懼. 亦不是箸力把持, 只是操. 一操便在這裏, … 常要提起此心, 在這裏, 防於未然, 所謂不見是圖也. [心經附註 中庸 天命之謂性章]

27) 所以惺惺主人, 常在冥漠中照管, 都不會放下了. 蓋雖是持守體段, 却不露痕跡. [心經附註 中庸 天命之謂性章]

28) 戒懼者, 所以涵養於喜怒哀樂未發之前. 涵養者, 所以存天理也. [心經附註 中庸 天命之謂性章]

29) 敬以直內, 涵養此意. 直內是本. [心經附註 易 乾九二 閑邪存誠章]

서 치우치지 않고 있는 그대로 대상에 반응을 할 수 있는 것이다. 주역의 곤괘坤卦에서 "경敬과 의義가 서서 덕이 외롭지 않다."³¹⁾고 하였듯이, 마음을 곧게 하는 것과 바른 건강한 감정과 행동 양식을 하는 것은 서로 힘을 보태주는 효과를 가지는 것이다.

(2) 자존감과 기氣를 살리기

건강한 정신을 키워나가는 것이다. 즉, 본래의 마음을 함양하는 것이다. 마음은 원래 이치에 맞게 건강하게 작용하도록 되어있다. 그리고 잘못되어 있다 할지라도 스스로 회복하는 능력이 있다. 그러나 맹자가 '우산牛山의 나무는 일찍이 아름다웠는데 큰 나라의 교외에 있는 까닭에 도끼가 찍어대니 아름다울 수 있겠는가?'³²⁾라고 말한 바와 같이 밤새 나무가 자라더라도 낮에 사람들이 나무를 찍어내어서 민둥산이 되었는데 사람들은 처음부터 민둥산일 줄 안다는 것이다. 사람의 마음도 이와 같이 원래 건강하고 밤새 회복하는 기운을 받지만 낮에 스스로 자기 마음을 해치기 때문에 황폐한 마음이 되어있다는 것이다. 물질 또는 대상이 내 마음의 주인이 되고, 나는 그것의 하수인이 되면 자기를 해치는 것이다. 정신건강은 자기가 살아나는 것이고 자기의 감정이 억압되지 않고 살아나는 것이다. 그렇지 않으면 자기 상실이 된다. 어릴 때 환경에 의해 자기감정을 억압하여야 살 수 있었던 사람은 억압된 만큼 자기가 죽어있는 사람이다. 마음 씀이나 행동이나 말하는 데 있어서, 스스로 자기 마음에 흡족해야 한다. 마음에 거리낌이 없어야 한다. 당당한 느낌이 있어야 한

---

30) 敬以直內, 義以外方. [心經附註 坤六二 敬以直內章]
31) 易坤之六二曰, 君子 敬而直內, 義而方外. 敬義立而德不孤. [心經附註 坤六二 敬以直內章]
32) 牛山之木, 嘗美矣, 以其郊於大國也, 斧斤伐之, 可以爲美乎?' [心經附註 孟子 牛山之木章]

다. 스스로 부끄러운 짓을 안 하도록 해야 한다. 스스로 자기를 속이는 것이 없어야 한다. 이중성이 없어야 한다. 항상 진심(盡心과 眞心 둘 다)을 다해야 한다. 그래서 자존감을 회복하는 것이다. 원래 사람은 누구나 귀중한 존재로 태어났지만 자라난 환경의 영향으로 스스로 못났다고 생각하는 것이다. 이러한 자기 세뇌에서 벗어나야 한다. 자기 성찰을 정밀하게 하여 인욕人欲에 따르지 않는 것이 나의 기氣가 살아나는 길이다. '간사한 소리와 어지러운 색을 총명에 머물게 하지 않고[불류不留], 음란한 음악과 간특한 예법을 심술에 접하지 않게 하며[불접不接], 게으르고 태만하여 사특하고 치우친 기운을 신체에 베풀지 않아서[불설不設], 이목구비耳目口鼻와 심지백체心知百體로 하여금 모두 유순함과 올바름으로 말미암아 그 의義를 행하게 한다.'33)에서와 같이 모든 일상생활에서 자기가 대상에게 휘둘리지 않고 자기를 살아나게 하는 것으로써 불건강하게 되는 것을 막고 건강한 기운으로 흐르게 하는 것이다. 자기나 남을 속이는 것은 모두 자기 자신의 자존감을 죽이는 것이다. 당당하지 못하므로 자존감이 낮아진다.

(3) 음악

악기樂記에 '악樂을 이루어 마음을 다스린다면 조화롭고 곧으며, 자애롭고 미더운 마음이 유연하게 생길 것이요, 조화롭고 곧으며, 자애롭고 미더운 마음이 생기면 즐겁고, 즐거우면 편안하고, 편안하면 오래가고, 오래가면 하늘이요, 하늘이면 신神이니. 하늘인즉 말을 하지 않으나 미

---

33) 姦聲亂色, 不留聰明, 淫樂慝禮, 不接心術, 怠慢邪辟之氣, 不設於身體, 使耳目口鼻, 心知百體, 皆有順正, 以行其義. [心經附註 樂記 君子反情和志章]

덥고, 신神이면 성내지 않으나 위엄이 있으니, 악樂을 이루어 마음을 다스리는 것이다.'34)와 '마음속이 모름지기 조화롭지 못하고 즐겁지 않아서 비루하고 속이는 마음이 들어오게 하는 것이다.'35)에서와 같이, 음악은 사람의 마음을 산만하지 않고 여유롭게 만들 수 있다. 욕심이 적어지고 즐겁게 된다. 그래서 비루하고 속이는 마음이 들어서지 않게 된다. 사람의 마음기질에 변화를 일으킬 수 있고 그 불건강한 찌꺼기를 녹여버릴 수 있다. 마음의 감성에 영향을 주는 다른 예술이나 운동을 포함하여 모든 활동도 좋은 영향을 준다면 마찬가지일 것이다.

정신치료 면담 중에 음악이 마음에 영향을 주는 것에 대하여, 한 명석하고 젊은 청년과의 대화 내용을 소개한다.

> 치: 음악이 도움이 될 수 있다.
> 환: 노래를 듣는 것을 좋아하는데, 순간적으로 우울할 때가 있습니다. 우울할 때 우울한 음악을 들으면, 진짜 혼자 있는 기분이 들고, 그리고 쾌락을 느낍니다.
> 치: 왜 쾌락을 느끼나?
> 환: 공허하고나. 이 느낌이구나!
> 치: 공허함을 느끼니까?
> 환: 이런 우울한 음악이 세상에 있다는 것이...
> 치: 누군가 공감을 했다는?
> 환: 그런 것 같다.

굳이 해설을 해보자면, 환자는 마음의 가장 밑바닥에 어렸을 때 혼자

---

34) 致樂以治心, 則易直子諒之心, 油然生矣. 易直子諒之心生, 則樂, 樂則安, 安則久, 久則天, 天則神, 天則不言而信, 神則不怒而威. 致樂以治心者也. [心經附註 樂記 禮樂不可斯須去身章]

35) 中心, 斯須不和不樂, 而鄙詐之心, 入支矣. [心經附註 樂記 禮樂不可斯須去身章]

남겨지는 공허한 느낌이 있다. 이 느낌은 환자의 일거수일투족에 현재까지 영향을 끼치고 있다. 이 느낌을 음악을 통해 느끼고 나의 마음속에 이 느낌이 있다는 것을 깨닫고 또한 이런 음악을 만든 누군가 이런 우울한 감정을 갖고 있었던 이 음악을 만든 사람이 있다는 생각으로 공감을 받으며, 이런 느낌을 피하지 않고 직면하여 극복하는 느낌으로 쾌락까지 느끼는 것으로 볼 수 있다.

(4) 과욕寡慾

주자周子의 양심설養心說에 이르기를, "맹자가 이르기를, '마음을 기르는 것은 욕심을 적게 하는 것보다 더 좋은 것은 없으니, 그 사람됨이 욕심이 적으면 비록 있지 않은 것이 있더라도 적으며 그 사람됨이 욕심이 많으면 비록 있는 것이 있더라도 적다.'고 했으니, ……적게 하여 없는 데에 이르는 것이니, 없다면 성실함이 서고 밝음이 통한다. 성실함이 서는 것은 현인賢人이요, 밝게 통하는 것은 성인聖人이다. ……마음을 길러 다다른 것이다. ……"36)라고 하였다. 여기에 주자朱子는 "욕欲이란 이목구비耳目口鼻와 사지四肢의 하고자 하는 바이니, 비록 사람이 없을 수 없는 바이지만, 그러나 많아서 절제하지 못하면 그 본심을 잃지 않는 자가 없으리니, 배우는 자가 마땅히 매우 경계할 바이다."37)라고 하였다. 또 여씨呂氏가 말하기를, "욕심이란 것은 사물에 감응하여 움직이는 것이다. 마음을 다

---

36) 孟子曰, 養心莫善乎寡欲, 其爲人也, 寡欲, 雖有不存焉者, 寡矣, 其爲人也, 多欲, 雖有存焉者, 寡矣. …… 蓋寡焉以至於無, 無則誠立明通. 誠立賢也, 明通聖也. …… 必養心而至之. [心經附註 周子 養心說]

37) 欲謂口鼻耳目四肢之所欲, 雖人所不能無, 然多而不節, 則未有不失其本心者, 學者, 所當深戒也. [心經附註孟子 養心章]

스리는 도道는 욕심을 줄이는 것보다 좋은 것은 없으니, 욕심을 줄이면 귀와 눈의 일은 사물에 가려지지 않아 마음이 항상 편할 것이요, 마음이 항상 편하면, 안정되어 어지럽지 않고 밝아서 어둡지 않을 것이니, 도道가 이로 말미암아 생기는 바요, 덕德이 이로 말미암아 이루어지게 되는 바이다. ……욕심이 적은 사람은 질곡桎梏되어 없어지는 근심이 없다. 그 사람됨이 욕심이 많으면 움직이는 것을 좋아하되 절제가 없고, 망령된 행동으로 떳떳함을 잃게 되니, 선한 단서가 이로 인하여 잃게 되는 것이며, 천리가 어그러지게 되는 것이다. 그러므로 비록 보존하는 것이 있더라도 적은 것이다."38)라고 하였다. 이상과 같이 과욕寡慾은 본래의 마음을 함양하는 데 매우 유효한 방법이다. 정신이 건강해지는 것으로 외물에 덜 휘둘리게 되고 절제하기가 더 쉬워지고 본심을 더 잘 보존할 수 있게 된다. 마음이 편안해지면서 자신의 마음이 정화되고 대상에 투사하는 게 적게 되어있는 그대로 보게 되는 것이다. 또한 주자周子의 통서通書에서 이르기를, "……욕심이 없으면, 고요해서는 텅 비고 움직임에는 곧다. 고요해서 텅 비면 밝고, 밝으면 통한다. 움직임에 곧으면 공정하고, 공정하면 넓다. 밝고 통하고 공정하고 넓으면 거의 (성인에) 가까울 것이다."39)라고 하였다. 욕심을 적게 하여 마음을 기름으로써 밖에 유혹되지 않도록 하는 것이 마음을 보존하는 시초이다. 수행의 필수적인 마음가짐이다. 마음이 주작走作하지 않아 정일精—[정밀히 성찰하고 마음집중 하는 것]

---

38) 欲者, 感物而動也. 治心之道, 莫善於少欲, 少欲, 則耳目之官, 不蔽於物而心常寧矣, 心常寧, 則定而不亂, 明而不暗, 道之所由生, 德之所自成也. …… 寡欲之人, 則無桔亡之患矣. 其爲人也, 多欲, 則好動而無節, 妄作而失常, 善端所由喪, 而天理虧焉. 故雖有存焉者, 寡矣. [心經附註 孟子 養心章]
39) 無欲, 則靜虛動直. 靜虛則明, 明則通. 動直則公, 公則溥. 明通公溥, 庶矣乎. [心經附註 周子 通書 聖可學章]

하는 데 도움이 된다. 치료자의 사적인 동기가 있더라도 욕심이 적게 가지려는 노력은 대상에 그만큼 휘말리지 않게 하고 현실에 맞게 판단할 수 있게 하는 것으로 정신치료에 큰 도움이 되고 정신건강을 키우는 방법이 되는 것이다. 욕심을 적게 하는 것에서 욕심이 없는 무욕無欲의 경지까지 가면 성인聖人인 것이다.

(5) 경전 공부; 독경, 궁리, 토론, 실천

서경書經에 「'선을 가림(擇善)'은 정밀히 함이요, '굳게 잡음(固執)'은 전일專一하게 함이다. 박학博學, 심문審問, 근사謹思, 명변明辯 같은 것은 다 정밀히 함이요, 독행篤行은 전일하게 함이다. '중용'의 명선明善은 정밀히 함이요, 성신誠身은 전일하게 함이다. '대학'의 치지격물致知格物은 정밀히 함이 아니면 불가능하며, 의성意誠은 곧 전일하게 함이다.」40)라는 글이 있다. 경전을 대하면 자연히 마음이 경건해 진다. 내용을 궁리하면서 점차로 이치를 깨닫게 되고 마음의 세계가 열리고 넓어진다. 정일精一하는 데에도 도움이 된다. 항상 끊임이 없이 일상생활에서 지속되어야 한다. 이렇게 하는 것이 본래 마음을 함양하고 이치를 깨달음으로 정신건강에 큰 도움이 된다. 그러나 현실에서는 그렇지 않다. '요즘 사람이 게으른 까닭은 꼭 정말로 겁약해서가 아니다. 먼저 일을 두려워하는 마음이 있어서 바야흐로 한 가지 일을 보면 그 어려움을 헤아리려 하지 않기 때문이다. 그리하여 겁약함이 습성이 되어 하는 바가 있을 수 없게 되었다.'41)라고 말하는 바와 같다. 수신은 억지로 하는 것이 아니라 자신을

---

40) 所謂擇善而固執之, 擇善, 卽惟精也. 固執, 卽惟一也. 又如博學審問謹思明辨, 皆惟精. 篤行, 是惟一也. 中庸明辯, 惟精也. 誠身, 惟一也. 大學致知格物, 非惟精不可能. 意誠則惟一. [心經附註 書 大禹謨 人心道心章]

위해 스스로 좋아서 할 수 있는 마음으로 하여야 한다. 삶에 대한 태도도 마찬가지이다. 본래의 마음이 주主가 되어 자기 자신을 경영해 나가야 한다.

(6) 예禮가 아니면 보지도 듣지도 말하지도 움직이지도 말라. [四勿]

공자가 안연에게 '극기복례克己復禮'가 인仁이라고 했고 그 조목으로 '예禮가 아니면 보지도 듣지도 말하지도 움직이지도 말라.'고 하였다. 인仁의 마음이란 인간 본래의 마음으로 지극히 건강한 마음이다. 불건강한 마음이 없어지면 없어진 만큼 자연히 건강한 마음이 되는 것이다. 예禮가 아니라는 것은 불건강한 것이다. 유교에서는 사악함이 생긴 결과로 표현한다. 따라서 '사악함이 막아지면 성실함은 저절로 보존된다.'42)고 하는 것과 같다. 성실함은 본래의 마음인 건강한 정신이 유지되고 있는 것이다. 행동을 공순히 하고 생각을 가지런히 하면 경敬[주일主一; 정신집중]이 생겨나면서 본래의 마음이 보존된다. 행동과 생각은 마음속의 어떤 감정들에 의해서 생겨난다. 이 감정들에 지배받지 않아야 행동과 생각을 건강하고 현실에 맞게 바르게 할 수 있다. 본래의 마음을 보존하면 정신이 건강해지는 것이다. 정자程子는 보고, 듣고, 말하고, 움직이는 데에서 각각 잠언43)을 지어 어떻게 수행하는지 보여주었다.

視箴시잠: 마음은 본래 텅 비어 있으니, 사물에 응하나 자취가 없다.

---

41) 今人所以懶, 未必眞個怯弱, 自是先有畏事之心, 纔見一事, 便料其難而不爲, 所以習性怯弱, 而不能有所爲也. [心經附註 樂記 禮樂不可斯須去身章]
42) 閑邪則誠自存. [心經附註 易 乾九二 閑邪存誠章]
43) 心經附註 程子 視聽言動四箴.

잡는 데에 요령이 있으니, 보는 것이 법칙이 된다. 앞에서 서로 가리면(어지러운 색이 총명에 머물면) 그 속(마음)이 옮겨가니, 밖에서 제어하여 그 안을 편안케 한다. 자기를 이겨 예로 돌아가면 오래 지나서 참되게 된다. 心兮本虛 應物無迹 操之有要, 視爲之則, 蔽交於前, 其中則遷. 制之於外, 以安其內. 克己復禮, 久而誠矣.

聽箴청잠: 사람이 떳떳함을 가진 것은 천성에 근본한다. 앎이 유혹되어(간사한 소리) 사물에 변화되면(사물이 주主가 되면) 마침내 그 바름(바른 마음)을 잃어버리니, 우뚝한 저 선각자들은 그칠 바를 알아 정定함이 있다(적연부동寂然不動). 사특함을 물리치고 진실됨을 보존하여 예禮가 아니면 듣지 않는다. 人有秉彝, 本乎天性. 知誘物化, 遂亡其正. 卓彼先覺, 知止有定. 閑邪存誠, 非禮勿聽.

言箴언잠: 사람의 마음이 움직이는 것이 말로 인하여 베풀어진다. 발함에 조급하고 망령됨을 금하여 안(마음)이 이에 오롯이 고요하니(적연부동寂然不動), 하물며 추기樞機라서 군사도 일으키고 좋은 일도 나온다. 길흉과 영욕이 오직 그것이 부른 바이다. 너무 쉬우면 거짓되고 나무 번거로우면 지루하다. 자기가 방자하면 사물은 거스르며, 나감이 어긋나면 들어옴도 위태하다. 법이 아니면 말하지도 않고, 교훈의 말씀을 흠모한다. 人心之動, 因言以宣. 發禁躁妄, 內斯靜專, 矧是樞機, 興戎出好. 吉凶榮辱, 惟其所召. 傷易則誕, 傷煩則支, 己肆物忤, 出悖來違. 非法不道, 欽哉訓辭.

動箴동잠: 철인은 기미를 알아 생각을 정성스럽게 하고, 뜻있는 선비는 힘써 행하여 일에서 이것을 지킨다. 이치를 따르면 여유 있고 욕심을 따르면 위태롭다. 급박한 순간에도 능

히 생각하며 이겨서 두려워하고 조심하여 스스로 붙잡
아라(자기를 들여다보는 것을 놓치지 않는). 습習이 성性
과 더불어 이루어지면(오래하여 본성이 회복되면) 성현
과 같이 되리라. 哲人知幾, 誠之於思. 志士勵行, 守之於爲. 順
理則裕. 從欲惟危. 造次克念, 戰兢自持. 習與性成, 聖賢同歸.

"마음이 있지 않으면 보아도 보이지 않고, 들어도 들리지 않는다."고
했듯이, 이 순간 내가 깨어 있어서 당연히 지각해야 할 것을 지각해야 한
다. 마음이 과거나 미래에 가 있으면 현재 바로 이 순간을 놓치고 지각하
지 못하게 된다. 마음이 보고 듣는 데에 있어서 아름다움이나 추함에 또
는 달콤한 말이나 거슬리는 말에 휘둘리어 마음을 대상에 빼앗기면 이
순간의 삶을 상실하고 내가 아닌 대상이 내 마음의 주인이 되는 것이다.

내 마음을 항상 보면서, 현실을 있는 그대로 지각하는 것을 유지하는
지 못 유지하는지 항상 깨어 있음을 유지해야 한다. 그리고, 말하거나 행
동함에 있어서도, 항상 전체를 봐야 한다. 내가 어떤 영향을 받아서 그
반응으로 어떤 말과 행동을 하는지, 또 나의 말과 행동이 상대에게 어떤
영향을 주는지, 지켜볼 수 있어야 한다. 나의 말과 행동이 나의 마음에서
조화를 이루지 못하고, 감정에 휘둘리어 올바르게 말하고 행동하는 것을
잘 하는지 못하는지 주인공으로서 자신을 스스로 경영하는 주체적인 마
음으로 항상 자신을 지켜보는 깨어 있는 상태를 유지하여야 한다. 이러
한 훈련을 오래 하면, 성현과 같은 성숙된 인격을 점차 이룰 수 있는 것
이다.

(7) 잠언의 숙고와 실천

정일精─[정밀히 성찰하고 마음집중 하는 것]한 마음을 항상 유지하여 잃지 않게끔 경계를 하게하면서, 대상을 계속 음미하다 보면 깨달음에 도달하게 한다. 유교나 불교의 옛 건물들을 보면 대문 입구, 방의 입구, 기둥, 등 온갖 곳에 마음 수양하는 이름이나 글귀를 붙여놓고 있음을 본다. 이렇게 일상생활 주변에 경계가 되는 글귀를 두게 하여 잠시도 정신건강과 깨달음에 도움이 되는 마음공부를 잊는 순간이 없게 하였다. '화정윤공은 방에 '삼외재三畏齋'라 이름하고, 만년에는 성현이 보여준바 기질을 다스리고 마음을 기르는 요점을 손으로 적어 집 벽에 붙이고 스스로를 경계하였다.'44)에서 그 하나의 예를 찾아볼 수 있다.

(8) 충서忠恕

충忠은 자신의 참된 마음을 다하는 것이고, 서恕는 참된 마음을 바탕으로 다른 사람의 마음을 헤아리는 것이라 한다. 정신치료에 적용하여 보면 아주 모범적인 정신치료자의 마음자세이다. 진정성과 끝까지 최선을 다하는 것과 남을 공감하는 것들을 함축하고 있다. 충서忠恕의 마음을 배양한다는 것은 결국 자신의 본래 마음을 기르는 것이고 자신의 인격을 성숙시켜 나가는 한 방법인 것이다. 논어論語 이인里仁 편에 증자曾子가 말하기를 공자의 도道는 충서忠恕일 뿐이라고 하였다.45) 정신치료자는 어

---

44) 和靖尹公, 一室名三畏齋, …… 晚歲片紙, 受書聖賢所示治氣養心之要, 粘之屋壁, 以自警戒. [心經附註 樂記 禮樂不可斯須去身章]
45) '子曰; "參乎! 吾道 一以貫之." 曾子曰; "唯!", 子出, 門人 問曰; "何謂也?" 曾子曰; "夫子之道, 忠恕而已矣."' [論語 里仁]

떻게 하면 환자를 잘 공감할까 애를 쓴다. 그래서 자진하여 치료도 받고, 수퍼비전도 받고, 정신치료 세미나도 참석하고, 환자를 보기 전에 오직 환자의 말만 듣자고 결심도 한다. 이런 것들이 오래 쌓여서 좋은 치료자가 된다. 공자가 인仁을 묻는 중궁仲弓에게 준 가르침에 이와 같은 측면을 포함하고 있다고 본다.46)

2) 자기 마음을 관찰하기

(1) 마음의 주主를 세운다.

자신의 마음이 주主가 되게 한다. 주자朱子는 "마음을 얻어 보존하고 주主가 됨이 있은 연후에야 학문이 귀착함이 있다. 만약 마음이 잡되게 섞여 혼란스러우면 자연히 다다를 데가 없다."47)고 했다. 현재 이 순간 자신의 마음이 자신의 의식에 있게 한다. 그 마음이 치료의 주체가 되며, 스스로를 함양하고, 스스로 자신의 마음을 관찰하고, 바른 선택을 하고, 바른 마음을 유지하게 한다. 유교에서는 스스로 혼자 자기마음의 주主를 세우지만, 정신치료에서는 스스로 자기를 치료하려는 환자의 건강한 부분과 치료자가 동맹을 맺어 자신의 불건강한 부분을 치료해 나가는 것이다. 정신치료에서는 자기마음을 변혁하는 데 강력한 치료자라는 도움을 주는 자가 있지만, 유교에서는 스스로 혼자 해 나아가야 한다. 그래서 스스로 자신의 마음이 주主가 되도록 하고 스스로 엄한 스승처럼 자리 잡

---

46) 仲弓問仁 子曰, 出門如見大賓, 使民如承大祭. 己所不欲, 勿施於人. 在邦無怨, 在家無怨. 仲弓曰, 雍雖不敏, 請事斯語矣. [心經附註 論語 仲弓問仁章]
47) 得此心有箇存主然後, 爲學便有歸著. 若此心, 雜然昏亂, 自無頭當. [心經附註 易 坤六二 敬以直內章]

아야 한다. '이목구비耳目口鼻는 사물에 의해 움직이므로, 마음이 주재가 되지 않으면, 그 무엇이 그치게 할 수 있으리오.'[48]와 '사람은 이 몸을 가지고 있다. 그러므로 이목구체耳目口體의 사이에 사욕의 누累로 인하여 이치에 어긋나서 대저 인仁을 해치게 되지 않을 수 없게 된다. 사람이 어질지 아니하면 그 한 몸조차도 주인이 될 수 없으니, 사물의 사이에 꺼꾸러지고 어지럽게 섞여 더욱이 이르지 않는 곳이 없을 것이다.'[49]에서와 같이 마음에 주主를 세워야 함을 말한다. 즉 스스로 자기 마음을 지켜보는 즉 주재하는 마음이 있어야 가능하다. 즉 마음의 주主를 세운다는 것은 스스로 주인의식으로 자신을 위한 삶을 스스로 자유의지로 경영해 나아가는 것이다.

(2) 자기 마음을 관찰한다.

자기가 자기를 치료한다. 깨어 있는 자기마음의 주主가 스스로 자기마음을 대상으로 하여 매 순간 올라오는 자기의 마음을 알아채는 것으로 시작한다[신독愼獨]. 이것은 신독愼獨에 해당되는 것으로, 중용에 보면 '숨겨진 것보다 더 드러나는 것이 없으며, 적은 것보다 더 드러나는 것이 없으니, 그러므로 군자는 홀로 있을 때에 삼간다.'[50]고 하였다. 신독愼獨 [속에 한 가지 생각이 싹터 움직이는 곳이 비록 지극히 은미하여 남은 알지 못하고 자기만 혼자 아는 바이더라도 나아가 더욱 마땅히 삼가는 것]은 가장 긴요하게 공부를 착수하는 곳이다. 의식할 수 있는, 희로애락喜

---

48) 耳目口鼻,因物而動, 非心爲之主宰? [心經附註 論語 仲弓問仁章]
49) 然人有是身, 則耳目口體之間, 不能無私欲之累, 以違於理, 而害夫仁. 人而不仁, 則自其 一身, 莫適爲主, 而事物之間, 顚倒錯亂, 益無所不至矣. [心經附註 論語 仲弓問仁章]
50) 莫見乎隱, 莫顯乎微. 故君子愼其獨也. [心經附註 中庸 天命之謂性章]

怒哀樂이 이미 발發한 후에 성찰하는 것이다. 정신치료에서는 자유연상으로 자기마음에 떠오르는 것을 어떤 판단도 하지 말고 치료자에게 보고하는 것과 같다. 이것은 무의식 자료들이 의식화되는 순간을 놓치지 않고 자각하는 방법이다. 이런 방법들을 통해 자기마음을 더 깊게 통찰할 수 있게 되는 것이다. '안으로 마음의 움직임과 밖으로 몸의 움직임이 모두 바른데서 나와 겉과 속이 한결 같으면 천리天理가 유행하거니와, 만약 밖에서 강제하나 속에서 움직이는 것이 간혹 선善을 다하지 못한다면 병의 뿌리가 제거되지 않아서 아직 얻지 못한 것이니, 그래서 신독愼獨 공부가 필요하다.'51)고 한 것처럼, 겉으로 말이나 행동으로 문제가 없는 것 같이 보여도 정신 내적인 문제는 해결되지 않은 채 무의식으로 남아있을 수 있다. 무의식적 동기를 철저히 통찰하여야 근본적인 해결을 할 수 있다. '희롱하는 말은 생각에서 나오며, 희롱하는 행동은 꾀하는 데서 생기는 것이니, 목소리에 드러나고 사지에 나타나거늘, 자기 마음이 아니라 함은 명석치 못한 것이요, 남이 자기를 의심 못하도록 하고자 하나 그럴 수 없다. 지나친 말은 본래의 마음이 아니며, 지나친 행동은 진실함이 아니다. 목소리에서 잃어 사체를 미혹되게 그르치고는 당연하다함은 자기를 속이는 것이요, 다른 사람을 따르도록 하는 것은 남을 속이는 것이다.'52) 자신의 말과 행동을 철저히 잘 관찰하면 남들은 다 알아보는데 자기만 모르고 있는 자신의 모든 일거수일수족의 무의식 동기를 알 것이다.

---

51) 謂內而心之動, 外而身之動, 皆出於正, 表裏如一, 則天理流行, 若强制於外, 而動於中者, 或未盡善, 則病根不除, 未爲得也, 此卽愼獨工夫. [心經附註 程子 視聽言動四箴]
52) 戲言, 出於思也, 戲動, 作於謀也, 發於聲, 見乎四肢, 謂非己心, 不明也. 欲人無己疑, 不能也. 過言, 非心也, 過動, 非誠也. 失於聲, 繆迷其四體, 謂己當然, 自誣也, 欲他人己從, 誣人也. [心經附註 樂記 君子反情和志章]

3) 통찰과 훈습을 지속하기

(1) 자기를 속이지 않아야 한다. [무자기母自欺]

철저한 자기 성찰로서 대학에 이른바 '그 뜻을 성誠하게 한다는 것은 자기를 속이지 않는 것이니, 악취를 싫어하고 여색을 좋아하듯이自謙 함을 스스로 흡족함을 이른다.'53)고 하였듯이 위선으로 또는 억지로 하는 것이 아니라 진정으로 스스로 자신을 통찰하고 훈습하는 것을 기꺼이 좋아하는 마음으로 받아들이면서 해야 한다. 주자朱子가 말하기를, "독獨이란 남은 알지 못하고 자기만 홀로 아는 지경이다. 자신을 닦고자 하는 사람이 선을 행하여 악을 제거할 줄 안다면, 마땅히 실지로 그 힘을 들여 스스로 속이는 것을 금지하여, 악을 싫어하는 것을 마치 악취를 싫어하듯이 하고, 선을 좋아하는 것을 마치 호색을 좋아하듯이 하게 하여, 모두 결단코 구하여 반드시 얻어서 자신에게 스스로 쾌적하기를 힘쓸 것이요, 한갓 구차하게 밖을 좇아 남을 위해서는 안 될 것이다. 그러나 실한가 실하지 않은가는 대개 다른 사람은 알 수 없고 자기 혼자 아는 것이다. 그러므로 반드시 이에 삼가 그 기미를 살펴야 한다."54)고 하였다. 오로지 자기를 위하는 마음으로 자기가 좋아서 스스로 자유의지로 자기가 잘되고 발전하고 좋아지는 쪽으로 즉 정신건강 쪽으로 가도록 해야 한다. 이렇게 덕을 쌓으면 마음이 넓어지고 몸은 편해진다. '스스로를 속인다 함은 알지 못하고 깨닫지 못하는 사이에 스스로를 속이는 데에 빠지는 것

---

53) 誠其意者, 毋自欺也, 如惡惡臭, 如好好色, 此之謂自謙. [心經附註 誠意章]

54) 獨者, 人所不知, 而己所獨知之地也. 言欲自修者, 知爲善以去其惡, 則當實用其力, 而禁止其自欺, 使其惡惡, 則如惡惡臭, 好善則如好好色, 皆務決去, 而求必得之, 以自快足於己, 不可徒苟且, 以徇外而爲人也. 然其實與不實, 盖有他人所不及知, 而己獨知者. 故必謹之於此, 以審其幾焉. [心經附註 誠意章]

이다.'55) 그러나 스스로를 속이면 흡족하지 못하고 거리낌이 있어 겉으로 드러나게 되지만, 사람들이 자신을 알지 못할 것이라 생각한다. 주자가 말하길, "스스로를 속임은 반은 알고 반은 모르는 사람이다. 선은 내가 마땅히 해야 할 바임을 알지만 도리어 또한 십분 선을 행하지 않고, 악을 지으면 안 된다는 것을 알지만, 도리어 또한 자신이 좋아하는 바라서 버릴 수 없음이 바로 스스로를 속이는 것이다."56)라고 했듯이, 철저한 정밀함을 추구한다. 정신치료와는 다르게 치료자에 도움 없이 스스로 자신에게 엄하게 속이지 않고 기꺼이 해야 한다.

(2) 인심도심장人心道心章

서경書經 인심도심장人心道心章의 설명에, '정밀히 하면 인심과 도심 사이를 잘 살펴서 섞이지 않을 것이요, 전일專一하면 본심의 바름을 지켜서, 떠나지 않을 것이다.57)'라고 하였고, 여기서 "'선을 가림擇善'은 정밀히 함이요, '굳게 잡음固執'은 전일專一하게 함이다. 박학博學, 심문審問, 근사謹思, 명변明辯 같은 것은 다 정밀히 함이요, 독행篤行은 전일하게 함이다. '중용'의 명선明善은 정밀히 함이요, 성신誠身은 전일하게 함이다. '대학'의 치지격물致知格物은 정밀히 함이 아니면 불가능하며, 의성意誠은 곧 전일하게 함이다."58)라고 하였다. 정신이 건강하게 되는 두 가지 길이 있다. 하나는 천리天理를 깨닫는 것이고 다른 하나는 정신집중을 하는 것

---

55) 不知不覺地, 陷於自欺. [心經附註 誠意章]
56) 自欺是箇半知, 半不知底人. 知道善我所當爲, 却又不十分去爲善, 知道惡不可作, 却又是自家所愛, 舍他不得, 這便是自欺. [心經附註 誠意章]
57) 精則察夫二者間, 而不雜也. 一則守其本心之正, 而不離也. [心經附註 書 大禹謨 人心道心章]
58) 각주33)과 같음. [心經附註 書 大禹謨 人心道心章]

이다. 인심도심장에 나오는 유정유일惟精惟一에서 유정은 택선擇善에 해당하고 유일은 고집固執에 해당한다. 자기 마음을 정밀하게 성찰하는 것이다. 조그마한 기미도 놓치지 않고 알아차리고 깊은 통찰을 하라는 말이다. 그리고 훈습으로 그 깨달음을 잘 지켜나가야 하는 것이다. 즉 통찰과 훈습을 일심一心으로 그치지 말고 계속 해나가야 한다는 말이다.

(3) 한사존성閑邪存誠

건乾괘 구이九二 한사존성閑邪存誠 장章에 "공자가 말하기를, 항상 말을 미덥게 하고, 항상 행동을 삼가하여서, 사악함을 막고 성실함을 보존하라."[59]라는 구절이 있다. 일상에서 항상 자신의 말과 행동이 자신의 통제하에 있어야 한다. 외부의 유혹이나 내부의 사욕에 의해 말이나 행동이 현실에 맞지 않는 것을 막아야 한다. 그러려면 자기의 마음을 철저히 잘 관찰하여 불건강한 동기를 깨닫는 것으로, 마치 정신분석치료의 자유연상에서 판단 없이 마음에 떠오르는 대로 보고하듯이 선입견이나 판단 없이 속임 없이 자기의 마음을 알아내는 것과 같은 것이다. 그리하여 자기의 마음을 분명히 알아차리는 통찰을 하고, 잊지 않고 유지하여 계속적인 통찰로 훈습하는 것을 말한다. 무엇이 불건강한 감정양식인지 분명히 알아차리고, 반복되는 감정과 행동 양식을 깨닫고 지속적인 훈습으로 결국 마음에 변혁이 생겨야 한다.

---

59) 子曰, 庸言之信, 庸行之謹, 閑邪存其誠. [心經附註 易 乾九二 閑邪存誠章.]

(4) 천선개과遷善改過

주역 익益괘 천선개과遷善改過 장章에 이르기를, "바람과 우뢰가 익益이니, 군자는 이것으로써 선善을 보면 옮겨가고, 허물이 있으면 고친다."[60]고 하였다. 즉, 지속적인 통찰과 훈습을 통하여, 불건강한 감정과 행동 양식을 고치고, 건강한 감정과 행동 양식으로 바뀌는 것에 대한 언급인 것이다. 바람과 같이 주저함 없이 자연스럽게 건강한 쪽으로 가고, 우뢰와 같은 격렬함으로 불건강한 것들을 직면하여 고쳐야 한다. 이것은 십우도에서 검은 소가 흰 소로 바뀌는 것과 같다. 부정적인 불건강한 검은 소가 긍정적이고 건강한 흰 소로 바뀌는 것이다.

(5) 불원복不遠復

주역의 복復괘 초구初九에 이르기를, '머지않아 돌아온다. 후회함에 이르지 않으니, 크게 길하다.'고 하였는데, 공자가 말하기를, "안씨의 아들이 거기에 거의 가까운 저, 선하지 않은 것이 있으면 일찍이 알지 못한 적이 없으며, 알았으면 일찍이 다시 행한 적이 없었다."고 하였다.[61] 이것도 공자의 수제자인 안회가 통찰과 훈습을 얼마나 잘했는가를 말해주는 것이다.

여기서는 머지않아 회복한다는 표현을 하였다. 정신건강의 측면에서는 정신건강의 회복이다. 본래 마음은 원래 건강하였는데 잃었다가 다시 회복한다는 것이다. 자기의 마음을 항상 지켜보면서 불건강한 마음에 대

---

60) 益之象曰, 風雷益, 君子以見善則遷, 有過則改. [心經附註 易 益大象 遷善改過章]
61) 復之初九曰, 不遠復, 無祗悔. 元吉. 子曰, 安氏之子, 其殆庶幾乎. 有不善, 未嘗不知. 知之, 未嘗復行也. [心經附註 易 復初九 不遠復章]

한 통찰과 훈습을 계속하여 정신건강을 회복하는 것이다. 안회와 같은 인격이 성숙된 사람은 깨달음을 놓치지 않고 이렇게 통찰한 것을 철저히 훈습하여 회복하는 데 오래 걸리지 않음을 볼 수 있다.

4) 감정을 억압하지도 않고, 감정에 휘말리지도 않기

정신장애는 감정의 장애라는 것은 앞서 기술하였다. 정신치료는 감정을 어떻게 처리하느냐에 달렸다. 감정의 불건강한 처리에는 두 가지 방향이 있다. 감정을 억압하는 것과 감정에 빠져 휘말리는 경우이다. 두 가지 다 감정을 견디지 못하고 감정의 지배를 받는 상태이다. 정신치료에서 환자들이 감정을 억압하여 느끼지 않으려고 하는 것은 잠시 모면하는 것으로 이용될 수는 있지만 근본적으로 해결된 것은 아니다. 감정이 지나치거나 모자라거나 왜곡되어 나타나는 것도 문제가 된다. 수신修身에서도 이러한 점을 말하고 있다. 감정 자체의 문제가 아니라, 감정을 지배하지 못하고, 감정에 빠져, 자기가 주인이 못되고 감정의 노예가 됨을 경계한다. 최상의 해결은 그 감정을 직면하여 느끼면서 이겨내는 것이다. 명상에서 지켜본다는 것은 이 감정을 지켜볼 수 있는 능력을 기르는 것이라 할 수 있다. 감정의 노예가 되는 것이 아니고 나를 지키고 내가 감정을 경영하는 것이다. 감정이 올라올 때 어떻게 직면하여 극복하는가? 우선 원인은 자신에게 있다는 것을 알아야 한다. 감정은 자신의 내부에서 일어나는 것으로 나의 문제이다. 남의 탓이나 환경의 탓으로 돌리면서 남과 환경만 바꾸려고만 해서는 근본적인 해결이 또한 되지 않는다. 자기 마음을 정밀하게 성찰해야 한다. 이치에 맞게 어린 시절서부터 현재에 이르기까지 성찰하면서 이러한 감정이 현재 나오게 된 전 과정을,

한편으로는 견디고 수용하면서, 깨달아야 한다. 이것을 하는 것이 정신치료라 할 수도 있다. 불천노不遷怒는 분노(적개심)를 남에게 옮기지 않는다는 것으로 지금 느끼고 있는 감정을 억압하고 다른 곳으로 옮기지 않는 것일 뿐만 아니라, 넓게 보면 현재 내가 지금 느끼는 감정도 지금 느껴야 되는 감정이 아니라 과거에 해결 안 되었던 감정이 현재에 옮겨와 작용하고 있는 것이다. 이러한 것을 깨닫고 불천노가 없는 경계에 이르면 here and now(지금 이곳)로 지금 느껴야 할 감정을 지금 그 대상에게만 느끼는 것이다. 불원복不遠復은 안 좋은 감정을 잠시 억압하였더라도 바로 다시 자각하였으며 그러한 감정적 통찰emotional insight과 훈습을 계속 유지함을 말한다. '동심인성動心忍性'[62]에서도 보듯이 불건강한 분노가 올라올 때 이것을 행동화하지 않고 억압하지도 않고 견디라는 것이다. 인산仁山 김씨金氏는 '성낼 때를 당하여 성내지만, 성내어도 옮기지 않고, 두려워할 것을 당하여 두려워하되, 두려워하면서도 겁내지 아니하고, 좋아할 만한 것을 좋아하되, 좋아하면서도 욕심내지 않고, 근심할 만한 것을 근심하되, 근심하면서도 상하지 않아야 한다.'[63]고 하였다. 즉, 자신의 감정을 인정하면서, 감정을 억압하지도 않고, 감정에 휩쓸리어 빠지지도 않고, 감정을 내가 경영해야 한다는 것을 말한다. 주역 손損괘의 징분질욕懲忿窒欲 장에 "산 아래 연못이 있음이 손損괘이니, 군자는 이로써 성냄을 징계하고 욕심을 막는다."[64]라고 하였다. 즉, 산처럼 엄청

---

62) 孟子集註 動心忍性章.
63) 仁山金氏曰, 忿懥恐懼好樂憂患四子, 喜怒哀樂之發, 乃心之用, 而人所不能無子, 則何惡於是, 而便以爲 不得其正哉. 蓋當怒則怒, 怒以不遷. 當懼則懼, 懼而非懾. 可好則好, 好而非欲. 可憂則憂, 憂而非傷. 是爲得此心體用之正, 而非可以有無言之也. [心經附註 大學 正心章]
64) 損之象曰, 山下有澤損, 君子以懲忿窒慾. [心經附註 易 損大象 懲忿窒慾章]

난 불건강한 분노를 견디고 이겨내야 하고 연못과 같은 엄청난 불건강한 애갈도 억압하지 않고 견디면서 이겨내야 하는 것이다. 인간의 감정 중에 대표적인 적개심과 사랑받으려는 마음[애증愛憎]을 어떻게 처리하는 것에 대한 언급인 것이다.

5) 현실에 맞게 대처하기

현실적 대처에서는 현실에 맞게 해야 한다. 이렇게 하는 것이 천리天理에 맞게 하는 것이다. 이치에 적중하게 반응하여야 한다. 이렇게 하는 것이 중용에서 말하는 화和를 이루는 것이다. 즉, 행동화를 안 하게 하고, 억압하여 부정하거나 왜곡하지 않게 하는 것이다. 지나치게 반응하거나 부족하게 반응하면 나에게 불리한 결과를 초래하는 경우가 많거나 나에게 해가 되는 경우가 많고 남에게 불편함이나 해가 될 수 있다. 또한 반응한 행위가 스스로 만족하는 마음이 되어야 한다.

분노를 징계하며, 욕심을 틀어막는 것이 수기修己의 도道라고 이천伊川 선생은 말하였다.[65] 결국 애갈과 적개심 해결이 정신치료에서도 초점이 되는 것과 같은 뜻이 된다. 그러나 주역 손損괘의 징분질욕懲忿窒慾장에 나오는 것처럼, 적개심은 산처럼 크고 사랑받으려는 마음은 연못같이 깊다. 따라서 '욕심을 막기를 구덩이를 메우듯이 하고, 분노를 징계함을 산을 누르듯이 한다.'[66]고 하였다. 좀처럼 쉽게 해결될 성질이 아님을 경고하고 있다. '분노할 때 문득 분노를 잊어버리고 이치의 옳고 그름을 살펴

---

65) 修己之道, 所當損者, 惟忿與慾. [心經附註 易 損大象 懲忿窒慾章]
66) 窒慾如塡壑, 懲忿如摧山. [心經附註 易 損大象 懲忿窒慾章]

볼 수 있다면, 바깥의 유혹도 미워할 만한 것이 아님을 알 수 있다.'67)고 말한 것은 지나친 분노가 올라오더라도 휘말리지 않고 견디면서 지켜보면 감정이 수그러들고 현실에 맞게 대응할 수 있다는 것이다. 또한 논어에 나오는 구사九思 중에서 '분한 일은 나중의 어려움을 생각하라. [분사난忿思難]'는 말도 마찬가지로 감정에 휘말리지 않고 지극히 현실에 맞는 대응을 하라는 것이다.

"성낼 때를 당하여 성내지만, 성내어도 옮기지 않고, 두려워할 것을 당하여 두려워하되, 두려워하면서도 겁내지 아니하고, 좋아할 만한 것을 좋아하되, 좋아하면서도 욕심내지 않고, 근심할 만한 것을 근심하되, 근심하면서도 상하지 않게 하라."68)는 말도 감정을 억압하지 않고, 감정에 빠지지도 않고, 현실을 있는 그대로 보면서, 현실에서 나에게 해가 되거나, 하지 말아야 할 일을 하거나, 해야 할 일을 못하거나, 또는 지나치게 하거나 부족하게 하는, 이러한 일들이 없게 하라는 말이다.

「성인聖人의 '공손히 말한다.'는 것은 공교한 것이고, '낯빛을 펴서 화평하게 하였다.'는 것은 안색이 아름다운 것이니」69) 인仁이 거의 없는 '교언영색巧言令色'과 구별해야 한다. '남들의 보고 들음을 기쁘게 하는 데 뜻을 둔다면 마음이 밖으로 달아나는 것이다.'70)와 「부자夫子의 '낯빛을 펴서 화평하게 하였다.'고 함은 성인聖人의 동용주선動容周旋이 예禮에 맞는 일이다.'」71)는 모두 남을 의식해서 잘 보이려는 게 아니라 하늘의 이치가 대인관계에서 이루어지게 하는 것이다. "정情이 그 바름을 잃지 않

---

67) 遽忘其怒, 而觀理之是非, 亦可見外誘之不足惡. [心經附註 易 損大象 懲忿窒慾章]
68) 각주 3)과 같음.
69) 至於聖人所謂孫以出之, 辭亦巧矣, 逞顔色, 怡怡如也, 色亦令矣. [心經附註 樂記 君子反情和志章]
70) 然有意於巧令, 以悅人之觀聽, 則心馳於外, 而鮮仁矣. [心經附註 樂記 君子反情和志章]
71) 夫子之逞顔色怡怡如也, 聖人動容周旋中禮之事. [心經附註 樂記 君子反情和志章]

으면 의지가 화和하지 않음이 없고, 악한 종류에 들어가지 않으면 행동이 이루어지지 않음이 없다. 불류不留, 불접不接, 불설不設은 논어의 사물四勿이라 함과 같다. ……이것이 배우는 자의 수신修身의 요법이다."72)라는 말은 대상이나 일에 부딪칠 때 감정을 억압하거나 휘둘림이 없으면 내가 주체적으로 조화를 이루어 대응할 수 있고, 건강한 감정양식으로 현실적 대응들이 모두 건강하고 천리에 맞게 된다는 것이다. 즉 수신修身이나 정신치료나 같은 것이다. 성인聖人은 대응하는 것이 무궁무진하다는 것처럼 성숙할수록 온갖 변화에 알맞게 대응할 수 있음을 말한다.

이상과 같은 수많은 방법들은 천편일률적으로 적용하는 것이 아니다. '聖人은 응변應變이 무궁無窮하다.'라는 말처럼 공자孔子는 인仁에 대해 물어보는 제자들에게 각자 다르게 대답하였다. 아무리 좋은 방법도 거기에 맞는 사람이 있고 맞지 않는 사람이 있고 같은 사람이라도 상황에 따라 다를 수 있는 것이다. 그러나 최종의 목표는 진정한 자기를 찾아 거듭나서 군자君子나 성인聖人 같은 건강한 인격을 가진 사람이 되는 것이다.

---

72) 情不失其正, 則志無不和. …… 不入於惡類, 則行無不成. 不留, 不接, 不設, 如論語四勿之謂, …… 此一節, 乃學者, 修身之要法. [心經附註 樂記 君子反情和志章]

제7장 유교에서의 명상

저자는 정신과 의사로서 정신분석적 정신치료를 오랫동안 임상에서 실행하면서 한편으로 동양의 사상에 관심이 많아 동양의 불교, 노장사상, 유교에 대한 연구를 같이 하였다. 특히 선불교禪佛敎의 참선 수행도 30년 가까이 해오고 있다. 최근 유교 서적 중에 심경부주心經附註를 다시 볼 기회가 있어 보면서 유교 문화권인 우리나라에서 유교가, 특히 경敬 공부가, 명상에 해당되는 부분을 두루 갖추고 있음을 보았다. 저자는 우선 도학자道學者들의 경敬에 대한 설명들을 통해 유교에서 명상에 해당되는 부분을 증명하고자 이 논문을 쓰게 되었다. 유교를 수행하는 사람들에게 그리고 명상을 수행하는 사람들에게 그리고 명상과 유교와 관련되어 상담 또는 정신치료를 하는 사람들에게 본 논문이 보다 명료한 밝힘이 되어 수행에 도움이 되길 바란다.

1. 유교에서 명상을 포함하는 심학心學으로의 발전

유교의 심학心學은 인간의 마음에 대해 수천 년간 관찰과 체험을 통해 얻은 학문으로 서양에서는 심리학이나 정신의학에 해당하며 명상을 포함하고 있다. 동양이건 서양이건 간에 인간의 마음과 행동을 대상으로 연구한 것이므로 옳은 사실을 보았다면 말이 다를 뿐이지 서양이나 동양에서 기술한 것들은 내용이 같을 것이다.

유교는 공자를 시조로 삼고 있지만 그 뿌리는 더 오래 전 고대로부터 있었으며 동북아시아의 여러 민족들의 조상들에 의한 사상으로 수천 년간 동양 사람들에게 큰 영향을 주면서 현재까지 이르고 있다. 당연히 인간의 마음에 대한 통찰이 수천 년 누적되어 있다. 마음에 대한 심오한 지혜를 가지고 있지만, 서양의 심리학처럼 방법론적이고 과학적인 체계를 덜 갖추었기 때문에 연결이 끊기고 현대에 맞게 표현이 안 되어있다. 유교는 중국 송 시대에 와서 장재張載, 소옹邵雍 등과 더불어 북송의 주돈이周敦頤로부터 시작하여—정이천程二川, 정명도程明道—양시楊時—나종언羅從彦—이동李侗을 거쳐 남송의 주희朱熹에 이르러서 성리학性理學으로 집대성되었다. 성리학은 인간의 마음에 대한 심학心學을 포함하고 있으며, 또한 사회관계, 사물의 이치와 우주원리 등을 탐구한다. 유교의 사서 중 하나인 '대학大學'에 수기치인修己治人하는 8조목으로 격물格物—치지致知—성의誠意—정심正心—수신修身—제가齊家—치국治國—평천하平天下[1]가 있는데 이 순서에 따라 자기의 내면에서 천하까지 다스릴 수 있음을 기술하고 있다. 이중에 격물格物, 치지致知, 성의誠意, 정심正心은 정신 내적intra-psychic 영역이고 수신修身은 자기self를 닦는 것이며 제가齊家, 치국治國, 평천하平天下는 외적 현실external reality의 영역을 나타낸다. 따라서 여기서는 격물格物,

---

1) 大學. 經 1章.

치지致知, 성의誠意, 정심正心, 수신修身까지의 영역을 중심으로 심학이 명상과 같은 것을 포함하고 있음을 살펴볼 것이다.

2. 고대古代로부터 도道란 말이 있으며 이것은 명상을 함유하고 있다.

'중용中庸'에 '하늘의 명命을 따르는 것이 도道'[2]라고 했으며, 도道란 표현은 고대古代로부터 내려오고 있었다. 광개토대왕 비문에 고구려의 시조인 동명성왕이 유리왕에게 유훈으로 '이도여치以道輿治(도로써 세상을 다스려라)'란 문구가 새겨져 있다. 유추해 보건대 고조선 시대에 이미 도道라는 말이 있었다고 할 것이다. 심학의 가장 기본이 되고 심학의 출발점으로 삼고 있는 글귀가 있는데, 그것은 '인심유위人心惟危, 도심유미道心惟微, 유정유일惟精惟一, 윤집궐중允執闕中'이라는 16자 글귀로 순임금이 우임금에게 전했다고 한다.[3] 하늘의 명을 따르는 마음은 도심道心이고, 사람이 몸을 가지고 있으므로 이로 인해 도심道心이 인심人心이 될 수 있는 것이다. 그래서 유정유일惟精惟一을 하여 도심道心을 유지하는 것은 중中을 유지하는 것과 같으며, 이것은 명상과 일치한다. 여기서 유정惟精은 알아차림(위파사나)의 측면을 말하고 있고, 유일惟一은 정신집중(사마타)의 측면을 말하고 있다.

---

2) 中庸. 天命之謂性章.
3) 書經. 大禹謨 人心道心章.

3. 명상에 대한 기본 이해

명상meditation란 '눈을 감고 조용히 생각한다.'라는 용어로서 눈을 감고 조용히 생각하는 데서 출발하여, 인도에서 생각을 끊는 데까지 발전시켜 요가yoga 또는 드야나dhyana로 발달하였다. 모든 명상은 공통적으로 정신집중(사마디, 사마타)과 알아차림(위파사나)의 두 가지 측면을 가지고 있다. 명상의 소개서를 쓴 다니엘 골만Daniel Goleman은 명상에서 외적인 태도와 더불어 정신집중(사마타)과 알아차림(위파사나) 부분을 청정도론Visuddhimagga 책을 토대로 말하고 있다.[4] 정신집중은 어떤 사물을 깊이 생각하는 것에서부터 궁극적으로 생각마저 끊긴 '요가수트라'에서 말하는 순수의식의 상태인 무상삼매nirbija-samadhi까지 모두 정신집중의 한 측면이다. 알아차림은 단순히 사물을 인지하는 것에서부터 궁극적인 깨달음인 구경각究竟覺까지 모두 알아차림의 한 측면이다. 그러나 실제에서는 이 두 가지는 따로 떨어져 있기보다는 동시에 같이 이루어진다고 봐야 할 것이다. 보조국사의 '정혜쌍수定慧雙修'라는 말은 정신집중의 측면인 정定과 알아차림의 측면인 혜慧를 함께 수행해야 완전하게 됨을 말하고 있다. 명상에서의 정신집중과 알아차림 측면들을 비교하면 아래 표와 같다.

정신집중(사마디, 사마타)	알아차림(위파사나)
고집固執(전일專一, 주일主一)	택선擇善(정밀精密, 통찰洞察)
정定	혜慧
지止	관觀
유일惟一	유정惟精
정혜쌍수定慧雙修	

---

4) *Daniel Goleman(1988): The Meditative Mind. New York, Penguin Putnam Inc.* 2~3쪽.

4. 경敬공부 자체가 명상이다.

유교 성리학의 심학도를 보면 우리의 '몸은 마음이 주재하고, 마음은 경敬이 주재한다.'5)고 했다. 그래서 경敬공부를 통해 우리의 본래 선한 마음을 계속 유지하려 했으며, 이 경敬공부가 바로 명상과 일치한다는 사실이다. 우리나라를 포함한 성리학자들의 경敬공부에 대한 기록들을 통해 경敬공부가 바로 명상임을 확인할 수 있을 것이다. 경敬에 대한 설명들은 다음과 같다.

1) 마음에 주主가 있어야 한다.

주자朱子는 "마음을 얻어 보존하고 주主가 됨이 있은 연후에야 학문이 귀착함이 있다. 만약 마음이 잡되게 섞여 혼란스러우면 자연히 다다를 데가 없다. 경敬상에서 공부하게 했다."6)고 하였다.

이것은 명상에서 말하는 '지금 이 순간 깨어있어야 한다.'는 말과 같다고 볼 수 있다. 마음을 의식하면 여기 있는 것이고, 의식하지 않으면 여기 없는 것과 같다. 즉, 마음이 어디에 있는지 모른다. 명상에서 처음에 자기 마음을 지켜보면서 명상을 주도하는 감시자 같은 자기 마음이 여기에 해당된다고 볼 수 있다. 자기 마음의 주인공 또는 주체가 되는 자기 마음을 가리킨다. 이 주主가 한결같이 존재하는 것은 '사마디'이고, 깨어 있는 것은 '위파사나'이다.

---

5) 崔重錫(譯註)(1998): 心經附註. 서울, 國學資料院, 26쪽.
6) 崔重錫(譯註)(1998): 心經附註. 서울, 國學資料院, 62쪽.

2) 주일主一이 경敬이다. [정자程子]

정자程子는 다음과 같이 경敬을 설명하였다. "주일主一을 일러 경敬이라 하고, 무적無適을 일러 일一이라고 한다."[7] "잡되게 섞이는 것은 성실하지 않음이 근본이고, 익혀야 하며, 익히어 전일專一할 수 있을 때가 좋다. 생각하거나 일에 구애받지 않고 모두 하나를 구해야 한다."[8] 주자朱子는 주일무적主一無適에 대해 "주작走作하지 않는 것으로, 한 가지 일이 끝나기도 전에 또 다른 일을 하려고 하지 않는 것이다."[9]라고 하였다.

이런 언급들은 모두 명상에서 정신집중에 해당되는 설명이다. 명상에서 사마디Samadhi로써 마음이 집중되어 산란되지 않고 고요히 머물러 있고, 그리고 사물이 접할 때에는 그 마음이 그 사물에 오로지 집중하는 상태로 심일경성心一境性의 설명과 일치한다.

정신집중을 잘하기 위해 초심자들에게 정자程子는 "정제엄숙整齊嚴肅하면 마음이 저절로 하나가 되니, 하나가 되면 그릇되고 치우침의 간여가 없다. 엄위엄격嚴威儼恪은 경敬의 방법이 아니고, 단지 경敬에 이름이 모름지기 여기부터 들어가야 하는 것이다."[10]라고 하였다. 주자朱子는 보충 설명으로 "사욕私欲을 제거하고자 하면, 모름지기 신심身心을 정리하여 한결같이 예禮를 따라야 하니, 그런 후에야 '기己'를 극복할 수 있다. '예禮'는 신심身心을 검속하는 물사物事이니, '시청언동視聽言動'이 다 하늘을 따른다면, '동용주선動容周旋'[사람의 모든 행동]이 모두 절문節文에 맞아 심덕心德이 온전할 것이다. 이것이 인仁이다."[11]라고 하였다. 면재황씨勉

---

7) 崔重錫(譯註)(1998): 心經附註. 서울, 國學資料院, 60쪽.
8) 崔重錫(譯註)(1998): 心經附註. 서울, 國學資料院, 60쪽.
9) 崔重錫(譯註)(1998): 心經附註. 서울, 國學資料院, 63쪽.
10) 崔重錫(譯註)(1998): 心經附註. 서울, 國學資料院, 63쪽.
11) 이덕홍(편저)(17세기): 心經釋疑 卷之一, 訓作理, 35쪽.

齋黃氏도 추가적으로 "경敬이란 이 마음이 엄숙히 두려워하는 바가 있음을 이름한 것이다. 두려워하면 마음이 하나에 주主가 된다."12)고 하였다.

명상 수행을 한다고 처음부터 완전한 마음 상태를 만들 수 없다. 우선 자세를 바르게 하고, 호흡을 안정되게 하고, 마음에 어떤 분별심도 두지 않게 하듯이, 유교에서는 정제엄숙整齊嚴肅한 마음가짐과 자세나 행동을 권하는 것이다. 또한 위에서 말한 인仁은 중中을 의미하며 마음이 유정유일惟精惟一할 때 얻을 수 있는 마음의 상태로 마음의 근본처를 의미한다.

3) 경敬은 정신이 늘 깨어 있도록 하는 방법이다.13) [상채사씨上蔡謝氏]

주자朱子가 "성성惺惺은 마음이 혼매昏昧하지 않음을 말하니, 이것이 경敬이다. 경敬을 정제엄숙整齊嚴肅으로 말하니, 옳으나 마음이 혼란하고 어두워 이치를 밝힘이 분명치 않다면, 강제로 잡을 수 있으나 어찌 경敬이될 수 있으리오."14) "학문은 경계하고 살피는 것이다. 유자儒者는 이 마음을 불러 깨워 그것이 허다한 도리를 조관照管하게 하고자 함이다."15)라고 말했다.

명상에서 의식은 깨어 있어서, 사물에 접하지 않을 때에는 고요하지만 사물에 접할 때는 모든 지각을 할 수 있는 알아차리고는 있지만 움직이지 않는 잠재 상태로 있는 것이다. 잡념없이 고요한 가운데 명료하게 어떤 대상이든지 지각하고 있는 것과 같다. 이런 상태는 자기를 보고 알아

---

12) 崔重錫(譯註)(1998): 心經附註. 서울, 國學資料院, 68쪽.
13) 崔重錫(譯註)(1998): 心經附註. 서울, 國學資料院, 65쪽.
14) 崔重錫(譯註)(1998): 心經附註. 서울, 國學資料院, 65쪽.
15) 崔重錫(譯註)(1998): 心經附註. 서울, 國學資料院, 66쪽.

차리는 위파사나 명상과 같다. 이것은 선불교에서 말하는 선정 상태인 성성적적惺惺寂寂에서 성성惺惺한 부분에 해당한다. 유교에서 성성적적惺惺寂寂에 해당되는 말은 적연부동寂然不動이라고 말할 수 있다. 마음이 외부 일에 접촉하지 않을 때 온전히 순수한 기본이 되는 순수의식 상태는 고요하지만 정신이 없는 것이 아니라 모든 지각이 가능하게 깨어있는 상태를 말한다.

4) 경敬이란 그 마음이 수렴收斂[몸과 마음을 단속함]되어 일물도 용납하지 않음을 말하는 것이다.[16] [화정윤씨和靖尹氏]

화정윤씨和靖尹氏는 "경敬이 무슨 형체와 그림자가 있으리오? 몸과 마음을 수렴하는 것이 바로 주일主一이다."[17]라고 정신집중 부분을 말하였다. 각헌채씨覺軒蔡氏는 "대개 사람의 한 마음의 허령지각虛靈知覺[마음]이 항상 엄숙하여 어지럽지 않고 밝게 빛나서 어둡지 아니하면, 고요해서는 이치의 본체가 보존되지 않음이 없고, 감응해서는 이치의 작용이 행하지 않음이 없다. 오직 무릇 허령지각虛靈知覺이 이미 기氣에 쌓이지 않을 수 없고, 또 이 욕欲에 움직이지 않을 수 없으니, 이 마음의 체용體用이 또한 장차 이것을 따라 어둡고 어지러워진다. 이것이 경敬하지 않을 수 없는 까닭이다. 경敬은 동動과 정靜에 해당하고, 주일主一 또한 동動과 정靜에 해당되니, 일이 없을 때는 이 마음이 맑게 항상 존재함은 이것이 고요하면서 주일主一인 것이요, 일이 있을 때 마음이 이 일에 응하여 다시 다른 일로써 섞이지 않게 됨은, 이것이 움직여서 주일主一인 것이다."[18]라고 추

---

16) 崔重錫(譯註)(1998): 心經附註. 서울, 國學資料院, 66쪽.
17) 崔重錫(譯註)(1998): 心經附註. 서울, 國學資料院, 67쪽.
18) 崔重錫(譯註)(1998): 心經附註. 서울, 國學資料院, 68~69쪽.

가로 말했는데, 몸과 마음을 단속하여서 마음이 발하기 전이나 후나 마음에 잡스러운 것이 없게 하는 것이다. 항상 사마디 상태를 유지하는 방법을 말하였다.

일반인들은 명상을 하면 온갖 잡념들이 올라온다. 이런 잡념들을 보고 깨달으면, 마음이 원래 맑고 밝은 성질이기 때문에, 잡념이 점차로 없어지게 되고 나중에는 올라올 것이 없는 상태로까지 된다. 잡념이 없을 때는 깨어 있어서 지각이 살아있고, 잡념이 일어나면 잡념들을 보고 깨닫는 것은 위파사나 명상의 알아차림에 해당하고, 사물에 접하지 않을 때는 일물도 용납하지 않는 상태를 유지하고 사물에 접해서는 오로지 그 사물에게만 집중하는 것은 사마디 명상의 정신집중에 해당한다.

5. 우리나라 도학자道學者들의 견해

인용 글에서 편의상 알아차림에 해당되는 부분은 [혜慧]로, 정신집중의 부분은[정定]으로 표시하였다. 원래 마음은 하나이므로 두 부분이 따로 있는 것이 아니지만 편의상 둘로 나누어 설명하였다.

1) 〈서화담〉

경敬이란 주일무적主一無適을 말한다. 한 물건에 접하면 그것에 접하는 데 그치고 한 일에 응하여서는 그것에 응하는 데 그치고 다른 일이 사이에 개입치 않아야 한다. 마음이 한 가지에 이르러 집중하다가 그 일이 끝나고, 그 물건이 사라지면 마음은 바로 거두어들여 담연湛然함이 명경明鏡이 비어있는 것 같이 된다[정定]. 그러므로 지경持敬이 익숙하지 못하면 바야흐로 주일主一하는 때에도 이지泥止[진흙으로 멎다]하지 않는 이가 드물 것이다. 이지泥止는 역시 누累가 된다. 반드시 오래 지경持敬하면 정靜을 주主로 하여 동動을 억누르고, 밖으로는 이지泥止하지 않고 속으로도 체지滯止하지 않으면 무사무위無思無爲의 경지에 가까워질 수 있다.[19] '경敬이란 주일무적主一無適을 말한다.'는 것은 정자程子의 견해와 같다. 마음이 사물에 접해 움직일 때는 마음이 그 일에 응하는 데에만 그치고, 사물이 사라지면 마음이 명경明鏡과 같이 담연湛然하게 되는 것이 지경持敬이라고 한 것은 정신집중의 삼매를 설명하고 있는 것이다.

2) 〈이회재〉

성인의 가르침은 경敬을 주로해서 그 근본을 세우고[정定], 이치를 궁구窮究해서 지혜를 얻고[혜慧], 실제로 자기에 적용시켜 이를 실천해 나아간다.[20] 경敬을 주로 해서 정신집중인 사마디[정定]의 측면과 지혜를 얻는 알아차림인 위파사나[혜慧]의 측면 둘 다에 대해 설명하고 있다.

주경主敬은 마음을 전일專一케 하여 행동을 통제하고 행동을 가다듬어 마음을 길러 그 마음이 주일무적主一無適하고 적연부동寂然不動하면[여기서는 정定을 주로 의미함] 이것이 작용하여 변화에 잘 적응하게 되고 행동이 엄숙하고 마음으로는 깊고 세밀하게 성찰하여[혜慧] 그 존양存養한 바를 보존고정保存固定시켜서 이를 지속시키면 미발시未發時에는 허虛하고 이발시已發時에는 곧아서 마음은 전일專一[정定]해지고 행동은 융화融和되

---

19) 徐敬德(1605): 送沈敎授義序. 花潭集 383~384쪽.
20) 李彦迪(1518): 答忘機堂 第四書. 晦齋全書, 太極問辯 36쪽.

어 더욱 익숙해 가면 애쓰지 않고 사색하지 않아도 종용從容한 중도中道의 극極[정혜定慧의 결과]을 이룰 것이다. 내외의 두 가지 공부 중 어느 한쪽도 버릴 수 없는 것이니 어찌 그 체體를 버려두고 먼저 그 용用을 배운다고 말할 수 있겠는가.[21] 주경主敬은 마음을 전일專一케 한다는 것은 정자程子의 주장과 같으며, 주경主敬으로 하여 적연부동寂然不動한 정신집중[여기서는 정定을 주로 의미함; 사마디]의 경지와 정혜定慧의 결과로서 종용從容한 중도의 극極을 이루는 알아차림(혜慧)의 경지를 이룬다는 것은 명상수행과 같다. 그러나 도道의 소이연所以然의 본체本體는 천명天命의 혼연渾然한 천리天理로서 개인에게는 본성本性을 이루고 있어 마음속에 구비되어 있다[혜慧]. 희노애락喜怒哀樂의 미발시未發時에 마음의 참모습은 적연부동寂然不動한 상태인데, 이것이 소위 무극지묘無極之妙이며 천하지대본天下之大本이다[정혜定慧]. 여기에서 존양存養의 공부를 더해 가면 대본大本을 세우고 수작만변酬酢萬變하는 주체主體가 되어 그 후는 이발已發에서 모든 행동이 중정中正하고 적당히 때에 맞추어 하게 된다[정혜定慧].[22]

적연부동寂然不動이 무극지묘無極之妙이고 천하지대본天下之大本이라 하는 것은 선禪불교에서 성성적적惺惺寂寂한 삼매의 상태와 같고, 명상에서 순수의식의 상태와 같다. 이런 수행을 계속하면 그 힘이 길러져 사물을 대할 때 알아차림의 부분인 혜慧가 밝아지고 하늘의 이치를 깨닫는 경지를 이룰 수 있음을 말하고 있다.

경敬은 어떻게 하는가? 오직 주일主一하는 것뿐이다. 동動하지 않을 때는 혼연태극渾然太極이며 경敬으로 일관一貫하면 그 본체는 곧아져서 불편

---

21) 李彦迪(1518): 答忘機堂 第四書. 晦齋全書, 太極問辯 36~37쪽.
22) 李彦迪(1518): 答忘機堂 第四書. 晦齋全書, 太極問辯 37쪽.

불의不偏不倚하고 무이무적無貳無適하게 된다[정定]. 잊지도 말고 조장助長하지도 말고 종용從容히 자득自得해서 확연廓然히 대공지정大公至正[혜慧]하게 된다.23)

정자程子가 말하는 '경敬이 주일主一이다.'라는 것과 같은 견해이다. 마음이 움직이지 않을 때, 즉 사물에 접하지 않을 때 혼연태극渾然太極, 불편불의不偏不倚, 무이무적無貳無適한 정신집중의 삼매[정定]의 상태를 유지하면 자연히 사물에 대해 대공지정大公至正하게 되는 알아차림의 깨달음의 경지[혜慧]에 이르게 된다고 말하고 있다.

3) 〈이퇴계〉

마음의 전체가 지극히 비고 고요한 것이[정定] 마치 맑은 거울이 물物을 비추는 것과 같아서, 물物이 오면 곧 응해주어 막히지 않고, 물이 떠나면 전과같이 비고 맑은[혜慧] 것이다. 만일 한 물건에 집착하면, 그것은 거울에 진흙이 묻는 것과 같아서, 도무지 비고 맑으며 고요하고 한결같은 기상을 얻을 수 없는 것이다.24) 사물에 감하기 전에는 적연부동寂然不動[정定]하면서 온갖 이치가 다 갖추어진[혜慧] 명상의 상태를 말하고 있다. 사물이 오면 절도에 맞게 마음의 작용이 이루어질 수 있는 알아차림의 혜慧의 깨달음으로 오는 결과의 현상을 말한다.

발發하기 전에는 찾아서도 안 되고 이미 발發한 때 안배하여도 안 된다. 오직 평소에 장경함양莊敬涵養하는 공부가 지극하여 인욕人欲의 거짓으로 어지럽히는 일이 없으면, 그 미발시未發時에는 거울 같이 맑고 물같

---

23) 李彦迪(1517): 元朝五箴, 養心箴. 晦齋全書 82쪽.
24) 李守淵(1733): 退溪先生言行錄, 存省. 退溪全書.

이 고요할 것이고[정定], 그 발發할 때에는 절도에 맞지 않는 것이 없을 것이다[정혜定慧].25)[朱子]

사물에 감하기 전에는 마음이 맑고 고요해야 하며, 이때 의도를 낸다면 이미 맑고 고요한 상태를 잃는 것이고 정신집중이 안된 것이다. 사물에 감하여 마음이 움직일 때에는 있는 그대로 그것을 알아차려야 하며, 이때 그것을 억압한다거나 과잉 반응을 한다면 정신집중과 알아차림을 모두 잃어버린 결과이다.

배우는 사람이 참으로 경敬을 잘 유지하면 이理와 욕欲의 분별이 어둡지 않고[혜慧] 미발시未發時에 더욱 삼가서 존양存養공부를 깊이 하고[정定] 이발시已發時는 성찰하는 습성을 익히 익혀[혜慧] 참되게 노력하고 오래 지속해가면, 이른바 정일집중精一執中[정혜定慧]의 성학聖學과 존체存體하고 응용하는 심법心法을 다른 데서 구하지 않아도 여기서 얻을 것이다.26)

경敬을 잘 유지하여 깨달음(알아차림)의 지혜를 얻을 수 있고, 마음이 미발시未發時에는 정신집중 측면인 존양存養 공부를 깊이하고, 마음이 이발시已發時에는 성찰(알아차림)하여 이치를 체득해야 한다고 말했다. 정일집중精一執中[유정유일윤집궐중惟精惟一允執闕中을 말함]에서, 정일精一은 정밀精密과 주일主一을 말하며 정밀精密은 알아차림의 부분이고 주일主一은 정신집중의 측면이다.

처음 공부하는 사람을 위해서는 정제整齊하고 엄숙한 마음을 갖는 공부만한 것이 없으니 급히 찾으려 하지도 않고 적당히 맞추려 하지도 말고 규구준승規矩準繩 위에 서서 남이 보지 않고 어둡고 은밀한 곳에서도 경

25) 윤사순(역주)(1999): 퇴계선집, 5th ed, 정자중에게 답함, 서울, 현암사, 91~92쪽.
26) 윤사순(역주)(1999): 퇴계선집, 5th ed, 心統性情圖說, 서울, 현암사, 343쪽.

계하고 삼가서 마음이 조금이라도 함부로 날뛰지 못하게 하면 오랜 뒤에는 자연히 성성惺惺하고[혜慧] 마음이 불용일물不容一物하게 되어[정定] 조금도 망조忘助[불망不忘과 불조장不助長이 아닌]의 병통이 없게 될 것이다.[27]

정제整齊하고 엄숙嚴肅한 마음을 갖는 공부를 권하고 있으며, 이것은 정신집중 훈련을 초심자들에게 권하는 것이며, 이것을 오래하면 마음이 적연부동寂然不動, 성성적적惺惺寂寂한 온전한 정신집중과 알아차림의 상태가 됨을 설명하고 있다.

선유先儒들이 학문을 논할 때는 방심放心을 거두고 덕성德性을 기르는 것을 최초의 하수처下手處로 삼았다. 이것은 바로 본원처本源處를 성취하는 것이며, 도道를 이루고 업業을 넓이는 기초라고 생각되는데, 그 공부하는 요점은 어찌 다른 데서 구하리오. 역시 주일무적主一無適과 계신공구戒愼恐懼이다. 주일主一의 공부는 동정動靜에 통하고 계구戒懼의 경지는 미발未發에만 한정되어 양著兩著 중 어느 하나도 뺄 수 없는 것이며, 밖에서 제어하여 그 중中을 기르는 것이 더욱 긴절緊切한 까닭에 삼성三省 삼귀三貴 사물四勿 같은 것은 다 사물事物에 접하는 곳에 나아가서 말한 것이니. 이것도 역시 본원本源을 함양涵養하는 뜻이다.[28]

수행의 시작은 방심放心을 거두는 것으로 시작한다는 것은 마음에서 어떤 한 생각이 처음 떠오를 때 그것을 바로 성찰하는 알아차림을 통해 다시 고요한 마음을 회복하는 것을 말하며, 본원처本源處를 성취한다는 것은 잡념이 없는 마음의 집중을 깊이 하여 마음의 본원처本源處가 되는 명상에서 순수의식의 경지까지 간다는 것으로 적연부동寂然不動한 마음이 천하지대본天下之大本이 되는 것을 의미한다. 이런 본체의 상태에서 일

---

27) 李守淵(1733): 退溪先生言行錄, 論持敬. 退溪全書下, 795~796쪽.
28) 李滉(조선): 답기명언, 자성록, 최중석(역주)(2003), 서울, 국학자료원, 200쪽.

을 해나갈 때 바로 현실을 있는 그대로 보고 지혜롭게 대응할 수 있다. 즉 주일무적主一無適과 계신공구戒愼恐懼의 정신집중의 지극함이 마음의 본체가 된다는 것이다.

분연히 힘을 내어서 생각하고 배우는 두 가지 공부에 힘쓸 것입니다. 그리고 지경持敬이라고 생각하고 배우는 것을 겸하고 동動과 정靜을 일관하며 마음과 행동이 일치하게 하고 현顯과 미微를 한결 같이하게 하는 방법입니다. 이것을 실천하는 방법은 마음을 제장정일齊莊精一[정혜定慧] 속에 두고 학문과 사변思辨을 통하여 이치를 궁구해서[혜慧] 보이지 않고 들리지 않는 곳에서 계근공구戒愼恐懼함이 더욱 엄숙하고 더욱 공경할 것입니다. 그리고 은미한 곳과 혼자 있는 곳에서는 성찰함이 더욱 정밀할 것입니다[혜慧]. 한 그림을 두고 생각할 적에는 마땅히 이 그림 만 마음을 오로지 하고 다른 그림이 있다는 것을 알지 못하는 것처럼 해야 하고 한 일을 습득할 적에는 그 일에만 전일專一하여 다른 일이 있다는 것을 모르는 것처럼 해야 합니다[여기서는 정定을 주로 의미함].29)

지경持敬을 실천하는 방법으로 마음을 제장정일齊莊精一 속에 둔다는 것은 정제엄숙整齊嚴肅한 마음으로 정밀하게 성찰하는 알아차림(위파사나)과 주일主一하는 정신집중(삼매)의 두 측면을 다 말하고 있다. 학문과 사변思辨은 알아차림에 해당하고, 계신공구戒愼恐懼는 정신집중에 해당한다. 특히 은미하고 혼자 있는 곳에서 처음 올라오는 자기만 아는 자기 마음을 더욱 철저히 알아차리고, 한 가지 일을 할 때는 그 일만 오로지 하는 전일專一하는 정신집중을 해야 한다고 말한다.

고요해서는 천리天理의 본연을 함양하고[정혜定慧], 움직일 때는 인욕人欲을 기미幾微에서 결단하되[혜慧], 이렇게 참을 쌓고 오래도록 힘써서

---

29) 李滉(조선): 進聖學十圖箚, 퇴계선집(1999), 5th ed, 윤사순(역주), 서울, 현암사, 305쪽.

순숙하고 익숙하게 되면, 고요히 있을 때에는 텅 비고 움직일 때는 곧게 되어, 일상생활에 비록 백 가지 일들이 일어나고 없어지고 하더라도 마음이 본래 자약하여 한잡한 생각들이 나의 근심이 될 수가 없을 것입니다.[30)

마음이 고요할 때는 한 생각도 올라오지 않는 정신집중인 사마디 상태에서 깨어있는 위파사나를 유지하려 하고, 마음이 움직일 때는 처음 올라오는 생각을 보고 알아차리는 위파사나의 명상을 하는 것이다. 이렇게 오래 수행하면 마음이 움직이지 않을 때는 마음에 일물도 없고 일상생활에 접해서는 온갖 일들에 망상 없이 있는 그대로 대응하게 된다. 즉 올바른 현실 판단을 하게 된다.

4) 〈이율곡〉

학문의 방법은 성현의 교훈 속에 널려 있되 큰 요체는 셋이 있는데, 궁리窮理와 거경居敬과 역행力行이 그것입니다. ……거경居敬은 동정動靜을 통하여 움직이지 않을 때는 잡념을 일으키지 않고 조용히 마음을 밝혀야 하고[정혜定慧], 움직일 때에는 일을 하고 몸가짐은 반드시 정제엄숙整齊嚴肅하고 마음가짐은 반드시 계신공구戒愼恐懼해야할 것이니[정혜定慧], 이것이 경敬의 요체이옵니다. ……궁리窮理는, 곧 격물치지格物致知이며 거경居敬과 역행力行은 곧 성의誠意 정심正心 수신修身인데, 이 세 가지를 닦아 나아가면, 이치가 밝아 닿는 곳마다 걸리는 것이 없고[혜慧], 안이 곧아서 의리義理가 밖으로 나타나므로 사욕私欲이 극복되어 그 본성을 되찾을 것이니[정定], 성의誠意 정심正心의 공功이 몸에 쌓이면 자기 인격이 빛나고 윤택하여 집을 다스리면 형제가 본받게 되고 나라에 두루 미치면

---

30) 李滉(조선): 答金惇敍 富倫, 자성록, 최중석(역주)(2003), 서울, 국학자료원, 139쪽.

교화가 행해지고 풍속이 아름다워집니다.31)

거경居敬을 설명하면서 정신집중의 상태와 자기 마음을 알아차리는 두 측면을 말하고 있다. 고요하고 잡념이 없는 적연부동寂然不動한 삼매에 해당되는 정신집중의 마음과 이치가 밝아 닿는 곳마다 걸리는 것이 없고 안이 곧아서 밖으로 의리義理가 바르게 나타나는 깨달음인 알아차림의 마음 두 측면에 모두 힘쓸 것을 권하고 있다.

학자가 먼저 힘쓸 일은 정좌靜坐하여 마음을 존양存養하고 고요한 가운데서 산란하지 않고 어둡지 않음으로써 대본大本을 세웁니다[정혜定慧]. 만일 일념一念을 발할 때는 반드시 선악의 기미를 살펴서 이것이 선일 때에는 그 의리를 궁구하고, 그것이 악일 때는 그 싹을 끊어 버립니다[혜慧]. 존양과 성찰의 노력을 계속하면 언동이 의리의 당연한 법칙에 맞지 않을 것이 없을 것입니다.32)

마음을 존양存養하고 고요한 가운데 산란하지 않고 어둡지 않게 한다는 것은 성성적적惺惺寂寂한 고요한 정신집중과 깨어있어 알아차리는 마음의 상태를 이루어서, 천하와 마음의 대본大本을 세운다는 것이다. 일념이 처음 발할 때 선악의 기미를 살핀다는 것은 알아차림에 해당하는 부분이다. 이 두 가지 존양存養과 성찰은 명상에서 정신집중과 알아차림의 두 측면을 함유한다.

미발시未發時에 이 마음은 적연寂然하여 본래 일호一毫의 사려도 없지마는[정定] 적연한 가운데서도 지각知覺이 불매不昧하여 비어있고 조짐이 없는 듯하지만 만상이 삼연森然하여 이미 갖추고 있습니다[혜慧]. 이 경지는 극히 이해하기 어렵지만 이 마음을 경敬으로 지켜 함양이 오래 쌓

---

31) 李珥(1574): 萬言封事. 栗谷全書一, 103쪽.
32) 李珥(1582): 學校模範. 栗谷全書一, 330쪽.

이면 스스로 당연히 힘을 얻습니다. 이른바 경敬으로 함양한다는 것은 다른 방법이 아니고, 다만 적연하여 염려가 생기지 않고[정定] 성성惺惺하여 조금도 혼매昏昧하지 않게 하는 것[혜慧] 뿐입니다.33)

적연부동寂然不動한 마음의 상태를 설명하고 있으며, 이것은 선禪불교에서 말하는 성성적적惺惺寂寂과 같은 상태이다. 고요하지만 어둡지 않고 깨어있어서 모든 이치와 깨달음을 잠재적으로 가지고 있고 지각은 깨어 있는 상태를 말한다. 경敬 공부가 지극하면 이와 같은 명상에서 말하는 순수의식에 이르게 된다.

6. 명상의 목적

명상하는 목적은 성인聖人이 되는 것이다. 도학자道學者들의 최종 목표이다. 그러나 성인이 바로 되는 것은 어려우므로, 중간 과정으로 우선 군자君子가 먼저 되는 것이다. 성인聖人에 대한 기술로서 유승조는 다음과 같이 말했다.

성인聖人은 태극太極의 전체를 다 구비해서 일동일정一動一靜이 간 데마다 중정인의中正仁義의 극이 되어 수위修爲를 하지 않아도 저절로 그렇게 된다. 이에 이르지 못하지만 애써 수위修爲하는 것이 군자의 길한 소이所以이며, 이것을 모르고 어지럽히는 것이 소인의 흉한 소이所以이다. 수위修爲하느냐 어지럽히느냐의 원인은 인격적으로 경敬의 상태냐 그렇지 않은 상태냐에 있다. 경敬의 상태에 있으면 욕심이 적어 이치가 분명해지고 욕심을 적게 하고 또 적게 해가면 인격은 정靜할 때 허虛하고 동動할 때 직直

---

33) 李珥(1575): 聖學輯要, 正心章.栗谷全書一, 472쪽.

하여져서 성인의 인격에 이르게 되니 성인의 인격은 배울 수 있다.[34]

성인聖人은 항상 명상 상태에 있는 사람이다[순수의식＋깨달음]. 공자는 나이 70세가 되어서 인위적인 노력이 없이도 법도에 어긋나지 않고 항상 인仁(중中)의 상태에서 살 수 있었다. 안회는 3개월간 그런 상태를 유지할 수 있어서 거의 성인聖人에 가깝다고 한 것이다.[35] 증자曾子는 하루 삼성三省을 했다고 하니 하루 세 번 이상 인仁의 상태를 놓쳤다고 볼 수도 있다. 이황은 제자의 질문에 답하기를, "어찌 감히 중단됨이 없었다고 하겠는가. 나도 고요한 가운데 엄숙하고 공경하는 마음을 가질 때는 방일放逸함을 면할 수 있지만, 술을 마시고 말을 주고받을 때는 가끔 마음이 놓여져서 달리 행동하게 되는 일이 있으니, 이것이 내가 늘 경계하고 두려워하는 바다."[36]라고 하였다.

7. 유교 명상의 특징

1) 명상에서 말하는 순수의식에 대해, 유교에서는 마음이 움직이지 않고 있지만 모든 우주의 이치를 간직하고 있는 상태로, 무극지묘無極之妙, 천하지대본天下之大本, 적연부동寂然不動, 중中, 인仁, 마음의 본체本體, 마음의 본원처本原處 등으로 표현하고 있다.

2) 사물에 접하면서 마음이 움직일 때 중용中庸으로 나타나는 것은 중中의 상태를 잃지 않은 상태에서 사물에 정확히 맞게 대응함을 말한다.

---

34) 柳崇祖(1972): 性理淵源撮要. 韓國의 思想大全集9, 서울, 同和出版公社, 444쪽.
35) 崔重錫(譯註)(1998): 心經附註. 서울, 國學資料院, 102쪽.
36) 李守淵(1733): 退溪先生言行錄, 存省. 退溪全書下, 794~795쪽.

이것은 명상에서 지금 여기 대상과 접하는 부분에 의식을 두어 알아차린 후에 편견이나 분별심 없이 맞게 대응하는 것과 같다. 중中을 잃지 않은 상태란 아무 선입관이나 편견이 없는 상태를 말한다. 대상이 오면 대상만을 비추고, 대상이 사라지면 아무것도 비추지 않는 맑은 거울과 같은 것이다.

3) 인심人心을 막고 도심道心을 함양하는 방법이 경敬이며 명상이다. 정복심은 심학도心學圖37)에 심학의 요점을 잘 밝혀놓았다. 경敬의 오른쪽은 혼자 있을 때 삼가(愼獨) 마음의 욕망을 이기며(克復), 마음을 항상 두고(心在) 살피어 방심하지 않는 것(求放心)이다. 그래서 바른 마음을 가지고(正心) 더 이상 마음을 동요하지 않게 하는 것(40不動心)이다. 즉, 육신의 욕망에서 마음을 지키는 길이다. [動공부] 또한 경敬의 왼쪽은 항상 조심하여 경계하고 두려워하여(戒懼) 마음을 잡아 보존하고(操存), 깨어있음을 통해(心思) 마음을 기르고(養心) 마음을 다하는 것(盡心)이다. 그리하여 마음이 하고 싶은 대로 해도 법도에 벗어나지 않는 것(70而從心)이다. 즉, 마음이 가진 본래의 선함을 발휘하는 것이다. [靜공부] 이것은 명상에서 마음을 지켜보면서 잡념이 일어날 때 그 잡념을 알아차리고 깨달아서 잡념이 사라지는 수련을 계속하여 결국 마음의 순수의식을 되찾는 것으로, 순수의식 상태를 가능한 지속적으로 오래 유지할 수 있는 능력을 키우는 것과 같다.

4) 마음에 주主를 세워야 함을 강조하였다.
깨어있는 마음이 있어서 이 마음을 놓치지 않고 향상 유지시키며, 사물에 접하더라도 억압하거나 사물에 빠지지 않음이다. 나를 위하고, 나

---

37) 부록, 心學圖.

의 주인공이고, 주체적이고, 나의 마음의 본체로서 명상이나 수행을 해나가는 주인공으로서의 마음이다.

5) 일상생활에서 명상을 수행하도록 하였다.

주변에 명銘과 계戒를 보고 듣게 하여 항상 일상에서 마음을 놓치지 않게 하였다. 정좌靜坐라는 말도 있지만, 정좌靜坐는 적연부동寂然不動 상태를 유지하게 하려는 것이고, 일상생활을 하면 자연히 대상에 접하게 되고, 거기에 올바른 응대를 해야 하므로 항상 중中의 상태에서 마음의 의식을 놓치지 않고 관찰하게끔 주변에 글귀나 음악 등을 접하게 하여 항상 깨어있게 만든다.

6) 정제엄숙整齊嚴肅으로 외적인 것을 먼저 바로 잡는 것에서 수행의 시작으로 삼았다.

깨달음과 행동이 동시에 이루어진다는 견해이다. 정제엄숙整齊嚴肅하면 자연히 마음이 더 쉽게 수련될 것이다. 마음이 항상 맑은 상태가 되면 밖으로 드러나는 모든 모습도 바르고 조화롭게 되므로, 처음 수행하는 사람들은 우선 먼저 밖의 모습을 바르게 하여 마음까지도 맑은 상태를 유지하는 데 도움이 되게 하였다. 명상할 때 바른 자세를 초심자들에게 가르치는 것도 이와 같은 의도일 것이다.

7) 격물치지格物致知를 먼저 이루어야 한다.

모든 사물에는 우주의 원리가 있으며 사물에 접하면서 이 원리를 아는 데 이르게 된 후에 앎을 바탕으로 실천에 옮기게 된다. 확실히 알면 자연히 그렇게 행동한다는 것이다. 진위를 알아야 명상 수행을 하려는 뜻을 주체적으로 세우고 유지해나갈 수 있을 것이다.

※ 격물치지의 다른 해석: 사물을 접할 때 위파사나처럼 접하는 부분에 마음을 두고, 현재 순간에 일어나는 것을 알아차리는 것으로, 생각, 견해, 반응과 같은 것에 빠지지 않고, 실재 있는 그대로 보는 것으로 해석할 수도 있다.

8. 결론

유교에서 마음의 수양 부분에 대한 기술은 성리학의 심학心學으로 발달하면서 본격화되었다. 저자는 유교에서 말하는 '도道를 닦는다.'는 것이 요즘 명상에서 말하는 것과 일치함을 도학자들의 기술들을 통해 증명하려 하였다. 단지 동양에서도, 현대 사회는 서양의 표현방식이 지배하고 있기 때문에, 유학의 명상에 해당되는 마음수양 측면들이 제대로 설명되고 알려지지 않고 있다.

저자는 정신분석적 이해와 명상에서 말하는 것들이 유교의 마음수양 기술들에 이미 함유되어 있음을 위와 같이 논술하였다. 특히 경敬공부 부분에서 성리학을 이룬 송宋나라 시대의 도학자들과 우리나라 조선시대의 도학자들의 설명들은 현대 명상에서 말하는 내용들과 표현이 조금 다를 뿐이지 완전히 일치하고 있음을 알 수 있었다.

저자는 앞으로 명상 수행에 있어서 유교의 특유한 장점들을 도입하여 보다 분명한 수행을 하여 보다 많은 사람들이 인격의 성숙을 이루고 우리 사회가 보다 건강한 사회를 이루게 됨을 기대한다.

제8장 유교명상

인간의 마음을 대상으로 마음을 다스리려는 노력은 동양이나 서양이나 과거나 현재나 항상 있어 왔다. 동양의 대표 철학들인 유교, 불교, 도가사상은 모두 마음을 대상으로 자기를 수양하는 방법들을 기술해 놓았다. 인도에서는 요가 또는 명상으로 기술하였고, 현대의 서양에서는 정신분석이나 심리학에서 마음을 다루는 방법들을 기술해 놓았다. 문화와 언어에 따라 서로 알아보지 못하게 기술되었지만 사실은 같은 대상에서 얻은 같은 내용과 방법들이 말과 글이 다르고 배경이 달라서 같은 것인 줄을 모르고 있다. 여기서는 명상이라는 것에 초점을 맞추어 현대에 유행하는 명상에 관점을 두고, 동양의 유교에서 이에 해당하는 유교명상 부분을 현대에 맞게 기술하고자 한다.

모든 명상은 공통적으로 정신집중(사마디, 사마타)과 알아차림(위파사나)의 두 가지 측면을 가지고 있다. 명상의 소개서를 쓴 다니엘 골만 Daniel Goleman은 명상에서 외적인 태도와 더불어 정신집중(사마타)과 알아차림(위파사나) 부분을 청정도론Visuddhimagga을 토대로 말하고 있다.[1] 정신집중은 어떤 사물을 깊이 생각하는 것에서부터 궁극적으로 생각마저 끊긴 '요가수트라'에서 말하는 순수의식의 상태인 무상삼매

nirbija-samadhi까지 모두 정신집중의 한 측면이다. 알아차림은 단순히 사물을 인지하는 것에서부터 궁극적인 깨달음인 구경각究竟覺까지 모두 알아차림의 한 측면이다. 그러나 실제에서는 이 두 가지는 따로 떨어져 있기보다는 동시에 같이 이루어진다고 봐야 할 것이다. 보조국사의 '정혜쌍수定慧雙修'는 정신집중의 측면인 정定과 알아차림 측면의 혜慧를 함께 수행해야 완전하게 됨을 말하고 있다.

유교의 심학心學에 가장 기본이 되고 출발점이 되는 것은 '인심유위人心惟危 도심유미道心惟微 유정유일惟精惟一 윤집궐중允執闕中'이라는 16자 글귀로서 순임금이 우임금에게 전했다고 한다.[2] 중용中庸에 하늘의 명命을 성性이라고 하고, 성性을 따르는 것을 도道라 하고, 도道를 닦는 것을 교教라 한다고 했다. 도심道心은 인간의 마음이 하늘의 명命과 일치하는 것이고, 인심人心은 사람이 몸을 가지고 있으므로 이로 인해 생기는 마음이다. 도심道心은 은미하여 드러나기 어렵고 인심人心은 쉽게 위태로워지므로 그래서 유정유일惟精惟一하여서 중中을 유지하라는 것이다. 유정유일惟精惟一 하라는 것은 명상과 일치한다. 여기서 유정惟精은 정밀하게 관觀하는 것으로 알아차림(위파사나)의 측면을 말하고, 유일惟一은 마음을 하나로 전일專一하게 하는 것으로 정신집중(사마타)의 측면을 말한다.

유교의 배움에는 8가지 조목으로 격물格物·치지致知·성의誠意·정심正心·수신修身·제가齊家·치국治國·평천하平天下가 있다. 수신修身은 한 개체인 자신에 해당되고, 수신修身 이전은 그 사람의 내적 측면을 다루고, 수신修身 이후는 그 사람의 외적 측면을 다룬다. 여기서 마음을 직접 다루는 명상

---

1) *Daniel Goleman(1988): The Meditative Mind. New York, Penguin Putnam Inc,* 2~3쪽.
2) 書經. 大禹謨.

부분에 해당되는 것은 성의誠意·정심正心·수신修身이라고 볼 수 있다. 격물格物·치지致知는 학문을 하여 사물의 이치를 깨달아서 뭔가 아는 데에 이르는 것이다. 뭔가 알아야 명상을 시도하고 그 목적을 이루려 할 것이다.

위의 8조목 중에서 명상을 통해 일단 성취되는 단계는 정심正心이다. 마음을 바르게 한다는 것은 문제가 있는 마음이 변화하여 성숙되고 건강한 마음으로 변혁이 일어나서, 즉 마음의 구조 변화가 일어나서 과거의 잘못된 패턴에서 벗어나서 새로운 긍정적인 패턴으로 바뀌어졌음을 말한다. 이렇게 되기 위해서는, 정신분석적인 변화과정으로 설명하자면, 자기의 문제에 먼저 통찰이 생기고, 그 통찰을 매사에 반복적으로 훈습을 오래 하면서 마음의 근본적인 변화가 생기는 것이다. 이것을 지극하게 하면 서양의 정신분석적 치료에서는 다루지 않는 성인聖人의 경지까지 가는 것이며, 성인聖人을 추구하는 것이 유교명상이다.

다음은 심경부주의 내용을 참고하여 명상에 해당되는 부분들을 정리하여 보았다.

1. 명상하기 위한 마음가짐과 행동거지

1) 정제엄숙整齊嚴肅

초심자에게는 마음 자체를 다루는 명상 상태인 지경持敬의 경지에 앞서서 먼저 바른 몸가짐과 마음가짐 그리고 언행을 바르게 함으로써 수행의 출발점으로 삼는다. 이렇게 하는 것은 잘못하면 겉으로만 바르게 하고 속마음은 중요하지 않는 위선적인 모습으로 흐를 수도 있다. 그러나 이렇게 하는 참된 의미는 '경이직내敬而直內 직내외방直內外方' [경敬으로써 속을 곧게 하고, 속이 곧아야 겉으로의 모습이 자연히 방정方正 할 수밖에 없다는 것이고, 초심자에게 먼저 겉을 바르게 함으로써 마음도 바르게 되기 쉽게 하려는 방법이다. 바깥을 제어함으로써 안을 곧게 하는 것이다. 장엄하고 공경스러우면 저절로 마음이 하나가 되고, 게으르고 태만한 마음이 들어오지 않게 되고, 간사하고 치우치는 데로 흐르지 않을 수 있다. 마음이 하나로 집중될 수 있다.

해이한 마음이 한 번 생기면 이것이 곧 자포자기이다. 장엄하고 공경스러우면 스스로 힘든 고통을 참아내어 스스로 깨닫지 못하는 사이에 날로 법도에 나아가게 되는 것이다. 항상 이 의지를 끌어 일으켜 굳세고 강하게 하면, 해이해지고 싶은 마음을 피하지 않고 받아들이는 인내하는 힘이 강해지며, 긍정적인 마음이 전보다 커지면서 활기가 생길 것이며, 어둡거나 피곤하지 않을 수 있다.

구속하여 급박하게 해서는 안 된다. 날이 저물면 들어가 편안히 쉬는 것 또한 경敬이다. 자연스러워야 한다. 억지로 하면 부작용으로 건강치 못한 결과를 초래할 것이다.

2) 격물치지

격물치지格物致知는 사물을 궁구窮究하여 치지致知[앎에 이름]에 이르는 것으로, 이치를 밝히는 것이다. 과학도 격물치지라 할 수 있다. 과학적으로 말도 안 되는 것을 정신집중으로만 해결하려 하면 어리석은 것이다. 스스로 자신의 문제에 대해 통찰이 먼저 있어야 자기를 찾고 바로 잡으려는 수행에 들어설 것이다.

잘못 알거나 좁게만 알거나 하지 않게 되기 위해서는 먼저 널리 배우고 간약한 것을 나중에 배워야 잡되게 흐르지 않고 좁은 데에 덮히지 않을 것이다. 책을 읽어 의리義理를 강론하여 밝히며, 옛사람을 상론尙論[옛사람의 말과 행동을 평론하는 것]하여 시비를 분별하고, 혹은 사물을 응접하여 마땅한지 그렇지 않은가를 처리하는 것이 모두 격물의 일이다.

분명하고 정확하고 확실하게 알아야, 행동에 변화가 오고, 마음까지도 변화가 올 수 있다. 또한 이렇게 함으로써 사적인 감정에 빠지지 않고, 실제가 아닌 이론과 개념에 속아서 분별심에 빠지지 않고, 적절한 노력을 할 수 있고, 목표와 정당함을 가질 수 있다.

3) 과욕寡欲

마음 수양修養은 욕심을 적게 가지는 것에서부터 시작해야 한다. 수도修道는 닦을수록 마음이 비워지듯이 욕심을 적게 가짐은 명상에 앞서 중요한 마음가짐이다. 욕심은 인간이 몸을 가지고 있으므로 나타나는 인심人心이다. 명상에서 신독愼獨[속에 한 가지 생각이 싹터 움직이는 곳이 비록 지극히 은미하여 남은 알지 못하고 자기만 혼자 아는 바이더라도 나아가 더욱 마땅히 삼가는 것]으로 인욕人欲이 의식 내로 올라올 때 이것을 알아차리고 있으면 인욕人欲이 사라질 것이지만, 명상에 들어가기 전에 욕심을 적게 가지는 마음가짐을 갖는다면 후에 명상을 할 때 잡념이 덜 생기고 쉽게 할 수 있는 큰 도움이 된다.

과욕은 절제하는 것을 말한다. 음식을 절제 못하는 것, 잠을 지나치게 자거나 안자거나 하는 것, 적절한 운동을 못하는 것, 지나친 욕심으로 행하는 행동, 등 모두는 몸과 마음을 해치는 결과를 초래할 것이다. 맹자의 물망勿忘·물조장勿助長[마음을 잊지 말 것이며, 억지로 자라도록 돕지도 말라는 것]을 마음에 두고 행하면 몸과 정신이 모두 건강해 질 것이다.

　욕심이 적으면 마음이 주작하지 않아 정일精一[유정유일唯精惟一: 정밀하고 하나로 집중]하는데 도움이 된다. 또한 대상을 접할 때 인욕人欲에 의한 동기가 덜 작용하여 현실을 더 올바르게 볼 수 있게 한다.

4) 마음을 기름

　건강한 마음을 길러야 한다. 자기 마음을 해치는 것은 마치 나무가 자라는 것을 해쳐 민둥산을 만드는 것과 같다고 한다. 몸을 다쳤을 때 소독만 하고 내버려두면 저절로 상처가 아물 듯이, 마음도 내버려두면 스스로 건강해지는 본래의 성질이 있다. 그래서 맹자는 "낮에 마음을 해쳤더라도 밤에 잠을 자고나면 야기夜氣를 받아서 마음의 건강을 회복한다고 하였다. 해치는 속도가 더 빠른 게 문제이다. 밤낮으로 자라나지만, 아직 사물과 접하지 않은 때인, 평상시 아침의 청명한 기운을 낮에 저지르는 소행이 질곡桎梏[몹시 속박하여 자유를 가질 수 없는 고통의 상태를 비유]시켜 없앤다. 질곡 시키기를 반복하면 야기夜氣가 보존되지 못하고, 야기夜氣가 보존되지 못하면, 그 금수와 다른 것이 멀지 않다. 진실로 기름을 하면 자라나지 않는 물건이 없고, 진실로 그 기름을 잃으면 소멸되지 않는 물건이 없다."라고 하였다.

　仁山 金氏가 "성낼 때를 당하여 성내지만, 성내어도 옮기지 않고, 두려워할 것을 당하여 두려워하되, 두려워하면서도 겁내지 아니하고, 좋아할 만한 것을 좋아하되, 좋아하면서도 욕심내지 않고, 근심할 만한 것을 근심하되, 근심하면서도 상하지 않아야 한다."고 말한 것도 자기의 마음을 건강하게 지키고 살리는 방법이다.

기氣가 살아나야 한다. 남을 속이거나 자기를 속이는 일은 스스로 떳떳치 못해 마음이 위축되고 기氣가 죽게 되고, 어떤 때를 당해서도 무자기毋自欺[자기를 속이지 않음]의 마음으로 마음이 맑고 푸른 하늘과 같으면 떳떳함을 느끼며 기氣가 살아난다. 기氣가 살아나는 것이 마음이 건강해지는 것이다.

마음을 기른다는 것은 마음의 본질인 인仁을 확충하는 것이며, 인仁은 하늘의 존작이며 사람의 편안한 집이거늘, 막지도 않는데 어질지 않으니, 이것이 지혜롭지 못함이다. 어질지 않고 지혜롭지 못하여 예禮도 없고 의義도 없으면 사람에게 부림을 당한다. 즉, 자기의 자존감이 저하되고 주체성이 약해지고 남의 눈치를 보게 된다. 남이 나의 주인이 된다.

마음의 본성인 인의예지仁義禮智는 누구나 가지고 있다. 차마 하지 못하는 마음이 누구나 있음에서 입증된다. 그러나 그것을 확충하는 것은 군자만이 할 수 있고, 할 수 없는 자는 스스로를 버리는 것이고, 또한 그 자신에게 달려 있다. 의리義理의 마음이 이기면 이욕利慾의 생각이 곧 사라지고, 측은지심惻隱之心의 마음이 이기면 잔학한 생각이 저절로 사라지고, 수오지심羞惡之心이 이기면 지나친 탐욕과 염치없는 생각이 저절로 사라지고, 공경지심恭敬之心이 이기면 교만하고 나태한 생각이 저절로 사라지고, 시비지심是非之心이 이기면 분명하지 않고 구차하며 완고하고 어리석은 생각이 저절로 사라진다.

대인大人이란 그 어린아이의 마음[사물에 유혹되지 않아서 순일하고 거짓이 없음]을 잃지 않은 자이다. 대인大人은 단지 순일하고 거짓 없는 마음을 지켜서 확충하는 것이다. 마음을 기름은 욕심을 적게 하는 것보다 더 좋은 것은 없다. 욕심을 적게 하여 마음을 기름으로써 밖에 유혹되지 않도록 하는 것이 마음을 보존하는 시초이다.

5) 음악

음악은 사람의 마음을 산만하지 않고 여유롭게 만들 수 있다. 욕심이 적어지고 즐겁게 된다. 그래서 비루하고 속이는 마음이 들어서지 않게 된다. 사람의 마음기질에 변화를 일으킬 수 있고 그 불건강한 찌꺼기를 녹여버릴 수 있다.

2. 명상(경敬공부)

1) 마음에 주主를 세워야 한다.

명상을 시작할 때 먼저 마음의 주체를 확립해야 한다. 몸의 주인은 마음이다. 그러나 몸에 의해 인욕이 생기고 이 인욕을 충족시키려고 마음이 거꾸로 하수인 노릇을 하게 된다. 하늘로부터 받은 건강한 마음이 주인으로서 그 사람을 스스로 건강하게 치유하며 성숙시켜 나가게 하는 것이다. 배우는 자는 다만 이 마음을 주인으로 세워야 하는 것이니, 이 위에서 모두 따져 헤아릴 수 있는 것이다. 이것 자체가 명상이며, 마음은 모름지기 자신으로부터 말미암도록 해야 한다. 사람 마음에 주主를 세움이 일정하지 않음은 마치 하나의 수거가 흘러 구르고 움직여 흔들려서 잠시도 멈추지 않는 것과 같아서, 느끼는 바가 수만 가지이기 때문이다. 만약 하나의 주主를 짓지 않는다면 아무리 한들 무엇 하리오? 다만 주인옹(마음)을 세우고자 할 따름이다.

주재자인 이 마음은 정신집중과 알아차림을 통하여 스스로 항상 존재하면서 없어지지 않게 하는 것이다. 의식하면 있고 의식하지 않으면 없

는 것이다. 배우는 자는 항상 이 마음을 끌어와 살피되, 해가 떠오르면 온
갖 사특함이 저절로 그치는 것과 같다. 이 마음은 본래 스스로 광명 광대하
다. 몸과 마음이 주主가 없으면 사특함이 쉽게 올라온다. 자신이 다만 약
간의 힘을 들어서 그것을 끌어와 살피고 조관照管[맡아서 보관함]하면 그
만이요, 괴롭게 힘쓸 필요가 없다. 괴롭게 힘을 쓰면 도리어 옳지 않다.

조화와 즐거움이 존재하지 않으면 비루함과 속임이 개입하여 주主가
되고, 장경함이 서질 않으면 안이하고 업신여김이 개입하여 주主가 된
다. 마음을 주主함이 일정치 않아 마음을 도적처럼 보면서 제어할 수 없
으면, 일이 마음에 누累가 되는 것이 아니라, 곧 마음이 일에 누累가 된다.
일에 전일專一할 수 있는 것은 다만 이 마음이 한 가지 일 위에 수렴되어
있어서 주작走作[침착하지 못하고 덜렁거림]하지 않는 것일 따름이다.

2) 정靜공부와 동動공부

명상에 속하는 경敬공부에는 마음이 작용하지 않는 상태일 때 본래 마
음을 함양하는 정靜공부와 마음이 작용할 때 관찰하고 깨닫는 동動공부
가 있다.

(1) 정靜공부

정靜공부는 사물에 접하여 감각하여 마음이 움직이기 전에 마음이 적
연부동寂然不動[아주 고요하여 움직임이 없음] 하면서, 온갖 이치가 다 갖
추어져 있어 마음 전체가 보존되고 있는 상태를 유지하고 함양하는 것이
다. 본래의 마음이 움직이지는 않지만 강해져서 모든 일에 조화를 이루

는 바탕이 함양되는 것이다. 여기서 적연부동寂然不動은 정신집중의 사마디 측면이고, 온갖 이치가 다 갖추어져 있다는 것은 알아차림의 위파사나 측면이다.

계구戒懼 [조심하고 두려워함]

항상 깨어 있어서 마음이 어둡지 않게 하는 것이다. 마음이 움직이지는 않지만 상제를 마주 대하는 듯이 몸과 마음이 경건한 상태로 있는 것이다. 저절로 자기 마음을 다해 사물을 지극히 존중하는 마음으로 대하게 된다. 주主가 되는 이 마음이 지금 여기에 있게끔 미연에 방지하는 것이다. 이른바 드러나지 않으나 의도한 것이다. 깨어 있는 주인이 항상 명막冥漠[까마득하고 넓고 멀은]한 가운데 조관照管[맡아서 보관함]하여 모두 일찍이 놓아버림이 없는 것이다.

조존操存 [붙잡아 있게 함]

마음을 잡고 있는 것이다. 마음을 붙잡고 있으면 천리가 되는 것이요, 이로부터 흐르면 인욕이 되는 것이며, 마음을 잡고 있다는 것은 깨어 있음을 말하며, 깨어 있으면 성인聖人이 되는 것이요, 깨어있지 못하면 미치광이가 되는 것이다. 잡으면 남아 있고 놓으면 없어진다. 들어오고 나가는 것이 때가 없어서 그 고향을 알 수 없는 것은 오직 이 마음을 이른 것이다. 잠깐 동안에도 그 기름[마음을 지속적으로 잡고 있는 것]을 잃어서는 안 된다. 마음을 지속적으로 놓지 않고 보존한다는 것은 다만 일에 응하고 사물을 접할 때 일마다 이치에 적중하는 것이 바로 보존하는 것이다. 오직 일에 그치는 것이다. 사물이 각기 사물에 붙으면 이것은, 사물에 의해 자기를 상실하지 않고, 사물을 부리는 것이요, 사물의 부리는 바 되면 이것은 사물에 부림을 당하는 것이다. 사물이 있으면 반드시 법칙이 있다. 모름지기 일에 그쳐야 한다. 사람은 오직 하나의 마음인데, 공격하는 것은 많다. 성색취미聲色臭味는 밖에서 영욕이해榮辱利害는 안에서 움직여 느낌에 따라 응함이 끝이 없으니, 청명하고 순일한 본체가 또어찌 그를 보존되어 놓아지지 않음을 보장할 수 있겠는가?

심사心思 [어떤 일에 대한 여러 가지 마음의 작용]

마음은 적연부동한 상태에서 마음이 움직이지 않지만 온갖 자극을 지각한다. 일에 응하고 사물을 접할 때 이치에 맞게 만 가지 변화에 응할 수 있는 것은 마음이 그렇게 할 수 있는 잠재력을 다 갖추고 있기 때문이다.

양심養心 [심성을 수양함]

경敬(명상)으로써 항상 마음이 깨어있고 전일專一한 중中의 상태를 끊어짐이 없게 보존하되 오래 지속하여서 마음을 기르는 것이다. 이의理義로써 마음을 기르고 예악禮樂으로써 그 혈기를 기른다. 욕심을 줄이는 것은 명상에 도움이 되고 명상을 계속하면 욕심이 줄어든다. 서로 도움이된다. 욕심이 많으면 움직이는 것을 좋아하되 절제가 없고, 망령된 행동으로 떳떳함을 잃게 되니, 선한 단서가 이로 인하여 잃게 되는 것이며, 천리가 어그러지게 되는 것이다. 욕심이란 것은 사물에 감응하여 움직이는 것이다. 마음을 다스리는 도道는 욕심 줄이는 것보다 좋은 것은 없다. 욕심을 줄이면 귀와 눈의 일은 사물에 가려지지 않아 사물을 있는 그대로 지각하게 되어 마음이 항상 편할 것이요, 마음이 항상 편안하면, 안정되어 어지럽지 않고 밝아서 어둡지 않을 것이니, 도道가 이로 말미암아생기는 바요, 덕德이 이로 말미암아 이루어지게 되는 바이다. 천하에 잡기 어려운 것이 마음과 같은 것이 없고, 천하에 쉽게 물드는 것이 욕심만한 것이 없다. 마음을 기르는 것은 (욕심을) 적게 하여 있는 것에 그치는 것이 아니다. 적게 하여 없는 데에 이르는 것이니, 없다면 성실함이 서고 (현인賢人)(실체가 편안하고 견고한 것) 밝음이 통한다(성인聖人)(실용이 유행함). 그 사람에게 달려 있다. 마음은 하나이며, 천리天理와 인욕人欲은 하나이지만 상대하니, 일분의 인욕人欲이 있으면, 일분의 천리天理가 멸하고, 일분의 천리天理를 보존하면, 일분의 인욕人欲을 이긴다.

진심盡心 [마음을 다함]

완전히 될 때까지 끝까지 진심을 다한다. 그래서 무욕無欲, 무아無我를 이루는 성인聖人의 경지까지 나아가는 것이다.

(2) 동動공부

동動공부는 마음이 적연부동寂然不動한 상태에서 사물이 오면 느껴서 통하되 절도에 맞게 움직이는 것이다. 마음이 고요한 상태에서 사물에 부딪칠 때 마음에서 일어나는 감정들을 계속 관찰하는 것이다. 위파사나와 같다. 이때는 마음이 전일專—해지고 행동은 융화되어 익숙해 가면 애쓰지 않고 사색하지 않아도 마음이 움직이는 것을 스스로를 속이지 않고 성찰하고, 일에 부딪치어 일심으로 전일하게 하여서, 종용從容[성격이나 태도가 차분하고 침착한]한 중도中道의 극極을 이루게 한다. 여기서 마음이 전일專—해지는 것은 정신집중을 말하고 성찰하여 행동을 융화되게 할 수 있는 것은 알아차림의 측면이다.

신독愼獨 [속에 한 가지 생각이 싹터 움직이는 곳이 비록 지극히 은미하여 남은 알지 못하고 자기만 혼자 아는 바이더라도 나아가 더욱 마땅히 삼가는 것]

가장 긴요하게 공부를 착수하는 곳이다. 속에 한 가지 생각이 싹터 움직이는 곳이 비록 지극히 은미하여 남은 알지 못하고 자기만 혼자 아는 바이더라도 나아가 더욱 마땅히 삼가 하면서 관찰하는 것이다. 의식할 수 있는, 희노애락이 이미 발한 후에 성찰하는 것이다. 터럭만큼이라도 방자하게 되면 욕심에 흐를 것이니 의義와 이利를 판별하는 것이 오로지 이때에 달려있다. 이때를 놓치면 정신의 방어기제가 작용하여 성찰하기 어렵다. 성찰이란 인욕을 막는 것이다. 사람이 하나의 바른 생각이 스스로 분명하고 밝은데, 또 곁에서 다른 하나의 작은 생각이 생겨 점점 퍼져 가니, 살피지 않을 수 없다. 자기를 속이지 않아야 한다. 악취를 싫어하고 여색을 좋아하듯(自謙) 해야 한다. 철저한 자기 성찰로서 스스로 쾌적하기를 힘쓸 것이다. 이렇게 덕을 쌓으면 마음이 넓어지고 몸은 편해진다. 신독만이 이것을 지키는 방법이다. 스스로를 속인다 함은 알지 못하고 깨닫지 못하는 사이에 스스로를 속이는 데에 빠지는 것이다. 스스로를 속이면 흡족하지 못하는 것이 있어 겉으로 드러나게 되지만, 사람들이 자신을 알지 못할 것이라 생각한다. 스스로를 속인다 함은 알면서도 온 힘을 다해 행하지 않는 것도 있고, 알지만 도리어 또한 자신이 좋아하는 바라서 버리지 못하는 것도 있다. 가장 좋은 입도入道의 요령이다. 신독하면 지나친 일이 있게 되지 않는다. 근독謹獨이란 즉 성의誠意를 말한다. 안으로 마음의 움직임과 밖으로 몸의 움직임이 모두 바른 데서 나와 겉과 속이 한결같으면 천리天理가 유행하거니와, 만약 밖에서 강제하나

속에서 움직이는 것이 간혹 선善을 다하지 못한다면 병의 뿌리가 제거되지 않아서 아직 얻지 못한 것이니, 그래서 신독 공부가 필요하다.

극기克己 [자기의 감정이나 욕심, 충동 따위를 이성적으로 의지로 눌러이김]

자기 마음을 계속 관찰하면서 대상에게 주가 되는 마음을 잃지 않는 것이다. 그렇게 하는 과정은 사물四勿로 설명할 수 있고, 극기克己를 완전히 이룬 성인聖人인 공자는 절사絶四[네 가지를 끊음]를 하였다고 한다. 각각에 대해서는 아래와 같다.

> * 절사絶四 [네 가지를 끊음]
> 1. 무의毋意: 사사로운 자기의 의도를 자동으로 두는 것이 아니라 지켜보면서 이치에 맞지 않음이 없게 한다.
> 2. 무필毋必: 이치의 옳고 그름을 따지지 않고 어떤 의도대로 반드시 하려는 게 없게 한다.
> 3. 무고毋固: 사사로운 의도로 기필코 일을 이미 이루고 난 후 또 다시 집착하여 머물면서 고쳐 나아가려 하지 않음을 없게 한다.
> 4. 무아毋我: 사사로운 아집에 의해 지배받지 않게 한다.

> * 사물四勿 [네 가지를 하지 않음]
> 보고, 듣고, 말하고, 움직이는 이 네 가지에서 명상을 유지하는 것으로, 마음이 주재를 항상 하여, 사물에 휘둘리지 않아야 한다. 간사한 소리와 어지러운 색을 총명에 머물게 하지 않고, 음란한 음악과 간특한 예법을 심술에 접하지 않게 하는 것이다. 실제 보고 듣는 것이 없는 것이 아니다. 이목구비耳目口鼻는 사물에 의해 움직이므로 마음이 주재가 되어 그치게 할 수 있다. 자기 마음을 지켜보는

마음이 있어야 가능하다. 주재자인 마음이 耳目口體 사이에 꺼꾸러지고 어지럽게 섞여 자기 몸에 주인이 될 수 없는 지경에 이르지 않게 함이다. 말은 생각에서 나오고 행동은 꾀하는 데서 나오니 말과 행동에 다 드러난다. 그르치고는 당연하다 함은 자기를 속이는 것이요, 다른 사람을 따르도록 하는 것은 남을 속이는 것이다. 그래서 경계를 하여야 한다. 모두 나에게서 나오는 것이다. '낯빛을 펴서 화평하게 하였다.'고 함은 성인의 동용주선動容周旋[몸을 갖는 태도와 일을 주선하는 솜씨]이 예禮에 맞는 일이다.

극기克己는 극복하기 어려운 곳으로부터 직면하여 성찰하면서 극복해 나가야 한다. 핵심, 즉 뿌리를 제거해야지 가지치기만 해서는 끝이 없다.

심재心在 [마음이 있음]

나의 주主가 항상 있어야 한다. 마음이 있지 않으면 보아도 보이지 않고, 들어도 들리지 않으며, 먹어도 그 맛을 모른다. 감각을 지각하는 마음이 주체로서 작용하지 않으면 자동으로 움직이는 로봇 같은 삶일 뿐이다. 주主가 있으면 근심과 사악함이 들어올 수 없고, 주主가 없으면 사물이 와 빼앗는다. 사주私主가 없으면(즉, 주主가 있으면) 마음이 비워지게 되고, 일이 망령되지 않게 된다. 안으로 욕망이 싹트지 않고, 밖의 유혹이 들어오지 않는다. (경敬으로써) 잡으면 남아 있고 놓으면 없어진다. 들어오고 나가는 것이 때가 없어서 그 고향을 알 수 없는 것은 오직 이 마음을 이른 것이다. 잠깐 동안에도 놓지 않는 그 기름을 잃어서는 안 된다. 배우는 자가 오래도록 나아가지 못함은 다만 마음이 있지 않기 때문이다. 학문이란 지志를 이루는 것이다. 주主가 되는 마음을 놓치지 않고 유지하는 훈련을 오랫동안 해야 한다.

구방심求放心 [방심을 구함]

주主가 되는 마음을 스스로 관찰하면서[위파사나] 그 마음을 놓쳤을 때 알아차리고 다시 붙잡아 두는 훈련이다. 학문의 도道는 방심放心을 구할 따름이다. 마음을 보존함은 자기 마음이 어떤 것인지를 체인하는 것이다. 사람의 마음은 본래 선善하지만, 선善하지 않음으로 흐르게 되니, 이른바 놓아버림(放)이다. 항상 깨어있어 방심하여 넘어지지 말아야 하니 물욕이 닥침을 깨달으면 곧 긴장하여 그것을 따라가지 않아야 한다. 마음을 놓아버린다면 널리 배우는 것 또한 등한히 할 것이요, 깊이 묻는 것 또한 등한히 할 것이니, 어떻게 밝게 분별하며 어떻게 독실篤實히 하리오? 마치 집안에 주인이 없는 것과 같다. 방심이란 마음이 별다른 곳을 향해 달려가는 것이 아니라, 눈 깜짝할 사이에 곧 볼 수 없는 것이요, 비로소 깨닫게 되면 또한 눈앞에 있는 것이다. 괴롭고 어렵게 수습함이 아니니, 그대가 또한 들어서 잡아끌면 곧 볼 수 있다.

정자程子는 경이직내敬以直內 한 구절을 말하여 밝혀 붙잡고 보존하는 방법을 가리켜 보였다. 방심을 구할 수 있다면 마음속에 주主가 있어서 행동함에 마음을 잃어버리지 않으니, 경敬으로써 스스로를 붙잡아 하나의 생각이라도 감히 방자하지 않게 할 뿐이다. 마음이 본래 다른 것이 아니다. 방종하면 놓아지고 구하면 보존되는 것이 손바닥을 뒤집는 것과 같으니, 마음이 있으면 인仁이 있고 인仁이 있으면 움직임이 이치가 아님이 없다는 것이다. 자기 마음을 항상 지켜봄을 말했다.

어둡게 잠들어 감이 또한 방放이다. 지극히 귀한 것이 나에게 있으나 스스로 그것을 잃어버린다. 가축을 잃으면 찾지만, 사람 마음은 놓아두고 찾을 줄 모른다. 욕심이 빠뜨리면 놓아지고, 이익이 유혹하면 놓아지게 된다. 마음이 이미 놓아졌으면 그 행동이 반드시 어긋난다. 성현의 천언만어千言萬語는 다만 사람으로 하여금 장차 놓아버린 마음을 간약하게 하여 돌이켜 몸으로 들어오게 하고자 함이니. 스스로 위로 찾아가서 아래에서 배워 위에 이르는 것이다. 마음을 수습하는 것은 다만 선한 단서를 보존하여 점차 확충하여 넓히는 것을 말하는 것이다. 사람은 항상 모름지기 신심身心을 수렴하여 정신이 항상 여기에 있도록 해야 한다. 자신의 마음이 흩날리는 것을 알아차려야 한다. 깨어 있지 않으면 안 된다.

정심正心 [마음을 올바르게 가짐]

스스로를 속이지 않고[무자기毋自欺] 성실하게 다하면[성의誠意] 마음이 바르게 건강하게 된다. 자기의 문제를 피하지 않고 직면하여서 무엇이 문제인지를 깨닫고, 그 문제의 근본 원인을 깨닫고, 스스로를 속이지 않고 꾸준히 훈습하면, 드디어 바른 마음으로 변혁이 일어난다. [격물格物 치지致智 성의誠意 정심正心]

정定[정신집중]한 후에 광명이 있다. 그치는 것[지止]이 광명이다. 정定하여 능히 생각함에 이를 수 있다. 사려가 어지럽게 섞이면 광명할 길이 없다. 마음은 한 가지 생각하는 동안에 털끝만큼의 차이라도 있게 되면 곧 이것이 바르지 않은 것이다. 사람이 마음을 바르게 할 수 있다면, 다른 일을 하는 데 어려움이 없는 것이다. 마음의 바름은 거울과 같다. 거울 속에 먼저 한 사람이 있으면 다른 사람이 와도 곧 비출 수 없으니, 이 마음에 사물이 아직 있지 않을 때 먼저 주장함이 있어서 내가 어떤 식으로 일을 처리하려 한다고 말한다면 이것이 곧 바르지 않은 것이다. 인仁을 좋아하고 불인不仁을 미워하는 것이 마음이 바른 것이다.

마음에 성냄이 있으면 그 올바름을 얻지 못하고, 두려워하는 바가 있으면 그 올바름을 얻지 못하고, 근심하는 바가 있으면 그 바름을 얻지 못한다. 살필 수 있어야 한다. 과거에 해결 안된 감정이 속에 남아 있으면 먼저 주장하는 게 있는 것이다. 감정을 지켜보면서 이런 감정에 빠지지도 피하지도 않아야 한다. 감정에 휘둘리는 것이 아니라 내가 통제할 수 있어야 한다. 나의 마음의 주主가 보존되고 있어야 한다. 성날 때를 당하여 성내지만, 성내어도 옮기지 않고, 두려워할 것을 당하여 두려워하되, 두려워하면서도 겁내지 아니하고, 좋아할 만한 것을 좋아하되, 좋아하면서도 욕심내지 않고, 근심할 만한 것을 근심하되, 근심하면서도 상하지 않아야만 한다. 이것이 이 마음의 체용體用의 바름을 얻는 것이다. "어찌 동심인성動心忍性[마음을 분발시키고 성질을 참는 것] 하지 않는가?"하는 것도 나의 마음의 주主가 스스로 나의 감정을 다스릴 수 있어야 한다.

처음에는 마땅히 자기 마음의 주主를 엄한 스승으로 삼아서 무릇 움직여 행동할 때 두려워할 바를 알아야 한다. 이렇게 1, 2년 동안을 굳게 지키면 자연히 마음이 바루어진다. 앞서 말한 사물四勿, 삼계三戒[청년기 색욕, 장년기 다툼, 노년기 탐욕], 절사絶四는 마음을 바르게 하는 공부이다.

3) 조선시대 성리학자들의 견해

퇴계는 마음이 움직이지 않는 미발未發시(정靜공부)에는 더욱 삼가는 마음으로 존양存養공부를 깊게 하고, 마음이 움직이는 이발已發시(동動공부)에는 성찰하는 습성을 익혀서 참되게 노력하고 오래 지속해 나가면 '유정유일윤집궐중惟精惟一允執闕中'의 심법을 여기서 얻을 것이라고 하였다.[3] 또한 미발未發시에는 계신공구戒愼恐懼해야 하며, 이발已發시에는 스스로를 성찰하고 이치를 체득해야 하는 환성喚醒[잠자는 사람을 깨움]과

---

3) 윤사순(역주)(1999): 퇴계선집, 5th ed, 心統性情圖說, 서울, 현암사, 343쪽.

제기提起[의견이나 문제를 내어놓음]의 이 공부는 미발未發과 이발已發에 걸쳐 관통해서 조금도 중단이 있어서는 안 되는 것으로 이를 경敬이라 한다고 했다. 마음이 움직이지 않을 때나 움직일 때나 정신을 전일專—하 게 집중하면서 깨어 있어서 어떤 마음인지 알아차리고 있어야 한다는 것 이다. 회재는 희노애락喜怒哀樂의 미발시未發時에 마음의 참모습은 적연부 동寂然不動한 상태인데, 이것이 소위 무극지묘無極之妙이며 천하지대본天下 之大本으로, 여기에서 존양存養의 공부를 더해 가면 대본大本을 세우고 수 작만변酬酌萬變하는 주체主體가 되어 그 후는 이발已發에서 모든 행동이 중 정中正하고 적당히 때에 맞추어 하게 된다고 하였다.4)

정신집중의 측면으로 화담은 경敬이란 주일무적主—無適을 말하며, 한 물건에 접하면 그것에 접하는 데 그치고 한 일에 응하여서는 그것에 응 하는 데 그치고 다른 일이 사이에 개입치 않으며, 그리고 마음이 한 가지 에 이르러 집중하다가 그 일이 끝나고, 그 물건이 사라지면 마음은 바로 거두어들여 담연湛然함이 명경明鏡이 비어있는 것 같이 된다고 하였다.5)

또한 마음이 주일무적主—無適하고 적연부동寂然不動하면 이것이 주고 받는 온갖 변화의 주체가 된다고 하였다.6) 정靜공부와 동動공부에 대해 율곡은 정좌靜坐하여 마음을 존양存養하고 고요한 가운데서 산란하지 않 고 어둡지 않음으로써 대본大本을 세우며, 만일 일념—念을 발할 때는 반 드시 선악善惡의 기미를 살펴서 이것이 선善일 때에는 그 의리를 궁구하 고, 그것이 악惡일 때는 그 싹을 끊어 버리라고 하였다.7) 또한 정신집중

---

4) 李彦迪(1518): 答忘機堂 第三書. 晦齋集 5권, 太極問辯.
5) 徐敬德(1605): 送沈教授義序. 花潭集, 散文·論說文篇.
6) 李彦迪(1518): 答忘機堂 第四書. 晦齋集 5권, 太極問辯.
7) 李珥(1582): 學校模範. 栗谷全書—.

과 알아차림의 측면에 대해 미발시未發時에 이 마음은 적연寂然하여 본래 일호一毫의 사려도 없지만, 적연한 가운데서도 지각知覺이 불매不昧하여 비어있고, 조짐이 없는 듯하지만 만상이 삼연森然하여 이미 갖추고 있다고 하였다.8)

<그림 1> 유교명상

명상 = 경敬						
		초심자		⇔		持敬
定慧雙修 定慧雙修	알아차림 [위파사나] [혜慧] [관觀] [유정惟精]	格物致知		愼獨	誠意	마음에 주主를 세워야 한다. 사악함을 막고 성실함을 보존한다. 성냄과 욕심을 징계하고 막는다. 인간의 마음은 본래 허령지각 하지만 몸이 있으므로 사사로움이 생긴다. 경敬으로써 본래의 마음을 회복한다. 그러면 마음이 밝고 어지럽지 않으며 고요해서는 이치의 본체가 보존되고 감응해서는 이치의 작용이 행하여진다. 경敬으로써 감히 속이지 못하고, 감히 태만하지 못하며, 보이지 않는 곳에서도 부끄럽지 않는 것을 오래 해야 한다.
			독서잠언강론	克己, 四勿,絶四		
		博學		心在		
		審問		求放心		
	정신집중 [사마타] [정定] [지止] [유일惟一]	愼思		正心		
		明辯		不動心		
		篤行	動功已發			
定慧雙修 定慧雙修	알아차림 [위파사나] [혜慧] [관觀] [유정惟精]	整齊嚴肅	마음가짐및행동거지	戒懼	誠意	
		寡慾		操存		
		樂		心思		
		四端의 확충		養心		
	정신집중 [사마타] [정定] [지止] [유일惟一]			盡心		
			靜功未發	從心 不踰矩		

경敬		주일무적主一無適			
		정靜공부		동動공부	
靜慧雙修 정혜쌍수	접신집중 [사마타] [정定] [지止] [유일惟一]	寂然不動 적연부동 寂寂 적적	中 중 天下之大本 천하지대본 無極之妙 무극지묘	專一 전일 收斂 수렴	中道 중도 中庸 중용
	알아차림 [위파사나] [혜慧] [관觀] [유정惟精]	惺惺 성성		省察 성찰 窮理 궁리	

---

8) 李珥(1575): 聖學輯要, 正心章. 栗谷全書一.

제9장 정신건강 향상의 길

서양의 정신분석적 정신치료는 노이로제나 정신증 환자들을 대상으로 최종적으로 인격의 변화를 일으켜서 병을 극복하게 하기 위한 노력으로 발전해 왔다. 인격의 변화란 결국 성숙된 인격을 이루는 것이다. 인격이 성숙해 지면 그만큼 정신장애를 극복하거나 일어나지 않게 된다. 인격의 변화를 일으킨다는 것은 소자邵子의 "입으로 말하는 것은 몸으로 행하는 것만 못하고, 몸으로 행하는 것이 마음으로 다하는 것만 못하다. ………입에 허물이 없기는 쉬워도 몸에 허물이 없기는 어려우며, 몸에 허물이 없기는 쉬워도 마음에 허물이 없기는 어렵다."[1]라는 말에서와 같이 마음이 바뀌는 것이 그만큼 가장 깊고 근본적인 치료인 것이다. 동양은 전통적으로 인격의 성숙을 위한 공부를 오래전부터 강조해왔다. 특히 유교에서 말하는 군자君子란 성숙된 사람을 의미한다. 그래서 군자君子가 되기 위한 방법들이 많이 기술되어왔지만 현대에 맞는 과학적 체계를 갖

＋ 참선과정신치료연구원 장, 선도성찰나눔실천회 법사, 정신증심리치료학회 회장 역임, 정신과 전문의.

1) 邵子 曰, 言之於口, 不若行之于身. 行之于身, 不若盡之于心……. 無口過易, 無身過難. 無身過易, 無心過難. [心經附註 易 復初九 不遠復章]

추지 못하여 잘 알려지지 않고 왜곡되어 오해되는 부분이 많다. 저자는 정신치료와 참선 공부를 수 십 년간 해온 경력과 동양사상에 대한 관심으로, 물론 유교 전체를 표현하기란 불가능하지만, 정신치료적 입장에서 유교에서 말하는 성숙된 사람이 되기 위한 방법 즉, 정신건강 향상의 길로 가는 두 가지 측면으로 본래 건강한 마음의 함양과 깨달음이 있음을 제시하고 고요히 있을 때와 일상생활에서의 태도 그리고 대상과 일에 접했을 때 어떻게 본래의 마음의 함양과 깨달음을 이룰 수 있는가에 대하여 말하고자 한다.

사람은 본래 건강한 정신을 가지고 태어났고 불건강하게 되었을 때 다시 건강하게 회복하려는 성질을 가지고 있다. 이러한 본래 가지고 태어난 이 마음은 본심本心이라고 한다. 본래의 이 마음은 왜 정신이 건강하다고 하는가? 본심本心은 하늘로부터 받은 마음으로 도심道心이라하고 사람의 몸에 부여되어서 양심良心이라고 하고 인심人心이라고 한다. 몸으로 인하여 인심人心은 도심道心의 성질을 잃어가고 사심私心에 지배받는 인심人心이 되어간다. 그래서 타고난 하늘의 이치를 인식하고 그대로 살아갈 수 있는 정신건강 상태를 유지할 수 없게 된다. 그래서 어려서 거의 오염되지 않은 마음을 적자심赤子心이라하고 성인成人이 되어 순진한 적자심赤子心을 회복하거나 유지한 사람을 대인大人이라 한다. 대인大人이란 크게 성숙된 사람을 말한다.

유교에서 정신건강의 향상을 위한 방법으로 두 가지 길이 있다. 하나는 본심本心 [하늘로부터 받은 본래의 마음]을 함양하는 것이고, 다른 하나는 본심本心을 성찰하여 깨닫는 길이다. 이것은 유교 심학心學의 시작이라 할 수 있는 순임금이 우임금에게 전한 16자[인심유위人心惟危 도심유미道心惟微 유정유일惟精惟一 윤집궐중允執闕中][2] 글에서 볼 수 있다. 여기서 유정惟精은 면밀하게 성찰하라는 부분이고, 유일惟一은 정신을 하나로 집중하라는 것이다. 유정惟精은 깨달아서 도심道心인 본심本心을 회복하는 것이고, 유일惟一은 마음을 고요히 하거나 마음이 움직일 때나 집중하여 본심本心을 함양하는 것이다. 그러나 실제에 있어서는 이 둘은 동시에 일어난다고 볼 수 있다. 정신이 하나가 된 상태에서는 깨달음이 오기 쉽고, 깨달음이 반복되다보면 정신이 하나가 되기 쉽다. 보조국사의 정혜쌍수定慧雙修란 말도 이에 해당된다고 본다.

정신건강을 회복하는 방법
1. 본심을 나의 마음의 주主가 되게 하기

마음에 병이 들었을 때 본심은 스스로를 고치려는 작용이 일어나게 된다. 이러한 본심本心의 마음을 내 마음의 주인으로서 나를 건강하게 이끌어갈 엄한 스승으로 삼고 따라가야 한다. 정신치료에서 치료자가 환자의 건강한 마음과 동맹을 맺어 치료해 가는 것과 같다고 볼 수 있다. 여기서 환자의 건강한 마음이 본심本心으로 자기를 발전시키고 자기를 위하고 자기를 살아나게 하는 것이다. 이 마음의 주主가 나의 마음을 반조返照하여 지켜보는 것이고 나의 인생을 경영해 나가는 것이다. 나의 마음속에서 일어나는 생각이나 감정들을 지켜보는 것이다. 이 주主를 잃지 않고 지속시키는 것이 치료의 과정이 된다. 자기 마음을 보는 또 하나의 자기 마음을 인식하는 것이다. 숨 쉬듯이 들이쉬면 있고 내쉬면 없는 것과 같

---

2) 書經. 大禹謨 人心道心章: '인심은 오직 위태롭고, 도심은 오직 은미하다. 오직 정밀하게 살피고, 전일하게 지켜서, 그 중을 잡으라.'

이, 의식하면 있고 의식하지 않으면 없는 것이다. 이것은 본심本心을 함양하는 방법이면서 자기 마음을 깨닫는 것으로서 정신치료의 선제조건이 된다. 이것만 잘해도 오래하면 정신이 건강해질 것이다.

2. 정좌靜坐하여 마음이 움직이지 않을 때 본심의 기본 상태를 체득하기

정좌는 고요히 바른 자세로 앉아있는 것이다. 특별한 자세를 요구하는 것이 아니다. 편안하게 바르게 앉아있기만 하면 된다. 삐뚤어지게 오래 앉으면 몸에 이상이 생길 수 있다. 그리고 호흡을 고르게 한다. 자연스럽게 고르게 숨을 쉬면된다. 여러 호흡법이 있다. 예를 들어 선불교에서는 좌선할 때의 호흡법으로 복식호흡으로 천천히 내쉬고 자연스럽게 들이쉬는 호흡법을 권장한다. 어떤 호흡법도 아니라도 자연스럽게 호흡하는 것은 어떤 문제도 안 될 것이다. 정좌할 때는 모든 일을 내려놓고 마음을 비우려는 것이다. 그러므로 마음이 고요하고 작용이 없는 상태이다. 그렇다고 느낌이나 지각이나 자각이 없는 것이 아니다. 단지 마음이 움직이지 않을 뿐인 것으로 적연부동寂然不動하다고 표현한다. 이러한 마음의 상태를 인식하면서 고요하게 느끼는 것을 반복적으로 경험하는 것이다. 이런 마음의 상태를 인식하는 것은 깨닫는 것이고, 이런 마음을 흩어지지 않고 고요한 상태로 유지하는 것은 본래의 마음을 함양하는 것이다. 이런 마음의 상태를 마음의 본체, 천하지대본天下之大本, 등으로 표현한다. 그러나 정좌하여 마음을 고요하게 쉬는 상태에 있으려 해도 온갖 잡념이나 감정들이 치달아 오른다. 이런 것들을 지켜보고 있으면 이 올라온 것들이 사라지고 마음이 다시 고요해진다. 반복적으로 오랜 세월을 훈련하면 본심本心이 잘 함양되어 살아있음을 체득한다. 정신이 점점 더 건강해지는 것이다.

3. 바른 일상생활을 하면서 정신을 집중하고 관찰하기

바른 자세로 앉거나 걷고, 용모를 단정히 하고, 말을 분명하고 맑게 하는 등 바른 생활을 통해 본심을 유지하면서 함양하고, 잘못될 때 그것을 깨달아 바르게 하는 것이다. 이런 생활을 계속 오래 유지한다면 정신이 건강하게 된다. 맹자의 우산지목牛山之木에서 보듯이 마음은 본래 해치지 않는다면 저절로 건강하게 자라게 되어있다. 이렇게 바른 생활을 통해 마음을 해치지 않게 하는 것이다. 바른 생활을 통해 잡념이 줄어들고 게으름이 줄어들게 하는 것이 본심을 함양하는 것이다. 그리고 바르게 되지 않는 생활을 하게 될 때 그 마음을 깨닫고 지켜보면 그 마음이 사라진다. 그러나 강박적으로 억지로 그렇게 하는 것은 오히려 그렇게 하려는 마음이 잡념이 되고 또한 억압하는 것이 되어 본심本心을 누르는 것이 된다. 절대로 남에게 보이기 위한 것으로 하지 말아야 한다. 그렇게 하는 것은 자신을 해치는 것이다. 그러므로 자연스럽게 필요에 의해 하는 것이 좋다. 또한 상황에 따라서 정제엄숙整齊嚴肅을 고집할 필요는 없다고 본다. 예를 들어 옷을 입는 것에 대해서도 마찬가지이다. 옷을 단정히 입는 것이 수행의 한 방편이지만 편안히 쉴 때는 편안한 옷을 입고 창의적인 일을 할 때는 창의적인 옷을 입을 필요도 있는 것이다.

「성인聖人의 '공손히 말한다.'는 것은 공교한 것이고, '낯빛을 펴서 화평하게 하였다.'는 것은 안색이 아름다운 것이니」[3] '남들의 보고 들음을 기쁘게 하는 데 뜻을 둔다면 마음이 밖으로 달아나는 것이다.'[4]와 「부자 夫子의 '낯빛을 펴서 화평하게 하였다.'고 함은 성인聖人의 동용주선動容周旋이 예禮에 맞는 일이다.'」[5]는 모두 남을 의식해서 잘 보이려는 게 아니라 하늘의 이치가 대인관계에서 이루어진 성인聖人의 경지를 기술한 것이다. 인仁이 거의 없는 '교언영색巧言令色'과 구별해야 한다. 본심이 살아 있어서 주체적으로 하는 것이다. 최고로 성숙된 성인聖人의 공교한 말과 아름다운 안색은 본심이 밖으로 그렇게 드러남을 말한다.

4. 대상과 일에 부딪쳤을 때 자신의 주主[주체]를 잃지 않기

1) 지각知覺을 있는 그대로 느끼기

마음은 대상이 나타날 때 보고 듣고 느끼는 감각들을 아는 기능이 있다. 마음이 있기 때문에 아는 것이다. 또한 마음이 있지 않으면 보아도 볼 수 없고 들어도 들을 수 없다. 그리고 마음이 깨끗하지 않으면 보고 듣는 것을 왜곡되어 인지할 수 있다. 이 순간 내가 깨어 있어서 당연히 지각해야 할 것을 지각해야 한다. 마음이 과거나 미래에 가 있으면 현재 바로 이 순간을 놓치고 지각 못하게 된다. 마음이 아름다움이나 추함에 또는 달콤한 말이나 거슬리는 말에 휘둘리어 마음을 대상에 빼앗기면 나의 마음이 나한테 있는 것이 아니라 내가 아닌 대상에 가 있게 되어서 바

---

3) 至於聖人所謂孫以出之, 辭亦巧矣, 逞顔色, 怡怡如也, 色亦令矣. [心經附註 樂記 君子反情和志章]
4) 然有意於巧令, 以悅人之觀聽, 則心馳於外, 而鮮仁矣. [心經附註 樂記 君子反情和志章]
5) 夫子之逞顔色怡怡如也, 聖人動容周旋中禮之事. [心經附註 樂記 君子反情和志章]

르게 인지할 주체가 없게 되는 것이다. 그저 대상의 영향으로 나의 마음은 대상의 하수인으로 움직일 뿐이다. 내 마음을 항상 지켜보는 주체가 있어서 현실을 있는 그대로 지각하려면 항상 깨어 있음을 유지해야 한다. 공자가 안회에게 극기복례克己復禮[좁은 의미로 정신치료에서 자기의 문제를 해결하는 것으로 볼 수도 있다.]의 조목으로 말하기를 "예禮가 아니면 보지도 말고, 예禮가 아니면 듣지도 말며, 예禮가 아니면 말하지도 말며, 예禮가 아니면 움직이지도 말라."[6]라고 하였다. 예禮란 하늘의 이치가 인간관계에서 이루어지는 것이라 할 수 있다. 즉 본심本心으로 자각하는 것이 아니면 보지도 듣지도 말라는 것이고, 본심本心이 아니면 말하고 행동하지도 말라는 것이다. 마음의 주체인 본심本心이 내가 경험하는 모든 순간들을 주관하면서 현재 이 순간을 있는 그대로 자각하고 맞게 대응하면서 살게 하는 것이다. 대상에 휘말려 주체를 잃으면 예禮가 아닌 것을 보고 듣고 말하고 움직이는 것이다. 이러한 예禮가 아닌 상태로 보고, 듣고, 말하고, 움직이는 모든 것은 나의 삶이 아니므로 의미가 없고 소용없는 것이다. 본심本心이 주主[주체]의 자리로 돌아오면 대상을 있는 그대로 객관적으로 예禮의 상태에서 보고 들을 수 있다. 여기에서 마음의 주主를 유지하는 것은 마음을 함양하는 것이고, 대상에 휘말리는 것을 보고 깨닫고 벗어나는 것은 깨달아서 본래의 마음을 회복하는 것이다.

2) 감정을 제어하기

대상을 접하거나 일을 할 때 감정이 올라오게 된다. 보통 사람이 느끼는 감정들은 정신이 완전히 건강하지 않기 때문에 억압되어 있거나 지나

---

6) 子曰, 非禮勿視, 非禮勿聽, 非禮勿言, 非禮勿動. [論語 顏淵問仁章]

치게 의식내로 일어난다. 정신이 건강하냐 하는 것은 지금 여기에서 적절한 감정반응을 하느냐와 같다고 볼 수 있다. 정신치료란 과거 감정을 정화하는 것이라고도 할 수 있다. 악기樂記 반정화지反情和志 장章에서 말하기를, 「군자는 정욕을 제거하여 그 뜻을 화평하게 하고, 좋은 것을 비교하여 그 행동을 이룬다. 간사한 소리와 어지러운 색을 총명에 머물게 하지 않고, 음란한 음악과 간특한 예법을 심술心術에 접하지 않으며, 게으르고 태만하여 사특하고 치우친 기운을 신체에 베풀지 않아서, 이목구비와 심지백체心知百體로 하여금 모두 유순함과 올바름으로 말미암아 그 의義를 행하게 한다.」[7]라고 하였다. 반정화지反情和志는 그 자체가 정신치료인 것이다. 속에 응어리진 감정들을 정화하여 건강한 삶을 살 수 있게 하는 것이다. 반정反情에 대해 공씨孔氏는 "반정反情은 정욕情欲을 제거하는 것이요, 비류比類는 선한 종류를 본뜨는 것이다."[8]라고 말하였다. 그리고 동회택진씨東匯澤陳氏는 말하기를 "반정反情은 성정性情의 바름을 회복하는 것이니, 정情이 그 바름을 잃지 않으면 의지가 화和하지 않음이 없다. 선한 종류에 비교해 봄은 선악의 종류를 구별하여 나누는 것이니, 악한 종류에 들어가지 않으면, 행동이 이루어지지 않음이 없다. 머물지 않고, 접하지 않고, 베풀지 않음은 '논어'의 사물四勿이라 함과 같으니, 모두 정욕情欲을 제거하고 선한 종류에 비교해 보는 일이다. 이와 같으면 백체百體가 명을 따라 의義를 좇을 것이니, 이 한 구절은 배우는 자의 수신의 요법이다."[9]라고 하였다. 여기서 '정욕情欲을 제거하여(반정反情) 그

---

7) 君子, 反情以和其志, 比類以成其行. 姦聲亂色, 不留聰明. 淫樂慝禮, 不接心術, 怠慢邪僻之氣, 不設於身體, 使耳目口鼻, 心知百體, 皆由順正, 以行其義. [樂記 君子反情和志章]
8) 孔氏曰, 反情, 反去情欲也. 比類, 比擬善類也. [心經附註 樂記 君子反情和志章]
9) 東匯澤陳氏曰, 反情, 復其情性之正也. 情不失其正, 則志無不和. 比類, 分次善惡之流也. 不入於惡類, 則行無不成. 曰, 不留不接不設, 如論語四勿之謂. 皆反情比類之事. 如此則

뜻을 화평하게 한다.'는 것은 불건강한 감정을 잘 다스리는 것으로 욕동 desire을 다스리는 것이며, 그렇게 하여서 마음에 걸리는 것이 없어지는 감정정화를 이룬다는 것이다. 절대로 감정을 억압하는 것이 아니다. 억압하지 않고 제어하는 것이다. 감정이 정화된다는 것은, 성정性情의 바름을 회복하는 것으로서, 하늘로부터 받은 본래 가지고 있었던 알맞게 감정반응을 할 수 있게 됨을 회복하는 것이다. 마음이 정화되면 대상을 있는 그대로 지각하여 현실상황에 맞게 건강한 감정과 행동 반응을 할 수 있는 것이다. 억압된 감정이 살아나고 지나친 감정이 사라지고 제대로 된 감정이 작용하게 하는 것이다. 감정이 정화되면 신경증적 욕동이 줄어들고 건강한 현실에 맞는 감정반응을 하게 되는 것이다. 감정이 정화되면 본심本心이 살아나고 현실을 보고 듣는 지각활동이 건강하게 작용하게 된다. 따라서 '좋은 것을 비교하여(비류比類) 그 행동을 이룬다.'는 것에서 보듯이 정신건강한 선택을 저절로 하게 된다. 어떤 것이 자기가 살아나는 것이고 어떤 것이 자기를 죽이는 것인지 알게 된다. 불건강한 감정과 말과 행동들에 대해 잘못되어가고 있다는 것을 깨닫게 되고 바르게 선택하면서 본심이 살아나게 되는 것이다. 정신치료에서 말하는 통찰과 훈습은 이것을 반복하여 성실하게 하는 것이다. 지식적인 것이 아니라 자신의 몸을 통해 경험으로 이루어나가야 한다. 이와같이 하려면 '간사한 소리와 어지러운 색을 총명에 머물게 하지 않고, 음란한 음악과 간특한 예법을 심술에 접하지 않으며, 게으르고 태만하여 사특하고 치우친 기운을 신체에 베풀지 않는다.'는 것을 하게 하여야 한다. 이것은 사물四勿을 말하는 것으로 앞서 언급되었다. 사물四勿은 공자가 안회에게 극기

百體從令, 而義之與比矣. 此一節, 乃學者, 修身之要法. [心經附註 樂記 君子反情和志章]

복례의 조목으로 말한 가르침이다. 정신치료의 한 방법이다.

정신치료에 있어서 반드시 다루어야 할 것은 적개심과 갈애이다. 분노를 징계하며, 욕심을 틀어막는 것이 수기修己의 도道라고 이천伊川선생은 말하였다.[10] 결국 애갈과 적개심 해결이 초점이 되는 것으로 같은 뜻이 된다. 그러나 주역 손損괘의 징분질욕懲忿窒慾장에 나오는 것처럼, 적개심은 산처럼 크고 사랑받으려는 마음은 연못같이 깊다. 따라서 '욕심을 막기를 큰 구덩이를 메우듯이 하고, 분노를 징계함을 산을 누르듯이 한다.'[11]고 하였다. 좀처럼 쉽게 해결될 성질이 아님을 경고하고 있다. '분노할 때 문득 분노를 잊어버리고 이치의 옳고 그름을 살펴볼 수 있다면, 바깥의 유혹도 미워할 만한 것이 아님을 알 수 있다.'[12]고 말한 것은 지나친 분노가 올라오더라도 휘말리지 않고 견디면서 지켜보면 감정이 수그러들고 현실에 맞게 대응할 수 있다는 것이다. 본심을 잃지 않고 자신의 감정을 지켜보는 것이 가능하게 훈련하는 것이다. 또한 논어에 나오는 구사九思 중에서 '분한 일은 나중의 어려움을 생각하라.[분사난忿思難]'는 말도 마찬가지로 본심이 감정에 휘말리지 않고 지극히 현실에 맞는 대응을 하게 하려는 것이다. "성낼 때를 당하여 성내지만, 성 내어도 옮기지 않고, 두려워할 것을 당하여 두려워하되, 두려워하면서도 겁내지 아니하고, 좋아할 만한 것을 좋아하되, 좋아하면서도 욕심내지 않고, 근심할 만한 것을 근심하되, 근심하면서도 상하지 않게 하라."[13]는 말도 감정을

---

10) 修己之道, 所當損者, 惟忿與慾. [心經附註 易 損大象 懲忿窒慾章]

11) 窒慾如塡壑, 懲忿如摧山. [心經附註 易 損大象 懲忿窒慾章]

12) 遽忘其怒, 而觀理之是非, 亦可見外誘之不足惡. [心經附註 易 損大象 懲忿窒慾章]

13) 仁山金氏曰, 忿懥恐懼好樂憂患四子, 喜怒哀樂之發, 乃心之用, 而人所不能無子, 則何惡於是, 而便以爲 不得其正哉. 蓋當怒則怒, 怒以不遷. 當懼則懼, 懼而非懾. 可好則好, 好而非欲. 可憂則憂, 憂而非傷. 是爲得此心體用之正, 而非可以有無言之也. [心經附註 大學 正心章]

억압하지 않고, 감정에 빠지지도 않고, 본심을 유지하면서, 현실을 있는 그대로 보면서, 현실에서 나에게 해가 되거나, 하지 말아야 할 일을 하거나, 해야 할 일을 못하거나, 또는 지나치게 하거나 부족하게 하는, 이러한 일들이 없게 하는 것이다.

3) 일에 정확히 맞게 대응하기

현실적 대처에서는 현실에 맞게 해야 한다. 이렇게 하는 것이 천리天理에 맞게 하는 것이다. 이치에 적중하게 반응하는 것이다. 이렇게 하는 것이 중용에서 말하는 화和를 이루는 것이다. 즉, 행동화를 안 하게 하고, 억압하여 부정하거나 왜곡하지 않게 하는 것이다. 지나치게 반응하거나 부족하게 반응하면 나에게 불리한 결과를 초래하는 경우가 많거나 나에게 해가 되는 경우가 많고 남에게 불편함이나 해가 될 수 있다. 현실에 맞게 잘 대응하였는지 잘 살펴봐야 한다. 자기 마음을 잘 관찰하여야 한다. 스스로에게도 만족하는 마음이 되어야 한다. 자기 마음을 깨달아 나가면서 건강한 마음을 유지해나가야 한다. 정신이 건강한 사람은 저절로 현실에 맞게 대응하게 되지만, 그렇지 못한 경우에는 끊임없이 본심을 함양하고 자신을 관찰하여 끊임없이 깨달아 본심을 회복해 나가야 한다.

<정신건강을 회복하는 방법 실천 요약>

1. 본심을 나의 마음의 주主가 되게 하기
마음의 주主가 나의 마음을 반조返照하여 지켜보는 것이고 나의 인생을 경영해 나가는 것이다. 나의 마음속에서 일어나는 생각이나 감정들을 지켜보는 것이다. 이 주主를 잃지 않고 지속시키는 것이 치료의 과정이 된다. 자기 마음을 보는 또 하나의 자기 마음을 인식하는 것이다. 숨 쉬듯이 들이쉬면 있고 내쉬면 없는 것과 같이, 의식하면 있고 의식하지 않으면 없는 것이다. 이것은 본심을 함양하는 방법이면서 자기 마음을 깨닫는 것으로서 정신치료의 선제조건이 된다. 이것만 잘해도 오래하면 정신이 건강해질 것이다.

2. 정좌靜坐하여 마음이 움직이지 않을 때 본심의 기본 상태를 체득하기

정좌는 고요히 바른 자세로 앉아있는 것이다. 특별한 자세를 요구하는 것이 아니다. 편안하게 바르게 앉아있기만 하면 된다. 삐뚤어지게 오래 앉으면 몸에 이상이 생길 수 있다. 그리고 호흡을 고르게 한다. 자연스럽게 고르게 숨을 쉬면 된다. 여러 호흡법이 있다. 예를 들어 선불교에서는 좌선할 때의 호흡법으로 복식호흡으로 천천히 내쉬고 자연스럽게 들이쉬는 호흡법을 권장한다. 그러나 자연스럽게 호흡하기만 하면 어떤 문제도 안 될 것이다. 정좌할 때는 모든 일을 내려놓고 마음을 비우려는 것이다. 그러므로 마음이 고요하고 작용이 없는 상태이다. 그렇다고 느낌이나 지각이나 자각이 없는 것이 아니다. 단지 마음이 움직이지 않을 뿐이다. 이러한 마음의 상태를 인식하면서 고요하게 느끼는 것을 반복적으로 경험하는 것이다.

3. 바른 일상생활을 하면서 정신을 집중하고 관찰하기

바른 자세로 앉거나 걷고, 용모를 단정히 하고, 말을 분명하고 맑게 하는 등 바른 생활을 통해 본심을 유지하면서 함양하고, 잘못될 때 그것

을 깨달아 바르게 하는 것이다. 이런 생활을 계속 오래 유지한다면 정신이 건강하게 된다.

4. 대상과 일에 부딪쳤을 때 자신의 주主[주체]를 잃지 않기

(1) 지각知覺을 있는 그대로 느끼기

마음은 대상이 나타날 때 보고 듣고 느끼는 감각들을 아는 기능이 있다. 마음이 있기 때문에 아는 것이다. 또한 마음이 있지 않으면 보아도 볼 수 없고 들어도 들을 수 없다. 마음의 주主를 세워서 내외의 유혹에 휘둘리지 않고 대상을 있은 그대로 보는 훈련을 한다.

(2) 감정을 제어하기

대상을 접하거나 일을 할 때 감정이 올라오게 된다. 마음의 주主는 스스로 감정을 억압하지 않고 감정에 빠져 자신을 잃어버리지도 않고 감정을 지켜보면서 견디면서 제어하는 것이다.

(3) 일에 정확히 맞게 대응하기

마음의 주主는 항상 자기를 관찰하면서 일에 부딪쳤을 때 이치에 맞게 대응하는지 항상 의심을 가지면서 견디면서 살펴봐야 한다. 현실적 대처에서는 현실에 맞게 해야 한다. 어떻게 하는 것이 천리天理에 맞게 하는 것인지 궁리하고 관찰하는 것이다.

유교의 정신치료와 명상

초판 1쇄 인쇄일	ǀ	2022년 8월 4일
초판 1쇄 발행일	ǀ	2022년 8월 11일

지은이	ǀ	심상호
펴낸이	ǀ	한선희
편집/디자인	ǀ	우정민 김보선
마케팅	ǀ	정찬용 정구형
영업관리	ǀ	한선희
책임편집	ǀ	남지호
인쇄처	ǀ	으뜸사
펴낸곳	ǀ	국학자료원 새미 (주)
		등록일 2005 03 15 제25100 · 2005 · 000008호
		경기도 고양시 일산동구 중앙로 1261번길 79 하이베라스 405호
		Tel 442 · 4623 Fax 6499 · 3082
		www.kookhak.co.kr
		kookhak2001@hanmail.net

ISBN	ǀ	979-11-6797-066-4 °03140
가격	ǀ	18,000원